수업혁신사례연구대회
전국 1등급 우수 입상자 9인의 노하우

한 권으로 끝내는
수업혁신사례연구대회
1등급 로드맵

수업혁신사례연구대회
전국 1등급 우수 입상자 9인의 노하우
한 권으로 끝내는
수업혁신사례연구대회
1등급 로드맵

초판 1쇄 발행 2025년 5월 2일

지은이	김만옥, 김인주, 김광현, 김효성, 이기현, 오유득, 임대옥, 김범수, 이수진
발행인	최윤서
편집	정지현
디자인	최수정
펴낸 곳	(주)교육과실천
저자 강의·도서 구입	02-2264-7775
인쇄	031-945-6554 두성 P&L
일원화 구입처	031-407-6368 (주)태양서적
등록	2020년 2월 3일 제2020-000024호
주소	서울특별시 중구 창경궁로 18-1 동림비즈센터 505호
ISBN	979-11-91724-85-1(13370)

정가   25,000원

저작권법에 따라 한국 내에서 보호를 받는 저작물이므로 무단 전재 및 복제를 금합니다.

저자 강의 및 도서 구입 문의는 교육과실천 02-2264-7775로 연락 주십시오.

추천사

••• 많은 교사들이 연구대회를 준비하면서 연구 설계, 결과 분석, 보고서 작성 등에서 어려움을 겪고 있습니다. 그런 점에서 이 책은 연구대회의 전반적인 흐름과 함께 연구 설계부터 보고서 작성법까지 체계적으로 정리되어 있어 누구나 쉽게 연구대회에 도전할 수 있도록 돕습니다. 또한 이 책은 교육 현장에서 연구와 실천을 이어 주는 중요한 가이드가 되어 연구 문화의 확산과 수업 혁신에 큰 역할을 할 것입니다. 우수 교사들의 열정과 노하우가 담긴 이 책이 사회 변화에 발맞춘 우리 교육의 질적 성장과 미래 사회를 선도할 인재 양성에 중요한 디딤돌이 되기를 기대합니다.

김한승(교육부 교실혁신지원과장)

••• 에듀넷과 교육부에 탑재된 보고서, 수업 동영상, 수업 콘텐츠만으로는 교사들의 땀과 눈물과 꿈을 보여 주기에는 많은 제한점이 있어 아쉬웠던 참에 의미 있는 책이 출간된다는 소식에 응원과 존경의 박수를 보냅니다. 이 책이 힘든 상황에서도 교직에 대한 헌신과 사랑으로 수업 혁신을 위해 도전을 멈추지 않는 현장의 교사에게는 성장의 기회로, 학부모에게는 교사들의 우수 역량을 깊이 이해하는 기회로, 그리고 수업 혁신을 위해 오늘도 고군분투하는 선생님들의 밝은 에너지가 우리 학생들에게 자발적 배움으로 이어지는 기회로 이어지길 기대합니다.

유은정(한국교육과정평가원 부연구위원)

••• '수업 전문가'인 교사들은 이제 한 걸음 더 나아가 새로운 도약을 시작했습니다. 수업 전문가를 넘어 '연구하는 교사'가 새로운 트렌드로 자리 잡아가고 있습니다. 하지만 수업 혁신을 위한 노력을 기울이는 것과 연구 결과를 잘 정리하여 구조화하는 것은 별개의 문제이기에, 많은 교사들이 수업혁신사례연구대회 앞에서는 막막함과 두려움을 느끼곤 했습니다. 계획서 작성을 위한 가이드라인부터 보고서 문서 작업, 수업 동영상 촬영 방법, 수상을 위한 비밀 꿀팁까지 정리된 이 책은 그러한 교사들에게 새로운 이정표가 되어 줄 것이라고 확신합니다. 9명의 교사들이 가진 교과 전문성과 디지털 기반 교육 혁신을 위한 일관성 있는 노력이 담긴 이 책 한 권으로 이제 '제대로 된' 연구대회 준비를 시작해 보세요!

김동은(동쌤, 에듀테크 교사 연구회 대표)

머리말

다양한 전공과 연령대를 가진 전국의 교사들이 '수업혁신사례연구대회'라는 큰 도전을 경험했다는 공통점을 가지고 5박 6일 동안 함께하게 되었다. 같은 조가 되어 공항에서 수줍은 인사를 나누고 서로의 이름, 소속, 과목을 적어 기억하기에 바빴던 9명이 어느새 런던이라는 낯선 곳에서 서로의 수업과 연구에 대한 경험들로 이야기꽃을 피우게 되었다. 나이도, 학교도, 과목도 달랐지만 수업과 연구에 대한 열정만큼은 같았다. 서로의 연구 과정이 궁금했고, 그 열정은 대화를 통해 점점 깊어졌다. 어느 날 아침, 치즈와 햄이 올려진 토스트를 함께 먹으며 연구대회 준비 과정에서의 어려움과 고민을 나누던 중 한 선생님의 무심한 듯 던진 한마디가 시작이었다.

"우리, 함께 책을 써 보면 어떨까요?"

연구대회에 대한 풍부한 경험을 지닌 교사부터 처음 참가해 홀로 고군분투했던 교사까지, 우리 8조 구성원 9명의 각양각색 이야기가 수업혁신사례연구대회를 준비하는 많은 교사들에게 도움이 될 수 있겠다는 생각이 들었다. 아침에 떠오른 집필 아이디어는 오후가 되자 자연스럽게 목차로 구체화되었고, 저녁에는 연구회 결성에 대한 논의로 이어졌다. 귀국과 동시에 본격적인 집필이 시작되었다. 전국 1등급 교사들이 모인 만큼 각자의 톡톡 튀는 아이디어와 값진 경험 그리고 성실함이 더해져 수업혁신사례연구대회 준비 과정에서 겪은 좌충우돌 성장기와 실질적인 팁이 가득한 책이 완성되었다.

이 책은 수업혁신사례연구대회에 도전하는 교사들에게 실질적인 도움을 주고자 기획되었다. 수업혁신사례연구대회 1등급 우수 입상자 9명이 각자의 경험과 전문성을 바탕으로 연구의 시작부터 마무리까지 단계별 과정과 실제 사례를 담았다. 연구대회를 준비하면서 느꼈던 고민과 시행착오, 해결 방법까지 생생하게 담아내어, 단순한 이론서가 아닌 현장에서 바로 적용할 수 있는 실용서를 구성하였다.

1장에서는 수업혁신사례연구대회가 어떤 준비와 과정을 거쳐 진행되는지에 대한 전반적인 개관과 운영 방식, 계획서 및 보고서 작성 팁 등을 담았다. 주제 선정부터 네이밍, 자료 수집, 수업 설계, 편집 툴 사용법, 동영상 촬영 및 편집, 제본까지 생생한 경험과 노하우를 풀어냈다. 최신 심사 기준의 변화를 분석하여 연구대회를 준비하는 교사들이 연구대회의 취지와 요구 사항을 보다 깊이 이해할 수 있도록 구성하여, 참가를 고민하는 교사들이 실질적인 방향을 설정하고 전략을 수립하는 데 유용한 안내서가 될 것이다.

2장에는 2024년 수업혁신사례연구대회에서 전국 1등급을 수상한 우수 입상자들의 노하우를 담았다. 연구보고서 작성 과정에서 고려해야 할 핵심 요소, 효과적인 수업 설계 및 실행 방안, AI 및 에듀테크를 활용한 혁신적인 교수법 등 연구대회에서 우수한 성과를 거둔 실질적인 전략과 경험을 공유했다. 무엇보다 1등급이 바라보는 연구대회 입상을 위한 핵심 포인트를 짚어 주고 있다. 다양한 이력의 우수 입상자들이 교과별 특색을 담아 쏟아내는 비법은 성공적인 연구보고서 작성을 도울 것이다.

최근 '교사가 이끄는 교실 혁명'이라는 슬로건 아래 어느 때보다 교사들의 수업 전문성 및 자기계발에 대한 욕구가 커졌다. 연구대회 전반에 관한 관심이 뜨거워지면서 여러 경로로 관련 자료나 컨설팅 등에 대한 접근 기회도 많아졌다. 그중 이 책은 연구를 시작하는 두려움, 예상치 못한 장벽, 문득문득 찾아오는 회의감과 마주할 때 언제든 옆 자리를 내어 주는 마음 편한 동료가 되어 줄 것이다. 같이 넋두리하기도 하고, 때로는 촌철살인 같은 해법이 되어 주기도 할 생생한 이야기가 고스란히 담겨 있다. 혼자서 감당하기 외로운 연구 과정에서 누구보다 든든한 동반자가 되리라 자신한다.

이 책이 연구대회에 도전하는 교사들에게 든든한 조력자가 되어, 보다 창의적이고 효과적인 수업을 설계하는 데 도움이 되기를 바란다. 연구를 통한 성찰과 도전이 결국 교실 수업의 혁신으로 이어지고, 학생들의 배움의 질을 높이는 데 기여할 수 있기를 기대한다. 무엇보다 이 책이 교사들의 도전 과정에 든든한 길잡이가 되기를 바라며, 수업 혁신을 향한 한 걸음, 그 소중한 여정을 함께 응원한다. Learn&Done!

목차

추천사   4
머리말   6

1장
수업혁신사례연구대회 준비와 과정

1. 수업혁신사례연구대회의 개관
가. 수업혁신사례연구대회란   16
나. 2025년 수업혁신사례연구대회 주요 변경 사항   17

2. 수업혁신사례연구대회 심사 기준 분석
가. 심사 기준 및 배점   19
나. 감점 항목   23

3. 연구 주제의 선정 방법
가. 최근 교육 방향 찾기   24
나. 연구대회 수상작 찾기   25
다. 키워드 추출하기   25

4. 계획서 작성 가이드라인
가. 3초를 결정짓는 제목 네이밍   27
나. 연구의 뼈대 스케치   30

5. 보고서 작성 가이드라인

가. 보고서의 기본 구성 … 35
나. 보고서 문서 작업 … 48
다. 그림(이미지) 제작 … 53
라. 활동 사진 첨부 … 55
마. 자료 정리 방법 … 56
바. 수업 설계의 통계 처리 … 59

6. 부록 작성법

가. 교수·학습 과정안 … 68
나. 수업 일지 … 74
다. 이외 자료들(수업 참관록, 학생 결과물 등) … 78

7. 수업 동영상 촬영법

가. 사전 준비 … 80
나. 수업 동영상 촬영하기 … 83
다. 영상 편집하기 … 86

8. 제출 방법

가. 연구보고서(출력물) … 88
나. USB … 89
다. 공문 제출 … 93
라. 인편 제출 … 93

수업혁신사례연구대회 1등급 노하우 공개

1. 에듀테크를 더한 '3다움 찾기' 프로젝트로 깊이 있는 국어 수업 만들기

경기 국어 교사 김만옥

#에듀테크 #질문 톡톡 #핵심 아이디어 #삶과 연계 #깊이 있는 수업

연구 주제의 선정 이유	97
연구 내용 소개	99
전국 1등급 POINT	100
전국 1등급이 본 1등급 POINT	115
연구 소감	116

2. 3단계로 깊어지는 작가와의 대화 수업으로 자신감 있는 평생 문학 향유자로 성장하기

경북 국어 교사 김인주

#대화식 수업 #학생 주도 #심층 탐구 #평생학습자 #자신감

연구 주제의 선정 이유	120
연구 내용 소개	122
전국 1등급 POINT	123
전국 1등급이 본 1등급 POINT	141
연구 소감	142

3. MME 수업으로 자기주도성 및 미래 핵심역량 함양

대구 기술 교사 김광현

#핵심 질문 #탐구수업 #프로젝트 #에듀테크 #과정평가

연구 주제의 선정 이유	145
연구 내용 소개	148
전국 1등급 POINT	149
전국 1등급이 본 1등급 POINT	166
연구 소감	167

4. 생각의 시대, IB 기반 양트십 프로그램으로 성장하는 육각형 미래인재

경기 진로 교사 김효성

#IB #창업가정신 #백워드설계 #사고루틴 #진로연계교육

연구 주제의 선정 이유	170
연구 내용 소개	174
전국 1등급 POINT	175
전국 1등급이 본 1등급 POINT	191
연구 소감	193

5. 아이비(A.I.B.) 탐구생활로 핵심역량을 키우는 깊이 있는 수업

경기 과학 교사 이기현

#질문 기반 #탐구수업 #AI 챗봇 #마을 연계 #깊이 있는 학습

연구 주제의 선정 이유	196
연구 내용 소개	199
전국 1등급 POINT	200
전국 1등급이 본 1등급 POINT	215
연구 소감	216

6. HELP 수업을 통한 뻔한 실습수업 FUN하게 설계 역량 기르기

경북 전기전자통신 교사 오유득

#또래 교수·학습 #학생중심 #창의적 문제해결 #실습수업 #과정중심

연구 주제의 선정 이유	219
연구 내용 소개	221
전국 1등급 POINT	222
본 연구 내용 소개	241
전국 1등급이 본 1등급 POINT	245
연구 소감	246

7. 지속 가능한 지구 M-A-K-E UP 클래스
: 위기를 우리의 L.I.G.H.T.로 밝히자!

충북 생물 교사 임대옥

#생물의 다양성 #진로모둠 #단계별 수업 #가상현실 #백워드설계

연구 주제의 선정 이유	249
연구 내용 소개	250
전국 1등급 POINT	251
전국 1등급이 본 1등급 POINT	268
연구 소감	269

8. 'WE ARE NEW CREATOR!' 프로젝트로
지속 가능한 미래를 여는 α역량 키우기

경기 음악 교사 김범수

#디지털텍사노미 #HTHT #UN SDGs #창작 수업 #게이미피케이션

연구 주제의 선정 이유	271
연구 내용 소개	273

전국 1등급 POINT	274
전국 1등급이 본 1등급 POINT	295
연구 소감	296

9. 학습에 깊이를 더하는 R.I.P. 프로젝트로 영어과 R.I.P. 영역 Deep하게 Rip하기

경기 영어 교사 이수진

#깊이 있는 학습 #포트폴리오 #동화책 #국제교류 #논술형 평가

연구 주제의 선정 이유	299
연구 내용 소개	301
전국 1등급 POINT	302
전국 1등급이 본 1등급 POINT	321
연구 소감	323

에필로그 : 전국 1등급, 그 이후	325
참고문헌	329

1장

수업혁신사례 연구대회 준비와 과정

1. 수업혁신사례연구대회의 개관

가. 수업혁신사례연구대회란

AI 디지털교과서 도입, 디지털 디바이스 보급 확대 등 미래형 교육 환경에 적합한 교수·학습 모델을 발굴하고 학생의 미래 핵심역량을 키워 줄 수 있는 교실 수업 혁신 촉진을 목적으로 하며, 교육부가 주최하고 한국교육과정평가원이 주관하는 대회를 말한다. 수업혁신사례연구대회는 연구대회 운영을 통해 학습자의 능동적인 수업 참여를 활성화하고, 다양한 교수·학습 개선 방법 및 방향을 발굴하여 수업 학습 모델 공유를 취지로 한다.

수업혁신사례연구대회는 시도대회와 전국대회를 구분하여 실시하며, 시도대회 예선을 거쳐 전국대회 본선에 진출하는 방식이다. 시도대회의 경우는 현장 실사, 표절 점검, 연구보고서 심사, 수업 동영상 심사를 거쳐 입상작을 선정한다. 시도대회 입상자에게 연구 실적 평정점 부여, 교육감상이 수여된다. 전국대회의 경우는 예비 심사, 보고서 심사(1차), 수업 동영상 심사(2차)로 진행된다. 전국대회 입상자 특전으로 부총리 겸 교육부 장관상 수여, 연구 실적 평정점 부여, 우수 입상자 대상 선진사례 연수 기회가 제공된다. 특히 2024년의 경우 우수 입상자를 대상으로 영국 런던 해외 선진사례 연수가 제공되어 참가자들의 만족도가 높았다.

연구대회 보고서가 2023년 1,329편, 2024년 1,750편이 출품되어 연구대회에 대한 관심도가 높아진 것을 알 수 있다. 또한 저경력 교사들의 도전과 입상률도 높아지고 있으며, 교육부에서도 교사의 수업 연구 문화 확산을 위해 관련 제도를 개선하여 대회 참가자와 입상자 인센티브를 확대하는 분위기여서 수업혁신사례연구대회에 도전하기를 추천한다.

나. 2025년 수업혁신사례연구대회 주요 변경 사항

2024년부터 대회 활성화를 위해 보고서 분량을 25쪽 이내로 대폭 줄이고, 연구보고서와 수업 동영상 심사 기준과 배점이 변경되었다. 2025년에는 평가 내용에서 처음 AI 디지털교과서가 언급되었다는 것은 이것을 적극적으로 활용하라는 의미이기 때문에 영어, 수학, 정보 교과에서 활용해 볼 만하다. 또한 함께학교 내(內) '수업의 숲' 서비스를 언급하고 있으므로 이 부분을 활용해 동료 교원과의 수업 나눔 내용 역시 보고서에 녹여 작성하는 것이 필요하다.

수업 동영상의 경우 수업 실천 능력이 40점에서 50점으로 상향되었다. 이는 연구 주제가 실제 수업으로 잘 구현됐는지 수업 운영 측면을 중점적으로 보겠다는 의미이다. 연구보고서와 마찬가지로 수업 동영상 심사에서도 평가 내용에 AI 디지털교과서가 언급되었다는 점은 역시 주목해 볼 만하다.

매년 연구대회의 심사 기준이나 평가 내용에 조금씩 변경 사항이 생기기 때문에 어떤 부분이 강화되고 중점을 두어야 하는지 심사 기준을 분석하여 전략적으로 접근하는 것이 필요하다.

이제 연구대회 일정을 챙겨 보자. 다음 표는 2025년 연구대회 일정이며, 매년 연구대회 운영 일정은 비슷하기 때문에 참고하면 된다. 시도대회 출품이 7월 중순이며, 전국대회 출품은 10월 중순이다. 시도대회 일정을 맞추기가 빠듯하기 때문에 연구 기간 내 적절한 시간 안배가 중요하다.

• 2025년 연구대회 일정 •

추진 내용	일정	비고
시도대회 계획 안내	2025.1월~2월 말	시도교육청
연구대회 사전 설명회 개최	2025.2월 말	한국교육과정평가원
시도대회 참가 대상자 접수	2025.3월~4월	시도교육청
연구대회 참가자 1차 컨설팅 실시	2025.4월	한국교육과정평가원
연구대회 참가자 2차 컨설팅 실시	2025.6월	한국교육과정평가원
시도대회 출품 서류 접수	2025.7월 중순	시도교육청
시도대회 출품 서류 심사 및 결과 발표	2025.7월 중순 ~ 8월 말	시도교육청
전국대회 참가자 컨설팅 실시	2025.9월	시도교육청
전국대회 서류 접수	2025.9.29.(월)~10.17.(금)	한국교육과정평가원
전국대회 심사위원회 구성 및 심사	2025.10월 말~11월 말	교육부 한국교육과정평가원
전국대회 입상 예정작 안내	2025.12.3.(수)	한국교육과정평가원
전국대회 입상자 확정	2025.12월 중	교육부 한국교육과정평가원
전국대회 시상식 개최	2026.1월 중	한국교육과정평가원
전국대회 우수 입상자 국외 선진사례 연수	2026.1월 중	한국교육과정평가원

2. 수업혁신사례연구대회 심사 기준 분석

수업혁신사례연구대회[1]에 참여하는 대부분의 교사는 수상을 염두에 두고 있을 것이다. 따라서 심사 기준과 배점 방식이 어떻게 구성되어 있는지 먼저 살펴보는 것이 중요하다. 그럼, 수업혁신사례연구대회의 심사 기준을 분석해 보기로 하자.

가. 심사 기준 및 배점

1차 연구보고서는 4개 영역, 2차 수업 동영상은 3개 영역의 심사 기준에 따라 평가 내용을 제시한다. 각 배점은 100점 만점이며, 1차 연구보고서를 통과한 입상 예정작에 한해 2차 수업 동영상 심사 점수를 합산하여 최종 등급을 결정한다.

2025년 수업혁신사례연구대회 심사 기준은 미래형 교육 환경의 변화에 대응한 우수 교수·학습 모델을 발굴 및 확산하고, 현장의 수업 나눔을 활성화하기 위해 심사 기준 및 배점을 변경하였으니 이 점을 눈여겨보아야 한다.

(1) 1차 연구보고서 심사 기준 및 평가 내용

① 2015(또는 2022) 개정 교육과정의 핵심역량을 함양할 수 있도록 학생 참여 중심의 수업 활동과 과정평가로 구성되어 있는가?

※ 미래형 교육 환경의 변화를 반영한 수업 혁신 노력 영역의 심사가 강화됨.

(2024년 대비 50점 → 60점으로 10점 상향)

---

[1] 2025학년도 수업혁신사례연구대회 운영 계획(2025.1.22. 교육부) 참고

② 연구과제 해결에 적합한 방법을 검토 및 활용하여 수업에서 자기 주도적 학습이 이루어지도록 설계하였는가?

③ 연구 대상의 수준에 적합한 과제를 도출하여 보완하여 수행하였으며, 지속 가능한가?

④ 교수·학습 개선안이 체계적이고 구체적이어서 일반화할 수 있으며, 확산 가능한가?

● 연구보고서 심사 기준 및 평가 기준 ●

심사 기준 (배점)	평가 영역 (배점)	평가 내용
2015(또는 2022) 개정 교육과정의 방향 및 미래형 수업혁신에 대한 노력 반영 (60)	2015(또는 2022) 개정 교육과정 방향 반영 (20)	• 연구 내용이 2015(또는 2022*) 개정 교육과정의 관련 핵심역량과 연계되어 있는가? • 학생의 융합적 사고를 촉진하고 학습의 과정을 중시하는 평가가 이루어질 수 있도록 구성하였는가? • 학생의 능동적 수업 참여를 활성화할 수 있는 수업 활동(프로젝트, 토의·토론형 활동 등)으로 구성하였는가? * 2025학년도 적용: 초등 1~4학년, 중학교 1학년, 고등학교 1학년
	수업 혁신에 대한 노력 반영 (40)	• AI 디지털교과서*, AI·에듀테크 활용 등 미래형 교육 환경의 변화 반영, 교-수-평-기 일체화 노력 등 수업 혁신 노력이 드러나는가? (※AI 디지털교과서 활용 수업의 경우 서책형 교과서와의 병행, 최소성취보장 지도 등 다양한 유형의 운영 사례 제시 가능) • 동료 교원과의 수업 나눔(함께학교 內 '수업의 숲'** 서비스 활용 등), 전문적 학습공동체 등 수업 개선 노력을 지속적으로 하였는가? • 연구과제의 수행 과정 등을 감안할 때, 수업 방식 등의 변화를 통한 수업 혁신 노력이 드러나는가? * 2025학년도 적용: 초등 3·4학년 영어, 수학, 학교자율시간(정보) /중1 영어, 수학, 정보 /고1 영어, 수학, 정보 ** 함께학교(https://www.togetherschool.go.kr)-교원연구실- 수업의 숲

현장 적합성 및 연구 방법 적절성 (15)	현장 적합성 (10)	• 학생 참여 및 실질적인 자기 주도적 학습이 이루어질 수 있도록 설계되었는가? • 학생 중심 교수·학습 방법 및 과정중심평가의 방법이 현장에 적용 가능한가?
	연구 방법 적절성 (5)	• 연구과제 해결에 적합한 연구 방법을 활용하여 수업 개선 연구를 추진하였는가? • 연구과제를 해결하기 위하여 다양한 사례 및 연구 방법을 검토하였는가?
내용과 실천의 일치성 (15)	지속 가능성 (5)	• 해당 교과, 학년의 수업 방법 개선이 일정 기간 지속적으로 실천할 수 있는 것인가?
	내용 적합성 (5)	• 실천 내용이 연구 대상의 수준에 적합한 것인가?
	피드백(5)	• 실천상의 문제점 발견 및 환류를 통해 연구과제 해결을 위한 방법을 지속적으로 보완해 가며 수행하였는가?
현장 교육 기여도 (10)	확산 가능성 (5)	• 교수·학습 개선 방법 및 방향이 학교 교육과정과 밀접하게 연계되어 학교 교육활동 활성화에 기여하는가? • 교수·학습 개선안이 체계적이고 구체적으로 제시되어 있어 교육 현장에 적용하기 용이한가?
	기여도 (5)	• 수업 혁신 및 학생 개개인의 교육적 성장에 기여하였는가?

(2) 2차 수업 동영상 심사 기준 및 평가 내용

① 연구과제 실천 내용과 대상 학생의 특성에 적합한 수업 내용을 설계하였는가?

② 학습목표와 대상 학생의 특성에 부합하는 AI 및 에듀테크를 활용하여 학생 참여 수업이 이루어지며, 교수·학습 과정에서 적절한 평가가 이루어지는가?

※ 미래형 교육 환경의 변화를 반영한 실제 수업 활동 운영에 대한 심사가 강화됨. (2024년 대비 40점 → 50점으로 10점 상향)

③ 연구과제 해결을 위한 교수·학습이 이루어지며, 일반화할 수 있는가?

• 2차 수업 동영상 심사 기준 및 평가 내용 •

심사 기준 (배점)	평가 영역 (배점)	평가 내용
연구과제와 수업 설계 (30)	수업 설계 (10)	• 연구과제 해결을 위한 실천 내용이 드러나도록 수업을 설계하였는가?
	수업 내용 (20)	• 학생의 능력, 적성, 소질 등을 고려하여 학생의 특성에 적합한 수업 내용을 설계하였는가?
수업 실천 능력 (50)	수업 운영 (40)	• AI 디지털교과서, AI·에듀테크 활용 등 미래형 교육 환경의 변화를 반영하고, 학생의 능동적 수업 참여를 활성화할 수 있는 수업 활동(프로젝트, 토의·토론형 활동 등)으로 이루어지고 있는가? • 학습목표 및 학생의 특성과 요구에 부합하는 수업 방법을 적용하고 있는가?
	과정중심평가 (10)	• 교수·학습과 평가 활동이 일관성 있게 이루어지고 있는가? • 과정중심평가 및 수업의 질 개선을 위한 평가가 이루어지고 있는가?
연구과제와 수업 실천의 일치성 (20)	수업 방법 및 자료 일치성 (15)	• 연구과제 해결을 위한 수업 혁신의 방법과 내용을 수업 안에서 충실하게 실천하고 있는가? • 연구과제 목표와 실행 방법이 수업과 전반적으로 일치하는가?
	일반화 가능성 (5)	• 연구과제가 다른 학년, 다른 교과 수업에도 일반화하기 용이한가?

나. 감점 항목

연구보고서 분량은 25쪽을 맞추어야 하며, 그 외 제본 및 인쇄 규정, 2차 수업 동영상 편집 규정 등에 따른 기준별 감점이 있기에 운영 계획을 잘 확인하여야 한다.

•감점 항목 및 감점 점수•

감점 항목	기준	감점 점수
연구보고서 분량(기준 25쪽)	1쪽 이상 ~ 2쪽 미만 초과 시	0.5
	2쪽 이상 ~ 3쪽 미만 초과 시	1
	3쪽 이상 ~ 4쪽 미만 초과 시	1.5
	4쪽 이상 ~	2
[연구보고서] 제본, 인쇄, 표지 등 제출 규정 및 서식 준수	규정에 맞지 않을 경우 1건당	0.5
[수업 동영상] 주요 단계 안내 등을 위한 자막 처리 외 별도 영상 삽입 등 금지	규정에 맞지 않을 경우 1건당	1
연구자 및 학생 정보 표기 및 노출 금지	규정에 맞지 않을 경우 1건당	1

※ 공동 연구의 경우 연구보고서에 '공동 연구의 필요성 및 목적' 미포함 시 2점 감점 처리

3. 연구 주제의 선정 방법

수업혁신사례연구대회의 목적은 혁신적인 수업을 발굴하여 확산하고 일반화하기 위함이다. 또한, 앞서 심사 기준에서 살펴보았듯이 2022 개정 교육과정의 방향 및 미래형 수업 혁신에 대한 노력 부분이 반영되어, 연구대회의 주제를 선정할 때도 이를 충분히 고려해야 한다. 따라서 연구 주제를 선정하기 위해 적어도 최근 교육 방향과 기존의 연구대회 수상작을 참고하는 것이 중요하다.

가. 최근 교육 방향 찾기

우선 최근 정부의 교육정책 기조 및 방향은 「2025 기본교육계획」을 참고하는 것이 좋다. 이외 시도교육청별 기본정책 방향과 교육 계획을 참고하면 현재 가장 중요한 교육 방향과 트렌드를 짐작할 수 있다. 또한, 2025학년도에 가장 중요한 교육 변화는 바로 2022 개정 교육과정 적용이다. 2022 개정 교육과정과 변화를 참고하는 것은 필수이다.

교육부 기본정책 찾아보기
(출처: 교육부)

시도교육청 기본정책 찾아보기
(출처: 경기도교육청)

2022 개정 교육과정 찾아보기
(출처: 에듀넷)

연구대회 입상작 찾아보기
(출처: 에듀넷)

나. 연구대회 수상작 찾기

기존 1등급 입상작을 살펴보면 1등급일 수밖에 없는 이유와 공통점을 찾을 수 있다. 내 수업 주제와 관련한 1등급 수상작을 3~5가지 정도 선정하여 정독하는 것은 연구보고서를 설계하는 데 도움이 된다. 연구보고서를 작성하는 동안에도 1등급 입상작과 심사 기준을 수시로 살펴보며 보고서를 업그레이드해 나가는 것이 중요하다.

다. 키워드 추출하기

교육부 및 시도교육청 기본정책, 2022 개정 교육과정, 작년도 우수 입상작을 훑어보았다면 이제는 공통적으로 들어가는 키워드가 보일 것이다. 이 키워드를 고려하여 나의 수업을 설계해야 한다. 특히, 미래형 교육 환경의 변화에 따라 AI·에듀테크를 활용하는 것은 필수라고 할 수 있다.

• 키워드로 살펴보는 2024 우수 입상작 9인의 연구 주제 •

연구 주제	키워드
에듀테크를 더한 '3다움 찾기' 프로젝트로 깊이 있는 국어 수업 만들기	질문, 핵심 아이디어, 삶과 연계 AI 활용, 깊이 있는 수업
3단계로 깊어지는 작가와의 대화 수업으로 자신감 있는 평생 문학 향유자로 성장하기	질문, 학생 주도, 심층 탐구
MME 수업으로 자기주도성 및 미래 핵심역량 함양 (Media literacy-Maker Education-Edutech)	질문 기반, 심층 탐구, 미디어 리터러시, 메이커교육
생각의 시대, IB 기반 앙트십 프로그램으로 성장하는 육각형 미래인재	진로 연계, IB 교육, 앙트십(창업가정신), 지역사회 연계
아이비(A.I.B.) 탐구생활로 핵심역량을 키우는 깊이 있는 수업	질문, 탐구, 지역 연계 핵심역량, 깊이 있는 수업
HELP 수업을 통한 뻔한 실습수업 FUN하게 설계 역량 기르기	학생 주도, 또래 교수·학습, AI·에듀테크 활용, 협력학습
지속 가능한 지구 M-A-K-E UP 클래스 -위기를 우리의 L.I.G.H.T.로 밝히자!	지속 가능, 진로 연계, SDGs, 메이커교육
'WE ARE NEW CREATOR!' 프로젝트로 지속 가능한 미래를 여는 α역량 키우기	AI 활용, 학생 주도, 협력학습
학습에 깊이를 더하는 R.I.P. 프로젝트로 영어과 R.I.P. 영역 Deep하게 Rip하기	성찰(배움노트), 국제 교류, AI 활용, 탐구, 세계시민, 깊이 있는 학습

Tip 2025 핵심 키워드

깊이 있는 학습, 핵심역량, 학습자 주도성, 진로 연계 교육, 교과 융합, 성찰, 삶과 연계, AI·디지털 활용, AIDT, 학생 맞춤형, 협동학습, 맞춤형 피드백, 핵심 질문, 토론, 탐구, IB, 성취평가제, 탄소중립, 세계시민, 사회정서학습(SEL), 독서 인문 교육

4. 계획서 작성 가이드라인

　모든 평가의 출발점은 출제자의 의도와 기출문제 분석이다. 연구대회 도전을 앞두고 이미 심사 기준과 최근 수상작 분석을 마쳤으리라 본다. 이제 머릿속에 있는 스케치를 계획서에 담아야 한다. 각 지역 교육청에 따라 세부 일정이 다르겠지만, 보통 3월 말에서 4월 중순까지가 연구대회 계획서 접수 기간이다. 2024년도 수업혁신사례연구대회만 해도 총 1,700여 건의 보고서가 접수되었다. 보통 계획서 제출자의 50~60%만 보고서를 출품한다고 하니 대략 연구대회 도전을 위한 계획서 제출 건수를 짐작해 볼 수 있다. 화장실 갈 시간도 없이 바쁜 3, 4월에 4~5쪽의 계획서 작성이 막막하겠지만, 도전을 결심한 교사라면 이미 겨울방학 기간에 대략적인 방향을 설정해 두었을 것이다. 일단 계획서는 보고서 심사에 어떠한 영향도 주지 않으며 대회 참여를 위한 '출사표'라 봐도 무방하다. 양식 디자인이나 편집은 전혀 신경 쓰지 않아도 된다. 앞으로 만들어 갈 내 작품의 밑그림이자 설계도이므로 조금만 신경 써서 체계화시켜 두자는 의미이다.

가. 3초를 결정짓는 제목 네이밍

　첫인상은 보통 3초 안에 결정 난다. 계획서는 결국 연구 주제를 잘 담은 제목 네이밍이 핵심이다. 시·도에 따라 차이가 있지만 대부분은 이때 제출한 제목을 수정하지 못하도록 하는 규정이 있으므로 심사숙고해서 정해야 한다. 전체 주제를 20~30자 내외에 담되 심사위원들에게 보고서를 더 읽어 보고 싶은 욕구를 불러일으켜야 한다. 수상작이나 이 책 저자들의 보고서 제목을 분석하면 대체로 다음의 유형을 띤다.

> 주제 : 연구 내용 + 연구 결과
> A.독립변인 B.종속변인

먼저 A 부분은 실천 과제로 설계한 프로젝트나 프로그램명이 들어간다. 이때 주제가 효과적으로 드러나도록 3~4단계의 과정으로 (영)단어 앞 글자나 한자, 숫자, 기호를 사용해 핵심을 나타낸다. 또 '깊이 있는~', '에듀테크~', '지속 가능한~' 등 현재 각 분야의 시의성 있는 교육 트렌드를 반영하여 연구 목적을 부각시킬 수 있다.

• 3~4단계의 실천 과제를 반영한 연구 제목 •

- 아이비(A.I.B.) 탐구생활로 핵심역량을 키우는 깊이 있는 수업
- MME 수업으로 자기주도성 및 미래 핵심역량 함양
- 에듀테크를 더한 '3다움 프로젝트'로 깊이 있는 국어 수업 만들기

다음 B 부분은 기대되는 연구 결과로서 보통 교육과정 총론이나 각 교과에서 설정한 핵심역량이 활용된다. 하지만 교사가 새롭게 재구성한 역량이나 인재상을 설정하기도 하는데, 다음 예시 중 음악 교과의 'α 역량', 전자 교과의 'FUN 설계 역량'이나 국어 교과의 '평생 문학 향유자', 진로 교과의 '육각형 미래인재' 등은 신선하면서도 호기심을 자극한다. 관련해 연구 결과 검증 시 이것들을 측정할 수 있는 타당도와 신뢰도를 갖춘 측정 도구도 미리 고려해야 한다. 교사가 재구성한 역량이나 인재상을 측정하기 위해 기존에 개발된 각종 역량 검사 도구 중 자신의 연구에 적합한 것을 활용할 수도 있지만, 교사가 자체 제작하거나 다양한 검사 도구들을 혼합해 재구성할 수도 있다.

• 핵심역량, 인재상 등을 재구성한 제목 •

- 'WE ARE NEW CREATOR!' 프로젝트로 지속 가능한 미래를 여는 α역량 키우기
- HELP 수업을 통한 뻔한 실습수업 FUN하게 설계 역량 기르기
- 3단계로 깊어지는 작가와의 대화 수업으로 자신감 있는 평생 문학 향유자로 성장하기
- 생각의 시대, IB 기반 앙트십 프로그램으로 성장하는 육각형 미래인재

또 다른 유형으로 A와 B 부분을 개연성 있는 하나의 문장으로 연결한 좀 더 개성 있는 네이밍도 가능하다. R.I.P.라는 3개 영역으로 프로젝트 단계와 측정할 연구 결과를 설정한 영어 교과, M-A-K-E의 4단계의 수업을 통해 L.I.G.H.T.라는 진로 모둠 유형별 실천 과제를 제시한 과학 교과의 제목은 상당히 입체적으로 보인다. 두 사례는 제목에 프로그램 단계나 운영 방식 외에 연구 결과 등 많은 의미를 함축적으로 담아내야 하므로 계획서에도 '용어에 대한 정의'를 체계적으로 정리해 둘 필요가 있다.

• 개성 있는 연구 제목 •

- 학습에 깊이를 더하는 R.I.P. 프로젝트로 영어과 R.I.P.영역 Deep하게 Rip하기
- 지속 가능한 지구 M-A-K-E UP 클래스 - 위기를 우리의 L.I.G.H.T.로 밝히자!

이상으로 보고서의 첫인상을 결정짓는 제목 네이밍 사례를 유형별로 정리해 보았다. 물론 연구대회마다 미묘한 차이가 있지만 수업혁신사례연구대회의 경우 수업에 초점을 맞춘 만큼 교사 개인의 수업에 대한 철학과 개성이 가장 잘 드러난다. 수상작의 제목만 살펴봐도 과목별, 학교급별 현재 가장 주목받고 있는 학습 이론이나 정책에 대한 교사 각자의 고민과 시도들이 담겨 있다. 즉 본인이 가장 관심 있고 자신 있는 학습 이론, 수업 형태 등에 자신만의 수업 철학을 담아낸다면 한 줄의 제목으로도 연구 주제를 충분히 드러낼 수 있다.

나. 연구의 뼈대 스케치

계획서에 들어가야 할 내용은 보고서의 목차 중 대략 서론에서 본론 중 연구 설계까지의 내용에 해당한다. 4~5쪽의 분량이므로 연구 설계 및 절차, 검증 방법에 대한 계획만 잘 세워져 있어도 향후 연구를 수월하게 진행할 수 있다. 연구 주제에 따라 개인적으로 가감할 수 있지만 보통은 다음과 같은 흐름과 내용을 포함하고 있다.

• 연구의 뼈대 예시 •

Ⅰ. 서론
Ⅱ. 연구 방향 및 실태 분석
Ⅲ. 연구 설계 및 절차
Ⅳ. 연구 실천 과제
Ⅴ. 연구 결과 검증
Ⅵ. 결론
	Ⅰ. 연구의 배경
	  1. 연구의 필요성
	  2. 연구의 목적
	Ⅱ. 연구의 과정 및 방법
	  1. 교사 역량 강화 계획
	  2. 연구 일정
	  3. 연구 방법
	Ⅲ. 연구의 실천 계획
	  1. 차시별 지도 계획
	  2. 수업 나눔 계획
	Ⅳ. 기대 효과
	Ⅴ. 참고 문헌

(1) 연구의 배경

서론에 해당하는 연구의 배경은 연구의 필요성과 목적에 대한 내용으로 보고서 작성에서도 중요한 부분이다. 평소 교육 환경이나 수업 전반에 걸친 문제 인식을 통해 연구 계기가 잘 드러나도록 전개하면 된다. 특히 최종 연구의 목적과 유기적으로 연계해 연구의 당위성을 확보해야 한다. 수상작 목록에서 보고서를 접할 기회는 많이 있지만 계획서의 경우 참고할 만한 예시가 없어 더 막막하게 느껴질 수도 있다. 다음 계획서를 참고해 연구를 위한 전체 설계도를 그려 보자.

• 연구의 배경 예시 •

1. 연구의 필요성

인공지능과 메타버스의 급속한 발전으로 인간의 고유 영역이라 여겨지던 창조도 이제는 인간만의 영역이라 확언할 수 없는 시대에 접어들었다. 이에 본 연구에서는 2022 개정 음악과 교육과정이 새로운 범주로 제시하는 '창작' 영역이 관련된 다양한 고찰을 통해 AI를 넘어 인간이 새롭게 만들어 갈 수 있는 창작이란 무엇인지 학생들과 함께 알아보고자 한다. 또한 이러한 활동을 통해 불안정한 미래를 극복하고 지속 가능한 미래를 만들 수 있는 α역량을 학생들이 함양할 수 있는 수업을 구안해 보고자 한다.

2. 연구의 목적

본 연구는 'WE ARE NEW CREATOR!' 프로젝트를 통해 학생들이 2022 개정 음악과 교육과정의 핵심역량과 연결되는 α역량(Association-연계, Armonia-조화, Assist-도움)을 함양하는 것을 목적으로 한다.

구성	내용	2022 개정 음악과 교육과정
Association (연계)	• 작곡 알고리즘을 토대로 작곡 코딩, 인공지능 작곡, 밴드랩 등 다양한 작곡 도구를 활용함. • KPOP, MBTI, 숏폼 영상 등 청소년들의 실제 관심사와 관련된 다양한 소재들을 주제로 함. • 마이크로비트(코딩), 인공지능 작곡 프로그램, ZEP(메타버스) 등 다양한 디지털 에듀테크를 활용함.	창의적 사고 역량 심미적 감성 역량 지식정보처리 역량
Armonia (조화)	• 모둠원과의 협력을 통해 새로운 방향의 창작물을 만들어 봄. • 창작품의 조화를 위해 각 역할을 수행하고 협력함.	자기 관리 역량 공동체 역량
Assist (도움)	• 자신의 창작물이 UN SDGs(지속 가능 발전을 위한 목표) 달성을 위해 기여할 수 있는 바에 대해 고민하고 모둠원과 협력하여 작품을 만듦.	협력적 소통 역량

(2) 연구의 과정 및 방법

연구의 과정은 보통 연구 준비나 설계에 해당하는 부분이다. 선행 연구 분석 및 이론적 배경, 관련 연구 사례 분석(국내·외 사례 포함), 교육 이론이나 연구의 이론적 토대 등을 자료 조사 차원에서 정리해 두면 된다. 특히 최근 연구 동향을 반영하고 차별성을 명확히 해두면 도움이 된다. 또한 다음 예시처럼 교사 역량 강화 계획을 추가하기도 한다.

연구의 방법은 연구 대상(학급, 학생, 환경 등), 연구 기간 및 단계별 실행 계획, 연구 도구(관찰, 설문지, 인터뷰, 수업 자료 등), 연구 진행 방식(수업 설계, 실험 방법 등)을 표로 정리하여 제시할 수 있다.

• 연구의 과정 및 방법 예시 •

1. 교사 역량 강화 계획

메타버스 및 에듀테크를 활용하여 디지털 기반 음악 수업을 꾸리기 위한 다양한 연수와 UN SDGs 및 지속 가능한 발전과 관련된 다양한 도서 및 특강에 참여할 계획이다. 더불어, 경기도 중등 음악 교육 연구회에서의 수업 나눔을 통해 지속적으로 수업을 성찰하고 발전시켜 나갈 예정이다.

연수명	일시(이수 시간)
	00.00.~00.00.(15시간)
관련 도서	저자(출판사)

2. 연구 일정

일정	내용
00.00.~00.00.	교사 역량 강화(연수 이수 및 자료 활용 방안 탐구)
00.00.~00.00.	계획서 작성 및 연구 준비
00.00.~00.00.	수업 실연(10학급) 및 개선점 모색
00.00.~00.00.	수업 개선 방안 탐구
00.00.~00.00.	학교 밖 학습공동체를 통한 수업 개발 방안 모색
00.00.~00.00.	연구보고서 작성 및 제출
00.00.~00.00.	수업 확장 방안 탐구

3. 연구 방법

가. 연구 대상 : 중학교 0학년 00학급(총 00명)

나. 연구 기간 : 2024. 3. 2. ~ 2025. 2. 28.

다. 연구 절차

준비	실행	정리
1. 기초조사 • 수업 실태 및 설문조사 실시 • 관련 논문 및 선행 연구 분석 2. 계획 수립 • 연구 주제 설정 • 실행 계획 수립	1. 수업 운영 준비 • 교육과정 재구성 • 교사 역량 강화 노력 2. 수업 적용 및 개선 • 수업 시연 및 공개 • 개선점 파악 및 해결 방안 탐구	1. 결과 검증 • 검증 분석 • 결과 정리 2. 연구 결과 확장 • 결론 도출 및 보고서 작성 • 확대를 위한 방안 모색

(3) 연구 실천 계획

계획서 작성에서 가장 비중이 큰 부분이다. 이 과정에서 실천 과제가 어느 정도 정해지고 실천 계획이 세부적으로 정리된다면 실제 3월부터 바로 프로그램을 수업에 적용할 수 있다. 물론 연구 기간 동안 계속해서 수정 가능하므로 반드시 완성하지 않아도 된다. 성취기준을 분석해 대략 차시별 수업 주제를 정리하면 된다.

보고서 심사 기준의 중요한 항목인 연구 주제의 일반화 및 확산에 대한 계획을 작성한다. 아직 연간 일정이 구체적으로 나오지 않았으므로 전년도 일정에 근거해 대략 작성해 두면 된다. 다만 차별화되거나 지속적인 활동을 계획한다면 보고서 심사에서 유리할 수 있다. 다음 예시에는 수업 나눔 계획을 대략적으로 제시하고 있다.

• 연구 실천 계획 예시 •

1. 차시별 지도 계획

단원	시수	주제	학습목표	비고
창작	4	코딩 작곡	• 작곡 알고리즘을 만들 수 있다. • 알고리즘에 따라 음악 창작 코드를 만들 수 있다.	마이크로비트 수행평가

2. 수업 나눔 계획

일시	내용
00.00.~00.00.	교내 전문적 학습공동체를 통한 수업 공개 및 개선점 연구
00.00.~00.00.	학교 밖 학습공동체를 통한 수업 공개 및 개선점 연구

(4) 기대 효과

마지막 기대 효과 부분은 연구 결과로서 기대되는 수업 개선 효과 및 교육적 활용 방안을 담으면 된다. 또한 연구 결과의 확산 가능성과 적용 방안, 교육 현장에서 활용할 수 있는 실제적인 제안 등을 제시할 수 있다.

• 기대 효과 예시 •

1. 인공지능과 메타버스의 등장으로 인간 존재론의 의미가 희미해지는 시점에서 인간이 새롭게 나아가야 할 방향에 대해 고찰할 수 있다.
2. α역량 함양을 통해 2022 개정 음악과 교육과정에서 제시하는 핵심역량을 기를 수 있다.
3. 'WE ARE NEW CREATOR' 프로젝트 전반에 걸쳐 다양한 질문과 토론, 지속적인 탐구를 통해 깊이 있는 학습을 실천할 수 있다.

5. 보고서 작성 가이드라인

가. 보고서의 기본 구성

연구대회 보고서를 처음 작성해 보는 사람이라면 보고서를 어떤 구성에 맞추어 작성해야 할지 고민이 많을 것이다. 그래서 준비했다. 본격적인 보고서 작성 가이드라인을 살펴보기 전에 Learn&Done 연구회에서 개발한 보고서의 기본 구성과 각 구성 요소별 작성법을 간략하게 정리해 보자.

• 연구 보고서의 기본 구성 •

구분	구성 및 내용		
도입	표지		
	요약서		
	목차		
서론	연구의 시작	연구의 필요성	
		연구의 목적	
		용어의 정의	
	연구의 준비	이론적 배경	
		선행 연구 분석 및 시사점	
본론	연구의 설계	연구 대상 및 기간	
		연구 방법	
		실태 분석	SWOT 분석
			학습자 실태조사 및 분석

본론	연구의 설계	연구과제 설정	
		수업 환경 조성	
		연구 역량 강화	
	연구의 실천	각 연구 실천 과제	수업 의도
			수업 활동
			수업 결과
			수업 기록
			수업 성찰
			(일반화 및 확장)
결론	연구의 결과	연구 결과	
		연구 결과 분석	
	연구의 결론		
	소감 및 제언		
	참고문헌		
부록	교수·학습 과정안		
	수업 일지		

(1) 도입

도입 부분은 연구의 첫인상을 결정짓는다. 이를 위해 자신의 수업 연구 내용이 요약적이면서도 명확하게 드러날 수 있도록 작업하는 것이 필요하다.

(가) 표지

표지는 가장 먼저 심사위원의 눈에 들어오는 부분이다. 이를 위해 연구 제목을 다양한 글꼴과 아이콘을 사용하여 디자인해서 제시할 수 있다. 또한 영역, 학교급, 연구 형태, 학년, 학생 수를 정확히 파악하여 기입할 수 있도록 한다.

• 수업혁신사례연구대회 보고서 표지 작성 예시 •

영역	(교과교육/창체교육/융합교육)		
학교급	(초/중/고)	관리번호	(기입X)

2025년도 수업혁신사례연구대회 보고서

(연구 제목) - 다양한 글꼴과 아이콘으로 디자인

교과/창체/융합	(교과(자신의 과목) / 창체 / 융합)
연구 형태	(개인 연구 / 공동 연구)
학교급(초/중/고)	(초등학교 / 중학교/ 고등학교)
학년	(해당 학년)
학생 수	(연구 대상 학생 수)

위의 표와 같이 지정된 규격을 정확하게 확인하여 작성하고, 표지의 경우 흑백으로 출력해야 하므로 이를 고려하여 글씨체와 진하기를 설정하는 것이 좋다. 더불어 한글 편집상에서 표지 부분에는 쪽 번호가 들어가지 않도록 유의한다.

(나) 요약서

연구 요약서는 1쪽이므로 연구 내용을 압축적으로 담아내도록 다양한 표나 도식을 제작하여 활용하는 것이 좋다. 특히나 요약서는 보고서의 첫 장면이자 핵심이므로 각별히 공을 들여 제작해야 한다.

(다) 목차

목차에는 서론-본론-결론의 각 구성과 하위 구성을 일목요연하게 정리하고 쪽수를 함께 제시하도록 한다. 더불어, 자신의 연구 주제를 한 번 더 강조하기 위해 목차 상단이나 측면에 주제명을 디자인하여 삽입하는 것도 좋은 방법이다.

> **Tip** 목차 작성 팁
> - 한글의 '차례' 기능을 활용하여 목차 제목과 해당 쪽 번호 연결하기
> - 대제목은 Ⅰ, Ⅱ, (…)의 위계로 작성하기
> - 소제목은 1., 2., (…)의 위계로 작성하기

(2) 서론

서론에서는 자신이 연구를 시작한 이유와 연구를 실천하기 위해 준비한 내용을 담아낸다. 이러한 내용을 체계적으로 전달하기 위해 어떻게 구성할 수 있을지 살펴보도록 하자.

(가) 연구의 시작

이 부분은 연구를 시작한 배경과 방향성이 드러나도록 연구의 필요성과 연구의 목적으로 나누어 내용을 작성하는 것을 추천한다.

① 연구의 필요성

자신의 연구가 왜 필요한지 설득하는 부분이라고 볼 수 있다. 따라서 현 시점에서 가장 문제가 되는 부분에 대한 문제의식을 반영하고 학생들에게 가장 필요한 것이 무엇인지 분석하여 제시할 수 있도록 한다. 학교와 교실에서 경험한 문제 상황을 다양한 사회적 배경 및 교육정책과 연계하여 제시하고, 이를 해결하기 위해 연구자의 연구가 어떤 활동들과 함께 진행될 것인지 제안한다. 이에 더해 연구를 진행한 후 기대되는 변화에 대한 내용까지 압축적으로 담아내는 과정이 필요하다. 이를 위해 스토리텔링의 형식으로 풀어내어 작성할 수 있으며, 표와 도식, 아이콘 등을 활용해 강조해야 하는 부분이 눈에 띌 수 있도록 디자인하는 것이 좋다. 교육정책과 관련된 용어를 반영하여 이목을 끄는 것도 좋은 등급을 받기 위한 방책이 될 수 있다.

② 연구의 목적

연구의 목적은 본 연구를 통해 달성하고자 하는 목표가 무엇인지 제시하는 부분이다. 그러므로 연구의 필요성, 연구의 실천 과제, 연구의 결론을 모두 고려하여 신중히 작성할 필요가 있다. 연구의 목적은 가독성을 위해 2~3가지 정도를 제시하는 것이 바람직하다.

③ 용어의 정의

용어의 정의는 연구보고서에서 등장하는 새로운 용어에 대한 연구자의 설명을 덧붙이는 부분이다. 이 부분에서는 이론적 배경 대신 자신의 연구가 기반하고 있는 선행 이론들을 소개할 수도 있고, 자신의 연구 주제 키워드에 담긴 의미를 풀어낼 수도 있다. 다만 자신의 연구 주제를 심사위원들의 인상에 남기기 위해서는 용어의 정의에서 연구 주제 키워드를 풀어내는 것이 더 유리할 것으로 보인다. 또한 주제의 키워드 외에도 수업 활동에서 특색 있게 활용한 용어가 있다면 해당 용어의 의미를 작성하는 것이 좋다.

(나) 연구의 준비

연구의 준비는 연구를 실천하기 전 연구자가 어떤 준비 과정을 거쳤는지 보여 주는 부분이다. 연구에 대한 자신의 노력을 드러내기 위해 최대한 구체적으로 빠짐없이 작성하는 것이 좋다.

① 이론적 배경

이론적 배경에서는 연구의 기반이 되는 다양한 이론 내용을 압축적으로 제시한다. 특히 일반적으로 통용되는 이론을 정리하기보다는 최근의 교육 트렌드에서 강조되는 이론을 중점적으로 제시하는 것을 추천한다.

② 선행 연구 분석 및 시사점

선행 연구 분석 및 시사점에서는 이론적 배경 외에 자신의 연구 주제와 관련하여 참고할 수 있는 다양한 연구를 분석한 내용을 담는다. 분량의 제한을 고려하여 최대한 요약하여 핵심만 전달하고, 자신의 연구 내용과 선행 연구가 어떤 점에서 연관이 있는지 분석하여 작성하도록 한다. 선행 연구 분석 및 시사점에서는 출처 표기도 정확하게 해야 함을 잊지 말자.

(3) 본론

이제 본격적으로 자신의 연구 내용을 작성하는 본론 부분이다. 본론에서는 연구의 설계 과정과 실천 과정을 꼼꼼히 담아낼 수 있어야 한다.

(가) 연구의 설계

연구의 설계에서는 연구 대상과 기간, 연구 방법, 실태 분석, 연구과제 설정, 수업 환경 조성, 연구 역량 강화 등 연구를 실천하기 전의 모든 기획 과정을 담아낸다.

① 연구 대상 및 기간

연구 대상 및 기간에서는 연구를 진행한 기간과 대상 학생들을 작성한다. 이때, 혼동 없이 정확한 수치를 기입하는 것이 중요하다.

② 연구 방법

연구 방법은 자신이 어떤 검사 방법과 검증 도구를 활용했는지 작성하도록 한다. 연구의 신뢰도와 관련된다는 점에서 꼭 필요한 부분이라 할 수 있겠다.

③ 실태 분석

실태 분석은 연구를 실행하는 환경의 실태를 분석하여 연구의 초석으로 활용하는 내용을 담는 부분이다. 보통 SWOT 분석과 학습자 실태 분석으로 나뉜다. 각 유형별 분석 내용을 살펴보도록 하자.

㉮ SWOT 분석

SWOT 분석은 조직이나 프로젝트의 전략적 계획을 수립하기 위해 사용하는 도구로 4가지 요소로 구분할 수 있다. SWOT 요소의 구체적인 내용을 수업에 적용하여 서술하면 다음과 같다.

• SWOT 분석의 요소 •

구분	내용
Strengths (강점)	학습 효과를 높이거나 경쟁력 있는 수업의 내부 강점
Weaknesses (약점)	수업 운영에서 부족하거나 개선이 필요한 내부 요소
Opportunities (기회)	수업 혁신과 확장을 촉진할 수 있는 외부 요소
Threats (위협)	수업 실행에 부정적 영향을 미칠 수 있는 외부 요소

SWOT 분석을 통해 다양한 전략을 수립할 수 있으며, 연구보고서에서도 이러한 내용을 담아 연구 환경에 대한 분석과 전략을 작성하기도 한다.

• SWOT 분석을 통한 전략 유형 •

유형	내용
S-O 전략(강점-기회)	수업의 강점을 활용하여 외부의 기회를 최대한 활용
S-T 전략(강점-위협)	수업의 강점을 활용하여 외부의 위협에 대응
W-O 전략(약점-기회)	수업의 약점을 보완하면서 외부의 기회를 활용
W-T 전략(약점-위협)	수업의 약점을 최소화하고 외부의 위협에 대응

보다 치밀한 연구 설계를 위해 SWOT 분석을 활용할 수 있지만, 수업 연구에서 가장 중요한 것은 학습자의 상태를 분석하는 것이기에 보고서 분량이 부족하다면 SWOT 분석 내용은 생략할 수 있다.

⑭ 학습자 실태조사 및 분석

학습자의 실태를 조사하고 분석하는 것은 연구 대상의 특징을 분석한다는 점에서 매우 중요한 부분이다. 이를 위해 다양한 설문을 제작하고 분석 결과를 연구 내용에 적극 반영하여야 한다. 이와 관련하여 설문 제작과 결과 분석 시 유의해야 할 사항을 정리하면 다음과 같다.

• 학습자 실태조사 및 분석 유의 사항 •

영역	유의 사항
실태조사	양적 분석과 질적 분석을 함께 진행하기
	중복된 내용 없이 질문 설계하기
	설문 대상 수(N=300 등) 작성하기

실태조사	응답 척도 설정하기(3단계, 4단계, 5단계 등)
	응답 빈도 표기하기(%)
실태 분석	실태 분석 결과에 대한 연구자의 해석 제시하기
	실태 분석 결과와 연구 내용의 연계성 담아내기

④ 연구과제 설정

연구과제 설정은 실제 연구를 실천하는 과정을 범주화하여 여러 유형으로 제시한다는 점에서 연구보고서의 체계성과 직결되는 중요한 부분이다. 따라서 신중에 신중을 더해 수업 연구 내용을 체계화하고 설계하는 과정이 필요하다. 특히 자신의 연구 주제에 담긴 의미를 각 연구 과제의 진행 과정과 유기적으로 연계하고 담아내야 하며, 도식 등을 활용해 연구과제의 흐름을 한눈에 살펴볼 수 있도록 제시하는 것이 필요하다.

⑤ 수업 환경 조성

수업 환경 조성은 학교의 시설, 문화, 지원 등과 수업에 참여하기 선 학생들의 디지털 역량 등을 강화하기 위한 방법을 담아낼 수 있다. 연구가 어떠한 환경에서 진행되었는지 제시하는 부분이기에, 압축적으로 표나 도식으로 제시하는 것을 추천한다.

⑥ 연구 역량 강화

연구 역량 강화는 교사의 연구 실천 노력을 보여 주는 부분이다. 교사가 참여한 다양한 전문적 학습공동체, 연구회나 연수, 읽은 도서 등을 작성할 수 있다. 특히 전학공, 연구회, 연수 참여 등의 내용을 기록할 때는 학교, 지역, 교육청, 전국 등으로 범주화하여 제시하는 것이 좋으며, 각 활동에 정확히 언제 참여하였는지 연도, 월, 일을 모두 작성하는 것이 좋다. 이외에도 자신이 전문성을 향상시키기 위해 노력한 내용이 있다면 모두 작성하는 것을 추천한다.

(나) 연구의 실천(각 연구 실천 과제)

연구의 실천은 본론에서 가장 중요한 부분이다. 연구에서 기획한 수업을 실제로 실천하고 어떤 결과를 얻었는지 제시하는 부분이기 때문이다.

① 수업 의도

수업 의도에서는 해당 수업에서 학생들의 어떤 역량을 키울 수 있도록 설계하였는지 그 내용을 담는다. 특히 2022 개정 교육과정의 방향성을 반영한 부분을 강조하는 것을 추천한다.

② 수업 활동

수업 활동에서는 수업의 과정을 활동 사진과 함께 구체적으로 제시한다. 활동 사진을 제시할 때는 1가지 활동에 2개 이상의 사진을 첨부하여 수업 과정을 세세히 살펴볼 수 있도록 하는 것을 추천한다. 또한 고화질의 사진을 첨부하여 보고서를 살펴볼 때 어려움이 없도록 하는 것도 중요하다. 더불어 과정중심평가의 내용을 명확히 전달하기 위해 수업 과정에서 시행한 평가 내용이 잘 드러나도록 함께 작성하는 것을 추천한다. 활용한 AI 프로그램이나 에듀테크 내용도 최대한 표현하는 것이 좋다.

③ 수업 결과

수업 결과에서는 학생들의 수업 결과물, 소감 등을 제시한다. 이때 학생들의 성명이 노출되지 않도록 각별히 주의하고, 수업 결과물에서 연구 주제와 직결되는 부분이 있다면 해당 부분을 강조하여 표시해 주는 것이 좋다. 수업 소감의 경우에는 연구의 질적 분석과 관련되기에 연구 주제와 관련하여 연계되는 부분을 더욱 강조하여 표시하도록 한다. 더불어 학생 소감에서만 그치는 것이 아니라 수업을 참관한 동료 교사의 소감을 함께 제시해 주는 것도 좋은 방법이 될 수 있겠다.

④ 수업 기록

수업 기록에서는 학생들의 과목별 세부능력 및 특기사항 예시 내용을 담아내는 것을 추천한다. 이를 통해 교육과정-수업-평가-기록 일체화의 내용을 강조할 수 있기 때문이다. 더불어 교사가 피드백하고 메모한 내용이 있다면 함께 첨부하는 것도 좋은 방법이다.

⑤ 수업 성찰

수업 성찰에서는 해당 수업에 대한 교사의 솔직한 성찰 내용을 담는다. 특히 수업혁신사례연구대회에서는 교사의 수업 성찰을 중요한 요소로 평가한다. 따라서 자신이 수업을 진행하며 느낀 교육적 효과, 문제점, 개선점 등을 솔직하게 작성하는 것을 추천한다.

⑥ 수업의 일반화 및 확장

수업의 일반화 및 확장은 심사 기준에도 명시되어 있는 중요한 부분이다. 이를 위해 동료 교사와의 수업 나눔 내용을 담아내거나 타 교과와 융합할 수 있는 부분을 제시할 수 있다. 더불어 확장의 측면에서 교내에서 해당 수업 연구를 통해 어떠한 문화를 만들어 냈는지, 다양한 학급에서 해당 수업을 진행하며 어떤 유의미한 학습이 일어났는지, 또한 외부 수업 공개를 통한 타 학교와의 교류를 통해 어떻게 일반화가 일어났는지 다양한 확장 방식을 제시할 수 있으며, 연구회, 학회, 출판 등을 통해 수업을 확장한 내용을 담아내는 것도 좋다.

(4) 결론

결론은 연구의 최종 달성 내용을 담아낸다는 점에서 연구의 효과성을 검증할 수 있는 부분이다. 이를 위해 객관적인 관점에서 구체적으로 작성하는 것이 필요하다.

(가) 연구의 결과

① 연구 결과

연구 결과는 양적 측면과 질적 측면으로 구분하여 제시하는 것을 추천한다. 더불어 양적 결과는 그래프나 도표로 표현하고, 질적 결과는 응답 내용을 구체적으로 작성하는 방식으로 표현할 수 있다.

② 연구 결과 분석

연구 결과 분석 시 신뢰도 확보를 위해 연구자의 주관이 개입되어서는 안 된다. 이와 관련하여 연구 결과 분석 시 유의해야 할 사항을 살펴보도록 하자.

- 사전, 사후 검사의 응답 변화를 담았는가?
- 사전, 사후 검사의 실시 기간을 표시했는가?
- 응답 비율이 한눈에 들어오도록 가독성있게 제시하였는가?
- 범례를 표시하였는가?
- 그래프 상단에 응답 비율 데이터를 작성하였는가?
- 질적 분석에 대한 내용을 포함하였는가?

(나) 연구의 결론

연구의 결론은 연구 결과를 바탕으로 최종 결론을 제시하는 부분이다. 이를 효과적으로 표현하기 위해서는 '~하였다'의 과거 시제로 통일하여 문장을 제시하는 것을 추천한다(예시: New Create 실천 과제를 통해 지속 가능한 미래를 여는 a 역량을 함양하였다). 또한 각 연구 실천 과제별로 결과를 도출하는 방식으로 연구를 진행했다면 각 실천 과제에 대응하는 결론을 모두 제시하는 것이 좋다.

(다) 제언

제언은 연구 결론을 토대로 앞으로의 연구가 나아갈 방향과 연구자의 의지를 담아내는 부분이다. 제언의 경우 3가지 이상을 제시하는 것을 추천하며, 연구의 필요성, 연구의 목적, 연구의 실천 과제, 연구의 결과, 연구의 결론을 종합적으로 분석하여 본 연구가 갖는 의미를 드러내도록 신중히 작성해야 한다.

(라) 참고문헌

참고문헌의 경우 자신이 참고한 다양한 자료들을 빠짐없이 작성해야 한다. 특히 참고문헌을 제시할 때는 연구자 성명의 가나다 순에 맞추어 작성하며, 연구 당해 연도를 꼭 표시할 수 있도록 한다. 더불어 연구보고서에 꼭 작성해야 하지만 심사 기준에 포함되는 부분은 아니기에 작은 크기로 작성하는 것도 괜찮다.

(5) 부록

부록은 보고서 본문에서 다루지 못한 부연적인 내용을 담아내는 부분이지만, 수업혁신사례연구대회에서는 교수·학습 과정안과 수업 일지 또한 심사 기준에서 중요한 요소로 포함됨을 유의해야 한다.

(가) 교수·학습 과정안

교수·학습 과정안은 우리가 일반적으로 알고 있는 '지도안'에 해당하는 부분으로 연구의 실천 과제 중 가장 임팩트 있고 핵심적인 과제 2가지를 선택하여 작성하는 것이 좋다. 작성할 때는 연구의 전체 과정이 압축적으로 반영될 수 있도록 작성해야 하며, 이와 관련하여 '6. 부록 작성법'을 참고하기 바란다.

(나) 수업 일지

수업 일지는 교사가 수업을 진행하며 느낀 점을 자유 양식으로 표현하는 부분이다. 매 차시 교사의 성찰 내용은 온·오프라인의 다양한 방식을 활용해 누적하여 기록해 두면 된다. 교무수첩을 활용한 성찰일기, 체크리스트 등 재량껏 작성한다.

> **Tip**
> • 온라인(블로그, 티스토리, 수업의 숲 등) 게시하여 공유할 경우 표절 검사에 걸리는 경우가 있으므로 연구보고서에 담을 수업 일지의 내용과 겹치지 않도록 유의해야 한다.

나. 보고서 문서 작업

(1) 기본 설정 작업

(가) 보고서 규격

2025년 수업혁신사례연구대회 연구보고서(출력물)의 규격은 아래와 같다.

● 2025년 수업혁신사례연구대회 운영 계획서 연구보고서 규격 ●

구분	작성 및 제출 방법	비고
규격	• 여백: 상/하/머리말/꼬리말 15, 좌/우 25, 제본 10 • 본문: 들여쓰기 10, 휴먼명조 12포인트, 줄 간격 160%, 문단 위 5, 문단 아래 0 • 목차와 표는 연구자 임의로 작성 가능	

(나) 보고서 분량

● 2025년 수업혁신사례연구대회 운영 계획서 연구보고서 분량 ●

구분	작성 및 제출 방법	비고
분량	• 총 25쪽 이내(표지, 목차 분량 제외) 　• 요약서 : 1쪽 이내 　• 본문 및 부록(교수·학습 과정안, 수업 일지 등) : 24쪽 이내 　• 요약서, 목차, 본문, 부록(교수·학습 과정안, 수업 일지 등) 순서로 한 권으로 제본 / 1개 파일로 저장 ※ 공동 연구의 경우 보고서에 '공동 연구의 필요성 및 목적'이 반드시 포함되도록 작성(미포함 시 2점 감점 처리)	※부록은 별책이나 바인더 형태로 제출 금지 ※부록 미제출자는 전국대회 추천 대상에서 제외

(2) 편집 간단 팁

(가) 머리말에 제목 입력하기

① [쪽] 메뉴 – [머리말] – [머리말/꼬리말(단축키 : Ctrl+N, H)]을 누른다.

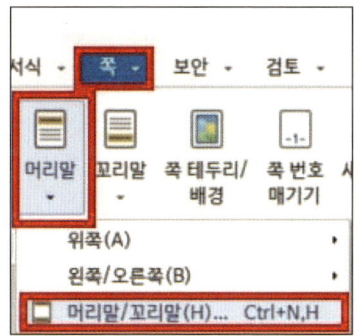

② [머리말/꼬리창] 창이 뜬 후 '종류'에서 '머리말(혹은 꼬리말)'을 선택하고, '위치'에서 '양쪽'을 선택한다. 특히 직접 문구를 입력하고 싶다면 '(모양 없음)'을 누르고 만든다.

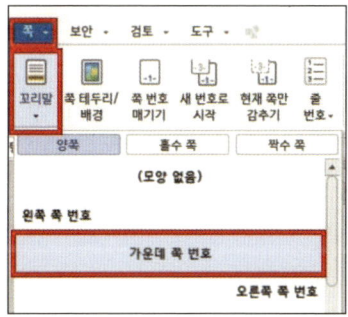

③ 입력 커서가 형성되면 문구를 입력하고 글자의 서식을 변경하거나 이미지를 넣고 상단의 닫기를 누른다.

(나) 제목 차례(목차) 만들기

① [도구] 메뉴 – [제목 차례] – [차례 만들기]를 선택한다.

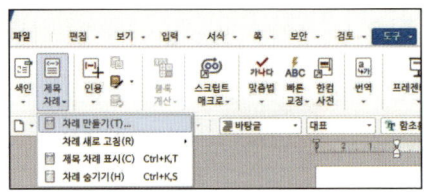

② [차례 만들기] 창에서 [만들 차례] – '제목 차례'를 선택한다. (표 차례, 그림 차례, 수식 차례는 선택을 해제한다.)

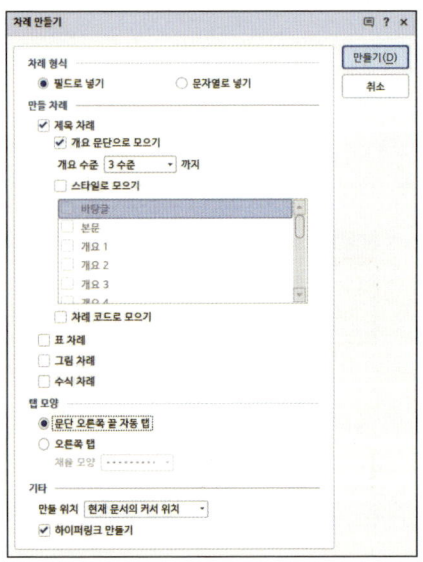

③ 또한 [탭 모양] – 오른쪽 탭, [채울 모양] – '점선 모양'을 선택해 만든다. 파란색의 〈제목 차례〉 입력란이 생긴다.

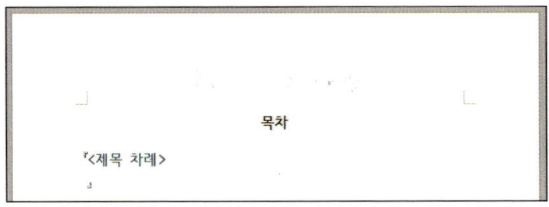

④ 차례를 만들고자 하는 본문의 제목(쪽 번호를 붙이고 싶은 내용)을 줄마다 쪽수와 함께 적는다. '제목'과 '쪽수' 사이에 입력 커서를 둔 후 키보드의 Tab 버튼을 누른다.

```
                    목차
 I. 서론
 1. 연구의 필요성1
 2. 연구의 목적1
 3. 교육과정 및 선행 연구 분석2
 4. 용어의 정의2
 II. 본론
```

⑤ 차례가 완성되면 글자 서식을 변경하면 된다. 만약 보고서의 소제목이나 쪽수가 변경되는 경우, 변경된 내용이 차례에 자동으로 반영되지 않기 때문에 목차에서 직접 내용을 수정해야 한다.

```
                    목차
 I. 서론
 1. 연구의 필요성 ·················· 1
 2. 연구의 목적 ···················· 1
 3. 교육과정 및 선행 연구 분석 ······ 2
 4. 용어의 정의 ···················· 2
 II. 본론
```

(다) 한글 단축키 모음

글자 크기	작게: Ctrl+[	크게: Ctrl+]	-
글자 스타일	굵게: Ctrl+B	기울임: Ctrl+I	밑줄: Ctrl+U
글자 색깔 (알파벳)	빨강: Ctrl+M+R	파랑: Ctrl+M+B	검정: Ctrl+M+K
	흰색: Ctrl+M+W	노랑: Ctrl+M+Y	청록: Ctrl+M+C
	초록: Ctrl+M+G	자주: Ctrl+M+D	-
글자 반칸 띄우기	Alt+스페이스	글자 드래그	Shift+화살표
글자 모양	Alt+L	문단 모양	Alt+T
모양 복사	복사하려는 부분 입력커서+Alt+C	붙이려는 부분 드래그+Alt+C	-
문장 정렬	양쪽 정렬 Ctrl+Shift+M	가운데 정렬 Ctrl+Shift+C	왼쪽 정렬 Ctrl+Shift+L
자간	1%씩 줄이기 Alt+Shift+N	1%씩 늘리기 Alt+Shift+W	-
장평	1%씩 줄이기 Alt+Shift+J	1%씩 늘리기 Alt+Shift+K	-
문단 줄 간격	줄 간격 10%씩 줄이기 (위아래로 좁게) Alt+Shift+A	줄 간격 10%씩 늘리기 (위아래로 넓게) Alt+Shift+Z	-
자동 들여쓰기	문단 내 자동 들여쓰기 Shift+Tab	표 안에서 문단 내 자동 들여쓰기 Ctrl+Shift+Tab	-
표 만들기	Ctrl+N+T	셀 블록 만들기	F5 버튼
셀 높이를 같게 하기	셀 블록+H	셀 너비를 같게 하기	셀 블록+W
표/셀 속성	셀 블록+P	표 캡션 달기	Ctrl+N+C
편집용지	F7	-	-

(라) 추가 Q&A

① 갑자기 문장 부호(물음표)가 거꾸로 되는 문제가 생긴다면 윈도우 키+스페이스 바를 누르면 된다

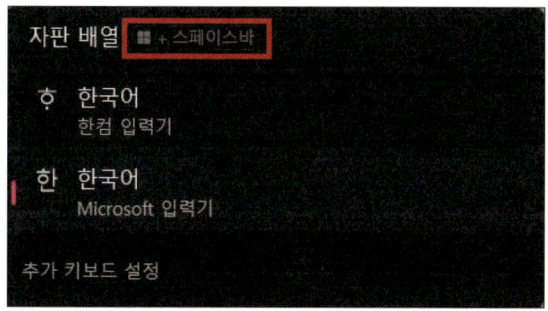

② 로마자 빠르게 쓰기 : 한글 ㅈ+한자
③ 가운데점 찍기 : Alt+숫자 183
④ 화면 캡처하는 방법 : 윈도우+Shift+S

다. 그림(이미지) 제작

(1) 그림(이미지) 제작 시 유의 사항

보고서에 포함되는 그림은 내용 전달을 효과적으로 돕기 위해 명확한 목적을 설정하고 적절한 유형을 선택하여 가독성 있게 작성해야 한다. 또한, 본문과의 연계성을 고려하여 충분한 설명을 덧붙이며, 저작권을 준수하기 위해 외부에서 인용한 그림이나 사진의 출처를 반드시 명시해야 한다. 보다 원활한 활용을 위해 AI 프로그램을 이용하여 직접 제작하는 것을 권장한다.

(가) AI 그림(이미지) 저작권

AI가 생성한 그림(이미지)은 일반적으로 저작권에 위배되지 않으나, 사용 목적과 관

런 법률을 고려할 필요가 있다. AI가 생성한 이미지는 대부분 퍼블릭 도메인으로 간주되지만, 특정 캐릭터, 브랜드 로고, 유명인의 얼굴 등을 포함할 경우 초상권, 상표권, 저작권 침해 문제가 발생할 수 있다. 따라서 상업적 목적으로 사용할 경우 법적 검토가 필요하다.

출처 작성 예시

[그림1] 협력학습 개념도 (출처 : Smith, 2022, p.45)

[그림2] 태양계 행성 크기 비교 (출처 : NASA, 2023, https://www.nasa.gov)

Tip 미리캔버스, 캔바 등을 활용한 이미지 제작 및 폰트 사용 저작권 안내

미리캔버스나 캔바에서 제작한 자료를 JPG, PNG, PDF 등 수정이 불가능한 고정된 이미지 파일로 변환하여 배포하는 것은 일반적으로 저작권 문제가 발생하지 않는다. 다만, 편집이 가능한 원본 파일 형태로 공유하거나 재배포하는 경우 저작권 위반의 소지가 있을 수 있으므로 주의가 필요하다.

<참고하기>
1. 미리캔버스 저작권 가이드 Q&A
2. 캔바 저작권 사용자 가이드

---

(2) 그림 자체 제작(사진 편집) 방법

그림을 자체 제작하기 위해서는 캔바를 이용하거나 AI 그림 제작 프로그램을 이용하여 제작할 수 있다. MidJourney, DALL·E(OpenAI), Stable Diffusion, Adobe Firefly 등 다양한 프로그램이 있지만 ChatGPT와 연동이 가능하고 사용이 편리한 DALL·E(OpenAI)를 추천한다. 간단하게 ChatGPT에 명령어만 입력하면 제작 및 편집이 가능하다.

라. 활동 사진 첨부

(1) 사진의 주제 및 의도 확인
① 사진이 보고서의 주제 및 의도를 명확하게 전달하는지 확인한다.
② 이미 다른 목차에서 사용된 사진인지 검토하여 중복되지 않도록 주의한다.

(2) 이미지 품질 및 크기 조정
① 사진이 너무 작거나 흐려서 활동 내용이 잘 보이지 않는 경우, 확대 편집하여 주요 활동이 명확하게 보이도록 한다.
② 사진을 캡처하여 첨부할 경우, 큰 화면에서 캡처 후 한글 파일에서 첨부하여 축소하면 더 선명하게 보일 수 있다.

(3) 초상권 및 개인정보보호
① 인물 사진을 포함할 경우, 초상권 보호를 위해 모자이크 처리하거나 캐릭터 이미지로 대체해야 한다.
② 학교명, 지역명, 학생의 인적 사항 등이 노출되지 않도록 하고, 교복, 체육복 등에 표시된 정보는 모자이크 또는 블랭크 처리한다.

• 초상권 및 개인정보보호를 고려한 편집 •

마. 자료 정리 방법

(1) 목차별 자료 정리
보고서의 체계를 명확하게 유지하기 위해 목차별로 폴더를 생성하고, 각 폴더에 해당하는 이미지 및 첨부 자료를 정리해 둔다. 이를 통해 보고서 작성 시 필요한 자료를 효율적으로 관리하고 신속하게 활용할 수 있다.

(2) 이미지 파일 정리
제작한 이미지 파일을 한글(HWP), PPT 등의 단일 파일로 정리하여 보관하면 보고서 작성 시 보다 빠르고 편리하게 활용할 수 있다.

(3) 학습 결과물 정리
학생들의 학습 결과물 중 특히 돋보이는 자료는 보고서에 별도로 첨부하고, 이에 대한 설명을 추가한다. 그 외의 학습 결과물은 패들렛, 블로그, 홈페이지, 유튜브 등 온라인 플랫폼을 활용하여 공유하고, 해당 링크를 QR코드로 제작하여 보고서에 삽입하면 자료 접근성을 높일 수 있다.

(4) 보조 프로그램 활용
(가) Google 포토

Google 계정과 연동하여 스마트폰에서 촬영한 사진과 동영상을 한 곳에서 자동으로 정리할 수 있다. 또한, 자동 백업, 강력한 검색 기능, 그리고 앨범을 활용한 체계적인 정리가 가능하다는 장점을 갖고 있다. 이를 통해 사진과 문서를 손쉽게 저장하고, 키워드 검색을 통해 필요한 자료를 빠르게 찾을 수 있으며, 주제별 앨범을 구성하여 효율적으로 관리할 수 있다. 따라서 교육 자료나 연구 데이터를 보다 체계적으로 정리하는 데 유용하게 활용할 수 있다.

> **Tip**
>
> 구글 포토 앱을 설치한 후 자동 백업 기능을 활성화하면 와이파이 또는 모바일 데이터를 통해 사진과 동영상을 즉시 클라우드에 저장할 수 있다.
>
> <설정 방법>
>
> 1. 구글 포토 앱을 실행
> 2. 프로필 아이콘 클릭 → 사진 설정
> 3. 백업 및 동기화 활성화

(나) 퀵 쉐어(Quick Share)

퀵 쉐어는 삼성 갤럭시 기기 및 일부 윈도우 PC에서 지원하는 파일 공유 기능으로, 무선으로 빠르고 쉽게 데이터를 전송할 수 있다. 블루투스 및 Wi-Fi Direct 기술을 활용하여 인터넷 없이도 스마트폰, 태블릿, PC 간의 자료 공유가 가능하다는 점이 큰 장점이다. 이를 통해 사진, 문서, 동영상 등의 자료를 손쉽게 전송하고 체계적으로 정리할 수 있다. 또한, 퀵 쉐어를 활용하면 여러 기기에서 동일한 자료를 공유할 수 있어 협업이 용이하다. 예를 들어, 스마트폰에서 촬영한 사진을 PC로 즉시 전송하여 정리하거나, 연구 자료를 동료와 신속하게 공유하는 데 유용하게 활용할 수 있다.

> **Tip**
>
> 퀵 쉐어 기능을 활성화하면 별도의 앱 설치 없이도 파일을 빠르게 전송할 수 있다. 이 기능을 이용하면 저장 공간을 절약하고, 중요한 자료를 효과적으로 공유할 수 있다.
>
> <설정 방법>
>
> 1. 퀵 쉐어 활성화: 스마트폰의 설정 → 연결 → 퀵 쉐어 선택
> 2. 공유 대상 설정: '내 연락처' 또는 '모든 사용자'로 공유 범위 지정
> 3. 파일 전송: 갤러리 또는 파일 앱에서 공유할 항목 선택 → '퀵 쉐어' 클릭

(다) 네이버 마이박스

네이버 마이박스는 클라우드 저장소 서비스로, 다양한 기기에서 사진, 문서, 동영상 등을 안전하게 보관하고 손쉽게 관리할 수 있다. 무료 기본 용량이 30GB이며, 파일을 업로드하면 자동으로 백업되므로 데이터 손실을 방지할 수 있다. 또한, 공유 기능을 활용하여 다른 사용자와 파일을 쉽게 공유하고 협업할 수 있다. 특히, 스마트폰과 PC 간의 파일 이동이 용이하여 교육 자료, 업무 문서, 개인 데이터를 효과적으로 정리하고 활용할 수 있다.

> **Tip**
>
> 네이버 마이박스의 자동 업로드 기능을 활성화하면 사진과 동영상이 자동으로 클라우드에 저장되어 기기 저장 공간을 절약할 수 있다.
>
> <설정 방법>
> 1. 네이버 마이박스 앱 실행
> 2. 프로필 아이콘 클릭 → 설정
> 3. 자동 업로드 활성화

> **Tip**
>
> 자료 정리에는 정해진 방식이 없지만, 보고서 작성을 위해 필요한 자료를 신속하게 검색하고 활용할 수 있도록 체계적으로 관리하는 것이 중요하다. 또한, 자료의 누락을 방지하기 위해 정리된 시스템을 갖추는 것이 바람직하다.
>
> 참고 예시
>
> | 폴더명 | 내용 |
> | --- | --- |
> | 1등급 참고 자료 | 최근 1등급 보고서 중 참고할 만한 보고서 및 목차별 참고 자료 |
> | 교육과정 | 2022, 2015 개정 교육과정, 교육과정 핵심역량, 교육부 자료 등 |
> | 디자인 이미지 | 보고서에 포함할 디자인 요소 및 이미지 자료 |
> | 메모 | 보고서 작성 과정에서 떠오른 아이디어 기록 |

보고서 백업	내용 분실 방지를 위한 날짜별 수정본 저장
사진	학생 활동, 학습 결과물, 수업 환경 개선 등 관련 사진 자료
수업 자료	수업 시간에 활용한 학습지, 설문지, 체크리스트, 평가지 등
심사 기준표	연구보고서 심사 기준표 (수시로 확인할 수 있도록 편집하여 정리)
에듀테크	AI 및 에듀테크 제작에 활용할 자료
참고 자료	관련 논문, 보고서, 뉴스 자료 등

폴더별 자료 정리 예시

바. 수업 설계의 통계 처리

교육 현장에서 수업 혁신을 실천하고 연구하는 많은 교사들은 "이런 수업 방법이 정말 효과가 있을까?"라는 질문을 던지게 된다. 학생들의 학습 태도나 성취도가 실제로 향상되었는지를 확인하는 과정에서 가장 널리 활용되는 방법이 사전 수업과 사후 수업의 비교이다. 이는 동일한 학생들을 대상으로 새로운 수업을 적용하기 전과 후의 변화를 측정함으로써 변화가 실제로 의미 있는지를 분석하는 과정이다.

- 사전 수업이란? 기존의 방식의 수업을 말한다.
- 사후 수업이란? 새로운 수업 방식을 도입하여 진행하는 수업을 말한다.

이러한 변화를 보다 객관적으로 평가하기 위해 통계적 방법을 활용하는데, 그중에서도 대응 표본 t-검정(Paired t-test)은 가장 실용적이고 이해하기 쉬운 검정법이다. 이 통계법은 같은 학생 집단에서 사전(pre-test)과 사후(post-test) 점수를 비교하여, 평균의 차이가 단순한 우연이 아니라 실제로 '유의미'한 변화인지 확인하는 데 유용하다. 예를 들어, 새로운 수업을 적용한 후 학생들의 성취도가 상승했다면, 이 변화가 통계적으로 의미 있는지를 검증하는 것이다.

이 책에서는 복잡한 통계 이론을 깊이 다루기보다는, 수업혁신사례 연구과제를 수행하는 교사들이 쉽게 이해하고 활용할 수 있도록 실제 설문지와 함께 대응 표본 t-검정을 설명하고자 한다. 사전 수업에 대한 사후 수업의 효과를 검증하는 과정에서 어떤 데이터를 어떻게 정리해야 하는지, 대응 표본 t-검정을 어떻게 수행하고 해석해야 하는지를 실질적인 예제와 함께 차근차근 설명하고자 한다.

통계는 단순한 숫자의 나열이 아니라, 교사들이 새롭게 도입한 수업이 학생들에게 어떤 영향을 미치고 있는지를 과학적으로 증명하는 강력한 도구이다. 이 장을 통해 교사들이 연구과제에서 신뢰할 수 있는 결과를 도출하고 보다 효과적인 수업 방법을 탐구하는 데 도움을 얻을 수 있다.

(1) 연구 절차

수업혁신사례 연구를 수행하는 과정에서 가장 중요한 부분 중 하나는 사전 및 사후 수업의 비교를 통한 효과 분석이다. 이를 위해 교사들은 수업 설계에서부터 데이터 분석에 이르기까지 다음의 표와 같이 체계적인 연구 절차를 따라야 한다. 지금까지 수업혁신사례 연구보고서를 살펴보면 기술적 통계, 즉 사전 수업과 사후 수업의 평균의 차이 정도만을 비교하는 경우가 많음을 알 수 있다. 그러나 사전 수업과 사후 수업의 평균 점수를 비교하는 기술적 통계만으로는 "수업의 설계가 유의미한가?"라는 질문에 대해 대답하는 데 그 한계가 있다. 따라서 앞서 제시한 질문에 대한 답을 얻을 수 있는 추론 통계를 활용하여 수업 효과를 분석하면 더욱 신뢰성이 높은 수업 설계임을 객관적으로 검증할 수 있다.

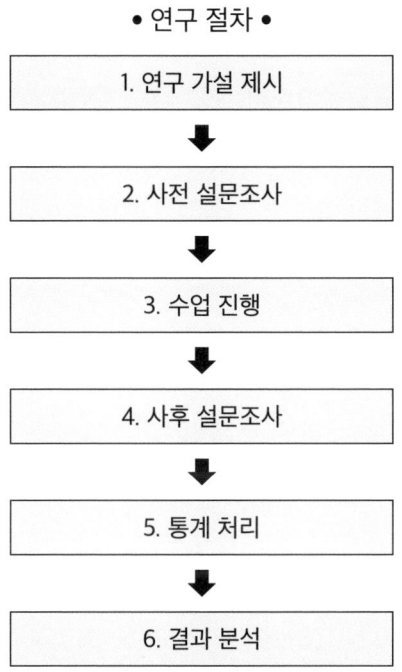

• 연구 절차 •

1. 연구 가설 제시
2. 사전 설문조사
3. 수업 진행
4. 사후 설문조사
5. 통계 처리
6. 결과 분석

(가) 연구 가설 설정

연구 가설은 검증하려는 주장을 명확하고 구체적인 문장으로 정리한 것으로, 타당한 근거와 관찰을 바탕으로 설정되어야 한다. 일반적으로 연구 가설은 귀무가설(null hypothesis, H_0)과 대립가설(alternative hypothesis, H_1)로 구분된다. 통계적 가설 검증에서는 대립가설이 아닌 귀무가설을 검증하며, 그 결과에 따라 연구 가설을 채택하거나 기각하게 된다.

> **연구 가설: 새로운 수업이 학생들의 학업성취도를 향상시키는가?**
> - 귀무가설(H_0): 새로운 수업은 학생들의 학업성취도에 영향을 주지 않는다.
> - 대립가설(H_1): 새로운 수업은 학생들의 학업성취도를 영향을 준다.

연구 가설은 명확하고 구체적인 문장으로 설정되어야 한다. 예를 들어, "새로운 수업이 학생들의 학업성취도를 향상시키는가?"라는 질문을 연구 가설로 삼았다고 하자. 이때, 새로운 수업의 효과를 검증하려면 반드시 동일한 학생들을 대상으로 수업 전과 후의 학업성취도를 비교해야 한다. 이는 동일한 집단이 시점을 달리하여 참여하는 연구 계획이므로, 가설을 검증하기 위해서는 대응 표본 t-검정이 적절한 분석 방법임을 이해해야 한다. 이처럼 연구 가설을 명확히 설정해야만 적합한 통계 분석 방법을 올바르게 선택할 수 있다.

(나) 연구 대상 선정 및 실험 설계

연구 대상은 동일한 학생군으로 선정해야 한다. 즉, 동일한 학생들이 사전 검사(pre-test)와 사후 검사(post-test)를 모두 치러야 한다. 연구 대상은 다음과 같은 기준에 따라 선정할 수 있다.

- 동일한 학급(예: 3학년 1반 전체)
- 특정 학업 수준 또는 학업 배경을 고려한 그룹(예: 중위권 학생 그룹)
- 일정 기간 동안 수업에 꾸준히 참여한 학생들

실험 설계는 다음과 같은 절차로 진행한다.

① 사전 검사(pre-test) : 새로운 수업을 적용하기 전에 학생들의 학업성취도를 측정하기 위해 평가 또는 설문을 실시한다.
② 수업 진행 : 연구 대상에게 새로운 수업을 일정 기간 동안 적용한다.

③ 사후 검사(post-test) : 새로운 수업을 적용한 후, 동일한 유형의 평가 또는 설문을 통해 학생들의 학업성취도 변화를 측정한다.

(다) 데이터 수집 및 정리

수업 전후의 데이터를 정확히 수집하고 체계적으로 정리하는 것은 매우 중요하다. 데이터는 주로 학생들의 점수로 구성되지만, 학습 태도 변화와 같은 설문조사 결과도 함께 포함할 수 있다. 데이터를 다음과 같은 형태로 정리하면 통계 분석을 보다 쉽게 수행할 수 있다.

• 통계 분석을 위한 데이터 정리 •

학생 번호	사전 문항1	사전 문항2	사전 문항3	사전 문항4	사후 문항1	사후 문항2	사후 문항3	사후 문항4
1번 성명	2	4	4	5	3	3	3	4
2번 성명	4	4	5	2	3	2	2	2
3번 성명	4	5	5	2	5	3	5	3

이때 주의할 사항은 다음과 같다.

먼저, 학생마다 동일한 번호 체계를 유지해야 하며, 데이터에 결측값이 없도록 설문에 응답하도록 요청한다. 만약 특정 학생이 사전 설문에만 응답하거나 사후 설문에만 응답하는 등 분석에 활용할 수 없는 불완전한 데이터가 발생한 경우, 해당 학생을 제외한 후 통계 분석을 수행할 것을 권장한다. 결측값을 처리하는 통계 기법이 있지만, 이는 본서의 범위를 벗어나므로 자세한 내용은 참고문헌에 제시된 통계 서적을 참고하기 바란다. 끝으로, 사전 점수와 사후 점수가 정확히 매칭되었는지 반드시 확인해야 한다.

(라) 통계 처리

수업혁신사례 연구의 대부분은 사전·사후 수업 성취도와 같은 효과를 검증하는 데 목적이 있으므로, 일반적으로 대응 표본 t-검정을 사용한다. 대응 표본 t-검정은 동일한 학생의 사전 점수와 사후 점수 간 차이가 단순한 우연이 아닌, 실제로 유의미한 변화를 반영하는지 확인하는 추론 통계 방법이다.

대응표본 t-검정의 주요 지표는 다음과 같다.

- 평균 차이(M) : 수업 전에 대한 수업 후 점수 변화의 평균값
- 표준편차(SD) : 학생별 변화의 변동성
- 유의확률(p-value) : 평균의 차이가 통계적으로 유의미한지 판단하는 기준 ($p < 0.05$ 일 경우 유의미함.)

(마) 결과 해석 및 보고

대응 표본 t-검정을 수행한 후에는 그 결과를 명확히 해석해야 한다.

- $p\text{-value} < 0.05$: 수업이 학생들의 학업성취도에 유의미한 변화를 가져왔음을 의미한다.
- $p\text{-value} \geq 0.05$: 수업 효과가 통계적으로 유의미하지 않음을 나타낸다. 이는 표본 수가 부족하거나 수업의 효과가 뚜렷하지 않기 때문일 수 있다.

유의도 검정은 연구에서 가장 일반적으로 사용되는 표준적인 방법이지만, 다음 절차를 추가하면 연구의 신뢰도와 타당성을 높일 수 있다.

- 신뢰도 및 타당도 검토 : 설문지나 시험이 연구 목적에 맞게 잘 설계되었는지 확인해야 한다.
- 정규성 검정(Normality Test) 추가 : 데이터를 분석하기 전에 정규성을 검토하면 더 정

확한 분석이 가능하다.
- 기타 분석 수행 : 단순히 대응 표본 t-검정에 그치지 않고, 효과 크기(effect size)를 함께 계산하면 연구 결과의 실제적 의미와 강도를 보다 명확히 보여 줄 수 있다.

(2) 연구 결과 작성
(가) 간단하고 명확하게 정리

> 대응 표본 t-검정 결과, 사전 점수의 평균은 3.5점, 사후 점수의 평균은 4.3점으로 증가하였으며, p-value는 0.03335로 통계적으로 유의미한 차이가 나타났다(p-value < 0.05). 이를 통해 새로운 수업 설계가 학생들의 학업성취도 향상에 효과적임을 확인할 수 있었다.

(나) 시사점 도출
연구 결과를 바탕으로 교육적 시사점을 도출해야 한다. 수업 설계가 효과적인 것으로 나타났다면, 그 효과를 어떻게 확산하고 현장에 적용할지 구체적으로 논의해야 한다. 반면에 효과가 미미했다면 연구 방법이나 수업 전략을 어떻게 개선할지 모색할 필요가 있다. 또한, 연구의 한계를 명확히 밝히고, 이를 보완할 수 있는 후속 연구 방향을 제안함으로써 연구의 학문적 가치를 높일 수 있다.

(3) 요약 정리
수업혁신사례 연구는 일반적으로 연구 가설 설정 → 사전 설문조사 → 수업 진행 → 사후 설문조사 → 통계 처리 → 결과 분석의 절차를 따른다. 그러나 연구 목적에 따라 신뢰도 검토, 정규성 검정 등의 추가 분석을 포함하면 더욱 정교하고 심도 있는 연구를 수행할 수 있다. 무엇보다 중요한 것은 복잡한 이론에 얽매이기보다 연구 목적을 명확히 설정하고, 그에 적합한 통계 방법을 활용하여 의미 있는 결론을 도출하는 것이다. 이를 통해 연구과제를 수행하는 교사들이 보다 신뢰성 있는 연구 결과를 확보할 수 있을 것이다.

연구 설계의 효과성을 분석하는 데 있어서 중요한 점은 복잡하고 다양한 통계 이론 및 절차를 완벽히 이해하는 것이 아니라, 연구 목적에 맞는 적절한 방법을 활용하여 수업 효과를 객관적으로 입증하는 것이다. 위에 설명한 연구 절차를 참고하여 수행하는 수업혁신사례 연구가 더욱 체계적이고 신뢰성 있는 결과를 도출할 수 있다.

6. 부록 작성법

보고서 본문을 모두 작성했다면 이제 부록이 남았다. 부록은 일반적으로 본문에서 다룬 내용을 더욱 상세하게 다루거나 부가적인 내용을 수록하는 부분이다. 연구대회 보고서의 부록에는 교수·학습 과정안, 수업 일지, 수업 결과물, 수업 참관록, 설문 결과 등의 자료가 담긴다.

• 2024 수업혁신사례연구대회 운영 계획 中 부록 작성 요령 •

구분	작성 및 제출 방법	비고
교수·학습 과정안	• 연구 주제와 관련하여 자유롭게 작성하되 2회분 수록 • 1회는 1차시 기준이나, 융합형 교육, 프로젝트형 수업 등 필요시 복수 차시도 가능	※교사 및 학생 활동에 대해 상세하게 제시 ※블록타임 수업으로 진행하여 동영상 제출한 경우 전 차시 교수·학습 과정안 수록
수업 일지	• 서식 자유 • 수업 개선을 실천한 진지한 성찰, 노력 등이 드러나도록 작성	

수업혁신사례연구대회에서는 부록의 필수 구성을 '교수·학습 과정안'과 '수업 일지'의 2가지로 제시하고 있다. 따라서 높은 등급을 받기 위해서는 필수 구성에 해당하는 교수·학습 과정안과 수업 일지의 내용을 충실히 작성하는 것이 필요하다. 이 장에서는 수업혁신사례연구대회 보고서 부록의 핵심 구성인 교수·학습 과정안과 수업 일지를 보다 수월하게 작성하기 위한 가이드라인을 제시하고자 한다.

가. 교수·학습 과정안

교수·학습 과정안은 특정 수업이나 학습 단원에 대한 전반적인 수업 계획을 담고 있는 문서를 의미한다. 수업혁신사례연구대회의 부록 작성 요령에 따르면 교수·학습 과정안은 2회분을 수록할 수 있으며, 1회는 1차시 기준이나 필요한 경우(융합형 교육, 프로젝트 수업)에는 복수 차시로 구성할 수 있다. 연구한 수업의 내용을 25쪽 이내로 압축하여 보고서를 작성해야 하는 수업혁신사례연구대회의 특성상 다양한 수업 내용을 모두 담아내기 위해 일반적인 지도안과는 달리 복수 차시를 연결하여 교수·학습 과정안을 작성할 수도 있는 것이다.

다음의 표는 Learn&Done 연구회가 제안하는 수업혁신사례연구대회 보고서 교수·학습 과정안의 기본 구성이다. 각 요소별로 어떤 부분에 유의하여 작성하면 좋을지 살펴보도록 하자.

• 수업혁신사례연구대회 교수·학습 과정안의 기본 구성 •

학습 주제					
수업 의도					
단원		대상		차시	
학습목표					
교육과정 재구성	성취기준				
	교수·학습 방법				
	주요 활동				
AI·에듀테크					
핵심 아이디어					
핵심 질문					

단계	구분	교수·학습 활동	자료 및 유의점
도입	활동 1 (...)		
전개			
정리			

과정중심평가 계획

(1) 학습 주제

학습 주제는 교수·학습 과정안이 담고 있는 수업의 내용을 명확히 드러내는 키워드로 네이밍하는 것이 필요하다. 복수 차시의 수업을 교수·학습 과정안에 담아낼 경우에는 해당 차시들을 모두 아우를 수 있는 학습 주제를 작성하는 것이 좋다.

(2) 수업 의도

어떤 흐름으로 수업이 진행되도록 의도하였는지 작성한다. 교수·학습 과정안의 수업 의도를 통해 학습목표만으로 전달하기 어려운 교사의 구체적인 수업 기획 과정이나 목적을 제시할 수 있다.

(3) 단원, 대상, 차시

일반적인 수업 지도안과 같이 수업 내용에 해당하는 단원명, 수업의 대상 학생들, 차시 구성을 작성하도록 한다.

(4) 학습목표

학습목표는 교과의 핵심 학습 내용을 아우를 수 있도록 작성해야 한다. 특히나 수업혁신사례연구대회의 교수·학습 과정안에서는 학습목표를 진술할 때 교육과정-수업-평가-기록의 일체화를 드러내기 위해 연구의 과정과 결과를 종합적으로 고려하여 작성하는 것이 좋다.

(5) 교육과정 재구성

수업은 공식적으로 교육부에서 발표한 교육과정을 교사가 재구성하여 학생들에게 직접 전달하는 과정이다. 교육과정을 재구성하는 과정에서 교사가 어떻게 2022 개정 교육과정을 반영하였는지 교수·학습 과정안에 제시한다면 심사위원들에게 더욱 와닿는 연구보고서를 만들 수 있다. 이를 위해 '교육과정 재구성'란을 통해 수업의 전반적인 내용을 설명하는 것을 추천한다.

(가) 성취기준

성취기준은 교육과정의 뼈대를 이루는 중요한 부분이다. 자신의 수업에 해당하는 각 교과별 2022 개정 교육과정의 성취기준을 작성한다. 융합 수업의 경우 각 교과의 성취기준을 융합하여 교사가 성취기준을 새로 진술해 작성하는 것도 방법이 될 수 있겠다.

(나) 교수·학습 방법

해당 수업의 교수·학습 방법 유형을 작성한다. 이를테면 프로젝트 학습, 토의·토론, 협력학습, 문제중심학습(PBL) 등이 있겠다. 아울러 자신이 수업에서 주목할 만한 특징적인 교수·학습 방법을 활용했다면 이와 관련하여 구체적으로 작성하는 것도 좋다. 최근의 트렌드와 관련짓자면 AIDT 활용 수업, 하이러닝(경기도교육청) 활용 수업, 디지털 협업 수업 등이 있겠다. 또한 학교자율과정과 자율시간을 연계하여 활용한 내용 등을 작성할 수도 있다.

(다) 학습활동

수업의 핵심 활동을 정리하여 작성한다. 연구대회 보고서에서 중요한 것 중 하나는 가독성이다. 심사위원들이 교수·학습 과정안만 보고도 교사가 연구한 수업의 흐름을 단번에 파악할 수 있도록 하는 것이 높은 점수를 받는 데 유리하다. 이를 위해 교수·학습 과정안에서 수업의 핵심 활동을 제시하는 것을 추천한다.

(6) AI·에듀테크

이제 AI·에듀테크는 연구 수업에서 빠질 수 없는 교육 수단이 되었다. 수업혁신사례연구대회의 심사 기준에는 AI·에듀테크와 관련된 항목이 있다. 따라서 AI·에듀테크를 수업에서 어떻게 활용하였는지 보고서에서 지속적으로 강조할 필요가 있다. 이를 위해 교수·학습 과정안에 자신이 활용한 AI·에듀테크 도구들을 간단한 아이콘 이미지와 함께 작성하는 것을 추천한다.

• 교수·학습 과정안의 AI·에듀테크란 작성 예시 •

(7) 핵심 아이디어

핵심 아이디어는 2022 개정 교육과정에서 새롭게 강조하는 부분이다. 수업혁신사례연구대회의 교수·학습 과정안에서 핵심 아이디어와 함께 수업의 흐름을 제시한다면 2022 개정 교육과정이 해당 수업에 어떻게 적용되고 있는지 효과적으로 전달할 수 있을 것이다. 자신의 수업에서 핵심적으로 학생들이 학습해야 하는 내용이 무엇인지 고민해 보고, 이를 핵심 아이디어 진술문으로 표현해 보자.

(8) 핵심 질문

2022 개정 교육과정의 도입과 함께 개념 기반 학습의 중요성이 높아지고 있다. 또한 IB 교육의 확대로 질문 중심 수업에 대한 시대적 요구도 높아지고 있는 상황이다. 이와 같이 교육계의 트렌드인 질문 기반 탐구수업을 연구에 실현하였음을 교수·학습 과정안에 표현하기 위해 해당 수업의 핵심 질문을 제시하는 것을 추천한다. 더불어 질문을 작성할 때는 개념 기반 교육과정의 탐구 질문 유형인 사실적 질문, 개념적 질문, 논쟁적 질문의 3가지 측면에서 접근하는 것도 좋은 방법이 될 수 있다.

• 핵심 질문의 예시 •

- 사실적 질문: 음악 공연에서 발생하는 지속 불가능한 문제들은 무엇이 있을까?
- 개념적 질문: 음악 공연의 과정은 어떻게 이루어질까?
- 논쟁적 질문: 최신의 미디어 기술이 지속 가능한 음악 콘서트를 만드는 데 기여할 수 있을까?

(9) 교수·학습 활동, 자료 및 유의점

수업의 과정을 본격적으로 제시하는 부분이다. 수업혁신사례연구대회 보고서에서 가장 중요한 것은 심사위원이 교수·학습 과정안만 보고도 한눈에 수업의 흐름을 이해할 수 있는 것이다. 이를 교수·학습 활동에서 수업의 흐름을 파악할 수 있도록 수업 자료 및 활동 사진을 적절히 배치하는 것이 좋다. 단, 25쪽이라는 분량을 고려하여 핵심적인 사진만을 간추려 담아내는 것을 추천한다.

• 교수·학습 활동의 예시 •

<생성형 AI를 활용하여 SDGs 캠페인 송의 가사 창작하기>
1. 대중가요의 가사 구성(intro, verse, pre-chorus, chorus, interlude, bridge, outro)을 구조도를 통해 파악한다.
2. 예시곡(Love dive)을 통해 가사의 구성을 직접 들으며 이해한다.
3. ChatGPT를 활용하여 자신이 선정한 UN SDGs 주제에 적합한 1분 30초 길이의 가사를 창작한다.
4. 교사는 순회하며 결과물의 가사 구성과 길이가 적합하게 나왔는지 확인하고 조건에 맞지 않는 경우 프롬프트를 수정할 수 있도록 안내한다.

자료 및 유의점에서도 수업을 실제로 진행했다는 점을 부각시키기 위해 수업을 진행할 때 활용했던 다양한 수업 자료와 수업의 원활한 진행을 위해 자신이 고민했던 사항들을 빠짐없이 작성하도록 한다.

(10) 과정중심평가 계획

수업혁신사례연구대회의 심사 기준에서 중요한 요소 중 하나는 '교-수-평-기 일체화'이다. 특히나 교수·학습 과정안을 작성하다 보면 평가 측면에서의 수업 내용을 반영하기가 어렵다. 이를 위해 교수·학습 과정안과 함께 과정중심평가 계획을 제시하여 부록 부분을 작성하는 것을 추천한다. 이때, 평가 내용을 단편적으로 작성하는 것에 그칠 것이 아니라 수업의 과정이 평가에 반영된 내용들을 구체적으로 풀어 작성하는 것이 좋다.

지금까지 수업혁신사례연구대회 교수·학습 과정안의 기본 구성과 각 요소들을 작성할 때 유의할 점에 대해 알아보았다. 이 외에도 실제 수상작을 살펴보면 다양한 유형의 교수·학습 과정안 구성을 살펴볼 수 있다. 수상작의 교수·학습 과정안 구성을 상세히 살펴보고 내 수업에 가장 잘 어울리는 교수·학습 과정안을 만들어 보자.

나. 수업 일지

수업 일지는 교사가 자신의 교수·학습 방법과 수업 내용을 되돌아보고 수업을 발전시키기 위해 어떤 부분을 개선하면 좋을지 고민하는 내용을 담는다. 말 그대로 '일지'이기에 정해진 틀에 맞추어 작성해야 하는 것은 아니다. 다만, 수업혁신사례연구대회 보고서의 심사 기준 내용을 고려하여 작성한다면 교사의 수업 성찰 과정을 더욱 효과적으로 드러내어 높은 점수를 받을 수 있을 것이다.

• 수업혁신사례연구대회 보고서 심사 기준 및 평가 내용 중 •

내용과 실천의 일치성 (15)	지속 가능성(5)	■ 해당 교과, 학년의 수업방법 개선이 일정 기간 지속적으로 실천할 수 있는 것인가?
	내용 적합성(5)	■ 실천 내용이 연구대상의 수준에 적합한 것인가?
	피드백(5)	■ 실천 상의 문제점 발견 및 환류를 통해 연구 과제 해결을 위한 방법을 지속적으로 보완해가며 수행하였는가?
현장 교육 기여도 (10)	확산 가능성 (5)	■ 교수학습 개선 방법 및 방향이 학교교육과정과 밀접하게 연계되어 학교교육활동 활성화에 기여하는가? ■ 교수·학습 개선안이 체계적이고 구체적으로 제시되어 있어 교육 현장에 적용하기 용이한가?
	기여도(5)	■ 수업 혁신 및 학생 개개인의 교육적 성장에 기여하였는가?

수업 일지와 관련된 수업혁신사례연구대회의 심사 기준을 자세히 살펴보도록 하자.

먼저 심사 기준 중 '내용과 실천의 일치성' 영역에서 '피드백' 부분을 살펴보면 연구 실천 과정에서 발견한 문제점을 지속적으로 보완해 가며 수행하였는지 평가한다고 제시되어 있다. 이러한 수업 피드백 과정은 곧 수업 성찰의 과정이다. 따라서 수업 일지에서는 연구를 실천하며 실제로 겪었던 어려움을 솔직하게 진술하고, 이를 해결하기 위해 교사가 노력했던 과정을 구체적으로 작성하여야 한다.

'현장 교육 기여도' 영역에서 '확산 가능성' 부분에서는 교수·학습 개선 방법 및 방향, 교수·학습 개선안이라는 키워드가 등장한다. 수업혁신사례연구대회에서 기존 교수·학습을 개선하는 것이 굉장히 중요한 심사 기준임을 알 수 있다. 이러한 교수·학습의 개선 과정을 가장 구체적으로 담아낼 수 있는 부분이 수업 일지이다. 따라서 수업 일지를 작성할 때는 위의 심사 기준이 반영될 수 있도록 세심히 고려하여 교사의 성찰을 작성해야 한다. 이를 위해 Learn&Done 연구회가 제안하는 수업 일지의 기본 구성을 살펴보도록 하자.

• 수업 일지의 기본 구성 •

수업 주제			
수업 의도		수업 고민	
학생 반응		교사의 성찰	
개선점		개선 과정	
수업 소감			

(1) 수업 주제

수업 일지에 해당하는 수업 주제를 작성한다. 25쪽의 보고서 분량에서 수업 일지에 할애할 수 있는 분량은 많아도 2쪽에 불과할 것이므로 복수 차시의 수업을 하나의 주제로 묶어 수업 일지를 작성하는 것도 좋다.

(2) 수업 의도

수업을 기획하면서 교사가 수업을 어떤 흐름으로 진행하고, 학생들에게 어떠한 학습 결과를 얻고자 하였는지 작성한다. 수업 의도를 작성할 때는 '수업 고민'과 '교사의 성찰' 부분과 연계하여 작성할 수 있도록 한다. 수업에서 교사가 의도한 바를 얼마나 고민하고 실천하였는지 보고서에 담아내기 위함이다.

(3) 수업 고민

실제로 수업을 진행하면서 가장 고민이 되었던 부분을 작성한다. 이를테면 수업 디지털 환경을 구축하기 위해 고민되었던 점이나 수업 진행 시 예상되는 어려움 등이다. 수업 고민을 수업 일지에 작성하여 연구자가 수업을 실제로 실천하며 발견한 문제점과 이를 개선하기 위해 어떤 방법을 활용하였는지 드러낼 수 있다.

(4) 학생 반응

수업을 진행하며 인상적이었던 학생들의 반응을 작성한다. 이때, 긍정적인 학생 반응뿐 아니라 부정적 반응이 있었다면 함께 기록한다. 수업 일지에서 가장 중요한 것은 솔직함이다. 단순히 긍정적인 면만 드러내기보다 실제로 겪은 어려움과 부정적인 반응을 어떻게 개선해 나갔는지 보고서에 작성한다면 더 좋은 평가를 받을 수 있을 것이다. 또한, 연구 결론과 관련하여 좋은 예시가 될 수 있는 학생 반응 사례를 정리하여 제시한다면 연구보고서의 타당성을 더욱 확보할 수 있을 것이다.

(5) 교사의 성찰

수업을 진행하며 교사가 느낀 점을 구체적으로 작성한다. 교사의 성찰을 작성할 때는 수업 전, 수업 중, 수업 후로 나누어 수업의 전체 과정 속에서 느낀 교사의 생각을 작성하거나 수기로 직접 작성해 놓았던 수업 일지 사진을 첨부하여 실제로 교사가 수업 과정에서 어떤 점을 느끼고 실천했는지 드러내는 것이 좋다. 학생 반응과 대응하여 자신의 성찰을 작성하는 것도 좋은 방법이다.

(6) 개선점, 개선 과정

해당 주제의 수업을 실제로 진행하며 느꼈던 어려움과 이를 극복한 방법을 작성한다. 개선점은 심사 기준 중 '내용과 실천의 일치성', '현장 교육 기여도'와 직접적으로 연결된다. 수업 개선에 대한 교사의 고찰과 의지를 보고서에 작성함으로써 심사 기준에 더욱 부합하는 연구보고서를 만들 수 있다.

(7) 수업 소감

수업 소감의 경우 교사와 학생의 응답을 구분하여 제시하는 것을 추천한다. 다만, 본문에서 학생 응답을 충분히 제시한 경우라면 교사의 수업 소감으로 마무리하는 것도 괜찮다.

지금까지 수업혁신사례연구대회 수업 일지의 기본 구성과 각 요소를 작성할 때 유의할 점에 대해 알아보았다. 수업 일지에서 가장 중요한 것은 교사의 문제 인식과 해결 방안 그리고 수업 과정에서 느꼈던 솔직한 경험이다. 무조건 좋은 것으로만 포장하려 하기보다 솔직 담백하게 수업 과정을 풀어내며 이 연구가 자신에게 어떤 의미인지 구체적으로 작성하고 드러낸다면 충분히 좋은 수업 일지를 작성할 수 있을 것이다. 교수·학습 과정안과 수업 일지는 비록 연구보고서의 부록에 해당하는 부분이지만, 수업 과정을 가장 구체적으로 살펴볼 수 있다는 점에서 아주 중요한 역할을 한다고 볼 수 있다. 다가오는 보고서 제출 기한에 압박을 느껴 부록에 해당하는 교수·학습 과정안과 수업 일지를 대강 작성해 버리고 제출하기보다는, 틈틈이 수업 과정을 기록하며 내 수업을 온전히 보여 줄 수 있는 깔끔한 교수·학습 과정안과 수업 일지를 만들 수 있도록 노력해 보자.

다. 이외 자료들 (수업 참관록, 학생 결과물 등)

교수·학습 과정안과 수업 일지를 모두 작성하였으나 왠지 부족한 느낌이 들 수 있다. 수업혁신사례연구대회의 심사 기준을 살펴보면 '현장 적합성'과 '확산 가능성'이 있다. 연구자의 수업이 실제로 교육 현장에 적합하고 일반화되어 확산될 수 있는지를 평가하기 위함이다. 이를 위해 교수·학습 과정안과 수업 일지 외에도 수업을 나누고 공유한 내용이나 학생들의 실제 결과물을 추가적으로 첨부할 수 있다.

• 동료 교사 참관록 예시 •

성명	내용
김OO	인공지능 프로그램을 다양하게 사용하는 방법을 학생들에게 지도함으로써 음악 수업뿐만 아니라 학생들이 프로그램을 활용할 수 있는 능력을 키울 수 있는 수업임
이OO	지속 가능 발전의 중요성을 학생들의 눈높이에서 잘 전달하고 환경에 대한 문제의식을 심어 주기에 적합한 수업이라고 생각됨.

Tip 연구보고서 분량에 맞추어 학생 결과물을 수록하는 방법 - QR코드

학생 결과물의 경우 부록에 싣기에는 분량이 부족할 수 있기에 보고서 본문과 교수·학습 과정안 내에서 충분히 다루었다면 제시하지 않아도 큰 문제는 없을 것이다. 다만 추가적으로 학생 결과물을 꼭 넣고 싶으나 분량이 부족할 경우, QR코드를 제작하여 부록에 제시할 수 있다. 이때, QR코드를 통한 링크 접속의 제한 여부를 반드시 확인하고 전체 공개로 설정해 둘 필요가 있다. 또한, 수업 결과물에 드러나는 개인정보 유출 방지를 위해 구글 드라이브에서 익명 처리 후 결과물을 올리거나, 패들렛을 활용하는 경우에는 학생 성명을 모두 익명 처리해야 함을 잊지 말자. 마지막으로 QR코드를 활용할 경우, 연구보고서에 직접적으로 학생 결과물이 드러나는 것은 아니기에 자신의 수업을 더 깊이 있게 표현하고 싶다면 결과물 캡쳐본을 활용하는 것이 가장 좋다.

7. 수업 동영상 촬영법

다른 연구대회와 달리 수업혁신사례연구대회에서는 수업 동영상과 수업 동영상 요약본을 제출한다. 수업 동영상은 2차에서 100점 기준으로 심사하여 반영하고, 수업 동영상 및 수업 동영상 요약본을 제출하지 않은 경우 심사에서 제외된다. 심사 기준에 따른 배점도 높고, 감점 항목도 존재하여 수업 동영상 촬영에 대해서도 미리 생각해 두는 것이 좋다.

가. 사전 준비

(1) 작성 및 제출 방법 이해하기
① 편집 없이 1차시분 전체 수업 동영상과 수업 동영상 요약분(15분) 제출
② 교사와 학생들의 활동을 모두 볼 수 있도록 한 장소에서 고정하여 촬영
③ 수업 동영상 화면 하단에 자막 처리 가능. 단, 자막 처리 외 별도 영상 삽입 등 금지(1건당 1점 감점 처리)

[방법]
- 편집 없이 1차시분 수업 전체를 녹화 저장한 수업 동영상과 함께 수업 동영상 요약분(15분)을 제출
  - 복수 차시 수업으로 진행한 경우 전 차시 촬영(채점 시 가산점 없음.)
  - 공동 연구의 경우 참가 교원 각각 1차시분 전체를 촬영한 수업 동영상 2개, 수업 동영상 요약본 2개를 제출 (미제출 시 심사에서 제외)
  ※ 공동 연구 교원 모두 교수자(코티칭, 팀티칭 등)로서 수업 동영상을 각각 촬영해야 함.

- 교사와 학생들의 활동을 모두 볼 수 있도록 한 장소에서 고정하여 촬영, 클로즈업 등은 가능
- 수업 단계, 핵심 활동, 참관 관점 등은 수업 동영상 화면 하단에 자막 처리

  ※ 자막 처리 외 별도 영상 삽입 등 금지(미준수 시 1건당 1점 감점 처리)

[주의!]
- 여러 차시의 수업을 편집하여 재구성한 동영상은 심사에서 제외
- 수업 동영상, 수업 동영상 요약본을 제출하지 않은 경우 심사에서 제외

※ USB에 수록하여 제출

[용량]
- 확장자명: mp4, mpg, avi, wmv

  ※ 동영상 확장자명 철저 준수(미준수 시 심사 대상에서 제외)
- 화면 크기: 1280×720(권고) ← 촬영 전 확인
- 파일 용량: 수업 동영상, 수업 동영상 요약분(15분) 모두 포함
  - (개인 연구) 4.7GB 이하
  - (공동 연구) 9.4GB 이하

(2) 심사 기준 및 감정 항목 파악하기

(가) 심사 기준 및 평가 내용

• 2차 수업 동영상 심사 기준 및 평가 내용 •

심사 기준 (배점)	평가 영역 (배점)	평가 내용
연구과제와 수업 설계 (30)	수업 설계 (10)	• 연구과제 해결을 위한 실천 내용이 드러나도록 수업을 설계하였는가?

연구과제와 수업 설계 (30)	수업 내용 (20)	• 학생의 능력, 적성, 소질 등을 고려하여 학생의 특성에 적합한 수업 내용을 설계하였는가?
수업 실천 능력 (50)	수업 운영 (40)	• AI 디지털교과서, AI·에듀테크 활용 등 미래형 교육 환경의 변화를 반영하고, 학생의 능동적 수업 참여를 활성화할 수 있는 수업 활동(프로젝트, 토의·토론형 활동 등)으로 이루어지고 있는가? • 학습목표 및 학생의 특성과 요구에 부합하는 수업 방법을 적용하고 있는가?
	과정중심평가 (10)	• 교수·학습과 평가 활동이 일관성 있게 이루어지고 있는가? • 과정중심평가 및 수업의 질 개선을 위한 평가가 이루어지고 있는가?
연구과제와 수업 실천의 일치성 (20)	수업 방법 및 자료 일치성 (15)	• 연구과제 해결을 위한 수업 혁신의 방법과 내용을 수업 안에서 충실하게 실천하고 있는가? • 연구과제 목표와 실행 방법이 수업과 전반적으로 일치하는가?
	일반화 가능성 (5)	• 연구과제가 다른 학년, 다른 교과 수업에도 일반화하기 용이한가?

> **Tip 수업 동영상 촬영 이해하기**
> - 1차시 수업 동영상을 촬영한 후 그 영상을 15분으로 편집하여 요약분 제출
> - 1차시 촬영은 편집 없이 한 번에 촬영, 카메라 중지 불가, 이동 불가
> - 카메라는 한 곳에 삼각대 이용 고정 촬영
> - 필요한 경우 클로즈업 또는 카메라 각도 조정 가능
> - 영상에서 수업 단계, 핵심 활동, 참관 관점 등 수업 활동이 잘 드러나는지가 중요함!
> - 편집 기술이나 디자인은 평가 영역에 없음!
> - 연구보고서에 담긴 내용이 실제 수업에서 충실하게 실천되고 있는지가 중요!

(나) 감점 항목

감점 항목	기준	감점 점수
[수업 동영상] 주요 단계 안내 등을 위한 자막 처리 외 별도 영상 삽입 등 금지	규정에 맞지 않을 경우 1건당	1
연구자 및 학생 정보 표기 및 노출 금지	규정에 맞지 않을 경우 1건당	1

※ 초상권 및 저작권을 침해하지 않도록 사전 조치 및 점검 후 제출
 - 출품 전 사진, 동영상 등의 공개에 대한 학생의 초상권 사용 동의서 징구
 - 글꼴 및 그림 등 저작권에 저촉되는 내용이 없도록 점검·조치

Tip 감점 주의하기
- 별도 영상 및 사진 삽입 금지, 자막 처리 가능
- 연구자 및 학생 정보 표기 및 노출 금지
- 촬영 시 사전에 칠판, 교실 게시물에 학교 및 학생 정보 표기 없는지 살피기
- 실수로 들어간 개인정보는 모자이크 활용하여 지우기
- 초상권 동의서 미동의 학생의 경우 영상에 나오지 않도록 유의, 자리 배치 고려 또는 모자이크 처리 필수
- 저작권을 침해할 수 있는 글꼴 및 그림 등 사용하지 않기
- 부적절한 단어 사용 등 돌발 상황 편집으로 대처 가능: 잠시 볼륨을 0으로 하기 등
- 지역명, 교복, 반티 등에 언급된 개인정보도 확인하기
- 복장은 단정하게, 높임말 사용 권장

나. 수업 동영상 촬영하기

1차시분 수업 영상을 촬영하고, 이 촬영분을 15분으로 편집하기에 처음 영상 촬영이 가장 중요하다. 심사 기준 및 평가 내용을 담아내는 것만큼 감점 요인을 배제하고, 유의 사항을 사전에 숙지하여 촬영하면 영상 편집의 어려움을 줄일 수 있다. 보고서 작성으로도 바쁜 시기에 처음부터 영상 편집을 수월하게 촬영하는 것은 매우 중요하다.

(1) 수업 동영상 촬영 도구

영상 촬영은 스마트폰으로도 충분하다. 스마트폰, 태블릿, 카메라, 캠코더 등 여건에 맞게 선택하여 촬영하되, 한 장소에 고정하여 촬영하기 위해 삼각대는 꼭 필요하다. 삼각대에 설치하여 촬영하면 클로즈업과 각도 조정도 수월하다. 마이크를 사용할 경우 안정감 있게 교사와 학생의 목소리를 전달할 수 있어 추천한다. 모둠 활동 시 학생들 간의 대화를 담아낼 수 있는 숨은 장점도 있다.

(2) 촬영 위치 선정

교실 뒤 창가 쪽   교실 뒤 중앙   교실 뒤 출입문 쪽

카메라의 위치를 고정하여 촬영해야 하기 때문에 촬영 위치를 선정하는 것은 매우 중요하다. 수업의 형태 및 자리 배치, 모둠 구성 등에 따라 카메라의 위치를 선정한다. 이때 클로즈업과 각도 조정도 고려하여 수업 활동이 잘 담길 수 있는 위치를 선정하는 것이 좋다.

교실 뒤 창가 쪽	• 소란스러운 복도가 촬영되지 않아 교실 안 수업 모습이 집중되도록 촬영 가능 • 영상에 담기지 않는 사각지대 존재	
교실 뒤 중앙	• 학생 수업 활동뿐만 아니라 TV 화면까지 잘 보이도록 촬영 가능 • 교실 양쪽 사각지대로 영상에 담기지 않는 모둠이 다수 발생	
교실 뒤 출입문 쪽	• TV 화면을 잘 보이도록 촬영 가능 • 모둠별 활동의 편차가 크다면 잘 보이는 모둠과 배제하고자 하는 모둠 등 조정 가능 • 수업 시간 전후 복도의 소음이 촬영되지 않도록 주의 필요	

(3) 영상 촬영

촬영은 동료 교사에게 부탁하는 것이 좋다. 사전에 수업 지도안을 공유하고 교사의 동선과 학생의 활동을 알려 주어 언제 클로즈업과 각도 조정을 하고, 어느 모둠 또는 학생 활동을 중요하게 클로즈업할 것인지 정해 두는 것이 좋다. 영상 촬영할 때 자막 등의 위치도 고려하여 촬영하면 영상 편집이 더 수월해진다.

촬영 시 교사뿐만 아니라 학생들도 익숙하지 않아 돌발 상황이 발생할 수 있으니 촬영 전 연습은 필수이다. 특히, 카메라 각도 조정 및 클로즈업은 되도록 천천히 움직여야 영상에서 자연스럽게 촬영되므로 사전 연습을 해두는 것을 추천한다. 실제로 학생들에게 영상 촬영을 할 수 있음을 안내하고, 영상 촬영을 하는 단원의 수업에서는 늘 삼각대에 스마트폰을 설치하여 여러 위치, 여러 각도에서 촬영해 보면서 교사 자신도, 학생들도 영상 촬영에 익숙해지는 시간을 가졌고, 이는 본 촬영 시에 많은 도움이 되었다.

스마트폰으로 영상을 촬영할 때는 문자나 전화가 올 수 있어 비행기모드 등으로 전환하여 촬영하고, 사전에 배터리 등도 점검해야 한다. 또한 칠판, 게시판 등 교실 앞쪽에 학생 이름이나 학교명 등 개인정보가 없는지 미리 점검해 두는 것이 좋다. 수업 촬영 당일에는 긴장하여 놓칠 수 있어 촬영하는 동료 교사에게 교실 앞도 확인해 달라고 부탁해 두는 것도 좋은 방법이다.

수업 도입 부분에 전 차시 또는 프로젝트 내용을 언급해 두면 전체 프로젝트에 대한 이해도 돕고, 동영상 편집도 수월하다.

> **Tip** 촬영 전 확인 체크리스트
> - 촬영 기기 배터리 확인
> - 스마트폰 촬영 시 비행기모드 등으로 전환
> - 칠판, 게시판 등 교실 앞 개인정보 확인
> - 수업 시작종과 함께 수업을 바로 시작할 수 있도록 학생 사전 입실 확인

다. 영상 편집하기

영상은 편집 없이 1차시분 수업 전체 동영상과 이를 15분으로 편집한 수업 동영상 요약분을 제출한다. 영상 편집 프로그램은 다양하다. 평소 자신에게 익숙한 프로그램을 선택하여 사용하면 된다.

먼저, 전체 동영상에서 강조하여 나타내고 싶은 수업 활동을 선정하고, 선택할 구간

을 결정한다. 선택한 구간을 이어 붙여 영상을 15분 이내로 맞추고, 여기에 자막 등을 추가한다.

영상 첫 화면은 수업에 대한 간단한 안내를 포함할 수 있는 내용을 담고, 수업 단계 등을 자막으로 추가한다. 영상 편집 시 화면 전환 효과 등을 추가하여 자연스럽게 전환하는 것이 좋고, 개인정보가 노출되거나 동의하지 않은 학생의 경우 모자이크 처리를 한다.

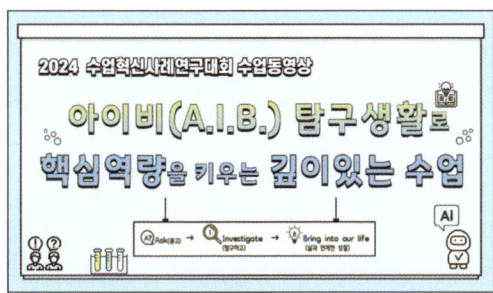

첫 화면

중간 자막

모자이크 등 활용 컷

8. 제출 방법

　보고서와 영상이 마무리되었다면 제출할 일만 남았다. 제출 기한과 양식을 지키는 것이 중요하다. 기본은 공문이다. 수업혁신사례연구대회 운영 계획 공문에는 최종 보고서 제출 방법이 상세하게 제시되어 있다. 공문에 기반하여 보고서 및 영상 제출 방법에 대한 가이드라인을 정리해 보겠다. 매년 수정 사항이 있을 수 있으므로 해당 연도 수업혁신사례연구대회 운영 계획 공문을 다시 한번 확인하기를 바란다.

　대회 출품을 위해서 연구보고서 출력물, USB, 공문을 제출해야 한다. 3가지의 제출 서류를 정리하고 제출하는 방법을 살펴보겠다. 교육부의 2025학년도 수업혁신사례연구대회(전국대회) 운영 계획과 2024학년도 경기도 수업혁신사례연구대회 운영 변경 계획을 참고했다.

가. 연구보고서(출력물)

　연구보고서 출력물은 인쇄소에 맡겨 제출하는 것이 좋다. 대학교나 공공기관 주변에 인쇄소가 많다. 인터넷에서 인쇄소를 검색한 후 소량 인쇄가 가능한지 문의하고, 파일을 보내 출력물을 제본하면 된다. 인쇄소마다 제본하는 데 하루에서 3일 정도 소요될 수 있으므로 미리 인쇄소에 연락하는 것을 추천한다. 다만 급할 경우 직접 제본 기계를 사용하여 연구보고서를 제본한 뒤 제출해도 무방하다. 실제로 Learn&Done 연구회에서 제본 기계를 사용해 직접 연구보고서를 제본하여 전국 1등급을 수상한 사례가 있다.

> **Tip** 인쇄소에 출력물 맡길 때
> 1. 용지의 평량을 올리면 인쇄가 더 선명하게 나온다.
> 2. 인쇄소 사장님이 잊지 않도록 규격이나 인쇄와 관련한 주요 내용을 문자나 이메일로 명시하면 좋다.

나. USB

USB를 하나 구매하여 수업혁신사례연구대회 제출 파일을 담는 것이 좋다. 인터넷 쇼핑몰에서 1만 원 내외로 구매할 수 있으므로, 수업 동영상 용량을 고려하여 7~15GB 정도의 USB를 저렴하게 구매하는 것을 추천한다. 다음은 USB에 첨부되어야 할 서류를 정리한 것이다.

(1) 학교장 추천서, 출품 서약서(PDF 파일)

학교장 추천서의 경우, 자신의 인적 사항, 출품작, 출품자 연구 이력을 작성한 후 학교장 직인을 받으면 된다. 출품 서약서의 경우, 출품자의 인적 사항을 기재하고 날인하면 된다. 두 서류를 스캔하여 PDF로 저장하자. 공동 연구를 진행할 경우, 연구자 두 명이 학교장 추천서를 각각 1부씩 작성하여 함께 제출해야 함을 잊지 말자. 참고로 서식은 공문으로 첨부되니 걱정하지 않아도 된다. 공문 서식에 내용을 채우면 된다.

(2) 연구보고서(한글, PDF 파일)

연구보고서는 한글 파일과 PDF 파일을 모두 준비해야 한다. 제출 전날까지 보고서를 계속해서 수정하는 경우가 많으므로, 최종 버전의 연구보고서인지 다시 한번 확인한다. 한글 파일을 PDF 파일로 만들기 위해서는 한글 문서 왼쪽 상단의 [파일]을 누른 뒤 [PDF로 저장하기]를 클릭하면 된다.

(3) 수업 동영상(1차시 전체, 15분 분량)

동영상 제출 시 가장 중요한 것은 동영상 재생 여부, 확장자명, 화면 크기, 파일 용량이다.

첫째, 동영상 재생 여부를 확인한다. 다시 한번 동영상을 열어 보며 제대로 재생되는지, 소리가 나오지 않는 부분은 없는지 확인하자.

둘째, 확장자명을 확인한다. mp4, mpg, avi, wmv 파일만 심사 대상이다. 혹시 심사 대상에서 제외된 유형의 확장자라면 구글에 '(현재 동영상의 확장자명) to MP4 converter', '(현재 동영상의 확장자명) to avi converter'라고 검색한 후 동영상을 올리면 동영상 확장자를 자신이 원하는 확장자로 바꿀 수 있다.

셋째, 화면 크기를 확인한다. 공문에는 1280×720을 권고하고 있다. 권고이기는 하지만 공문에 제시된 것은 지키는 것이 좋다. 화면 크기는 영상을 처음 촬영할 때 미리 설정하기를 바란다.

넷째, 파일 용량을 확인한다. 수업 동영상과 수업 동영상 요약본(15분)을 모두 포함해 개인 연구의 용량은 4.7GB 이하, 공동 연구의 용량은 9.4GB 이하이다. 동영상이 이 용량보다 크다면 구글에 'video compressor'라고 검색한 후 동영상을 올려 파일 용량을 줄일 수 있다.

(4) 카피킬러 표절 검사 확인서(PDF 파일)

표절 검사의 경우, 시도교육청마다 방법이 다르다. 시도교육청 홈페이지 안에서 표절 검사를 하는 방법과 표절 검사 서비스를 활용하는 방법이 있다. 시도교육청마다 공통적인 기준과 방법이 있으므로 이를 따르면 된다.

표절 검사를 진행하면 보고서의 어느 부분이 표절로 의심되는지 표시가 되며, 근거 사이트도 함께 추출된다. 표절 검사 결과지를 살펴보며 표절로 의심되는 부분이 있다면 문장의 구조나 배열을 바꾸어 표절률을 낮출 것을 추천한다.

(5) 실사 확인서(PDF 파일)

실사 확인서는 시도교육청마다 다른 부분이 많아 시도교육청의 공문을 꼼꼼하게 읽어 보는 것이 중요하다. 공문을 참고하고, 문의 사항이 있다면 각 시도교육청 수업혁신사례연구대회 담당자에게 문의하여 진행하면 된다.

일부 교육청에서는 담당자가 직접 학교를 방문하여 수업을 참관하므로, 연구대회 참여 교사가 실사 확인서를 별도로 신경 쓸 필요가 없다. 반면, 다른 교육청에서는 연구대회 참여 교사가 직접 학교 관리자에게 수업 참관, 카피킬러 확인, 연구보고서 확인 등의 절차를 거쳐 실사를 받기도 한다.

(6) 학생의 초상권 동의서(PDF 파일)

수업혁신사례연구대회에는 보고서뿐만 아니라 동영상도 제출해야 하기에 학생의 초상권 동의가 매우 중요하다. 따라서 연구를 시작하기에 앞서, 공문에 제시된 초상권 수집·이용··제공 동의서를 인쇄하여 학생과 보호자로부터 받기를 바란다. 이를 모두 스캔하여 PDF 파일로 저장해 제출하면 된다. 초상권 수집·이용··제공에 동의한 학생들의 동의서를 파일 앞쪽에, 초상권 수집·이용··제공에 동의하지 않은 학생들의 동의서를 뒤쪽에 배치해 제출할 수 있다. 참고로 서식은 공문으로 첨부되니 걱정하지 않아도 된다. 공문 서식을 그대로 활용하면 된다.

(7) 출품자 기여분 신고서(공동 연구만 제출, PDF 파일)

2인 공동 연구를 진행한 경우에만 제출하면 되는 서류이다. 수업혁신사례연구대회에서는 공동 연구를 진행할 때 그 필요성 및 목적을 작성해야 한다. 보고서에 작성한 공동 연구의 필요성 및 목적을 '출품자 기여분 신고서'에도 그대로 작성하면 된다. 연구 분담 계획까지 작성하여 서명하거나 날인하여 PDF 형식으로 제출하면 된다. 참고로 서식은 공문으로 첨부되니 걱정하지 않아도 된다. 공문 서식에 내용을 채우면 된다.

(8) USB 파일 정리 및 서식

(1)~(7)의 파일을 모두 준비했다면, 이제 제출용 USB에 정리할 차례이다. USB 파일 정리 및 제출 방법은 공문에 첨부되어 있으므로, 다음과 같이 공문의 지침을 따라 진행하면 된다.

• USB 파일 정리 •

USB 내 파일 저장 화면	설명
이름 📁 [중등] 수업혁신 사례 디지털 컨텐츠 스토리 (예시) ▶ 2. 학교장 추천서 (공동연구자1, 공동연구자2) ▶ 3. 출품 서약서 ▶ 4. 연구보고서 ▶ 4. 연구보고서 ▶ 5. 수업동영상 (전체)(공동연구자1) ▶ 5. 수업동영상 (전체)(공동연구자2) ▶ 6. 수업동영상 요약본(15분)(공동연구자1) ▶ 6. 수업동영상 요약본(15분)(공동연구자2) ▶ 7-1. 카피킬러 표절검사 확인서(표지 서명본)(소속 학교명_성명) ▶ 7-2. 카피킬러 표절검사 요약보기 및 상세보기 ▶ 8. 실사확인서 (소속 학교명_성명) ▶ 9. 학생의 초상권 동의서(공동연구자1, 공동연구자2 전체 스캔본)(소속 학교명_성명) ▶ 10. 출품자 기여분 신고서	• USB 1개 제출 (공동 연구도 USB 1개 제출임.) • 폴더명은 '[학교급] 작품명' 으로 작성 (예시: [중등] 수업혁신사례 디지털 콘텐츠 스토리) • 폴더 내부의 파일명은 '예시' 방법으로 통일하며, 공정한 심사 운영을 위하여 7-1, 8, 9번 이외에는 폴더명에 연구자의 성명을 쓰지 않음.

(가) USB 파일 정리

공문에는 위와 같이 USB 파일 정리법이 첨부되어 있다. USB의 폴더명은 '[학교급] 작품명' 으로 설정하면 되며, 폴더 내부 파일은 연구자의 성명이 포함되어야 하는 부분과 포함되지 않아야 하는 부분을 정확히 구분하여 정리하면 된다.

(나) USB 서식

공문에는 USB 서식이 포함되어 있으며, 이는 연구보고서 표지 양식과 동일하다. USB 서식은 두 쪽 모아 출력한 후 서류봉투나 지퍼백 등에 부착하여 제출하면 된다. 다만, 시도교육청마다 라벨 부착 방식이 다를 수 있으며, 편지봉투, 등기 봉투, 비닐백 등 지정된 제출 방식이 다르므로 해당 시도교육청의 공문을 참고해야 한다.

다. 공문 제출

수업혁신사례연구대회 공문에 따르면 공문으로 제출해야 할 것은 '출품자 명단'과 '출품 서류 확인 체크리스트'이다. 따라서 2가지를 포함하여 공문을 작성하면 된다. 또한, 첨부 파일을 빠뜨리지 않도록 주의하고, 공문에 기재된 수신처를 정확히 확인한 후 발송하자.

라. 인편 제출

인쇄소에서 제본해 온 연구보고서('가')와 USB('나')를 서류봉투에 넣어 제출처에 제출하면 된다. 학교 상황에 따라 출장이나 연가(지각/조퇴 등)를 내고 제출처에 모든 서류를 제출하면 끝이다. 공문('다')을 제출하는 것도 절대 잊지 말자.

2장

수업혁신사례 연구대회 1등급 노하우 공개

1. 에듀테크를 더한 '3다움 찾기' 프로젝트로 깊이 있는 국어 수업 만들기

선생님 소개				
	성명(활동명)	김만옥		
	학교급	중학교	교과	국어
	수업 철학	수업은 기본적으로 재미있어야 한다. 긴 호흡의 수업이 지루하지 않도록 교사는 끊임없이 성찰해야 한다. 누군가의 인생에 영향을 끼칠 수 있는, 교사의 말 한마디의 무게감을 늘 마음에 새긴다.		

활동 이력

- 2024 전국 수업혁신사례연구전국대회 1등급
- 2024 경기도 수업혁신사례연구대회 1등급
- 2022 경기도 수업혁신사례연구대회 2등급

2024 수업혁신사례연구대회 도전 계기

- 넘치는 에너지를 주체하지 못하는 중학생들과 신나게 수업하고 싶어서~
- 중학생들의 에너지를 수업으로 발산하게 해 주고 싶어서~
- 무엇보다 나이가 들어갈수록 수업으로 설레고 싶어 도전했다.

수업혁신사례연구대회를 준비하는 교사들에게 한마디!

교사의 본업인 수업은 평생 써먹을 저축 통장 같은 것입니다.
수업으로 성장하고 싶은 교사, 도전하세요!

◆ 연구 주제의 선정 이유

1. 연구대회에 도전하게 된 계기

나이가 들어갈수록 점점 재미있는 일도 설레는 일도 줄어들었다. 교직 경력이 많아지고 업무 능력과 수업 역량이 어느 정도 수준에 이르면서 매너리즘에 빠졌고, 모든 일에 무덤덤해졌다. 이런 시기에 교직 생애 중 첫 중학교 발령을 받게 되었다. '신인류'라고 하는 중학생을 처음 만나게 되는 것이 설레기도 했지만, 한편으로는 걱정도 되었다. 그래서 중학교 발령을 새로운 기회로 생각하고, 성장하는 교사가 되기 위해 연구대회에 도전하게 되었다.

연구대회를 준비하는 기간 내내 수업에 활력이 넘치고 재미있었다. 물론 연구보고서를 써야 하기 때문에 스트레스를 받기도 했지만, '내가 언제 또 내 수업을 정리해 보겠어.' 하는 마음으로 수업을 연구하는 과정에서 교사로서 성장했고, 수업이 진행될수록 성장하는 학생들의 모습에 감동을 받기도 했다. 연구대회를 준비하다 보면 학생들의 성장만 주목하게 되지만, 아이러니하게도 그 과정에서 교사가 더 성장한다는 것을 알게 되었다.

2. 연구 주제 선정의 어려움과 네이밍 팁

연구대회에 출전할 때 제일 어려운 것은 연구 주제를 선정하는 일이다. 2022년 경기도 수업혁신사례연구대회에 첫 도전할 때는 비교적 연구 주제를 쉽게 잡을 수 있었다. 평소 고민해 오던 것이었는데, 학생들이 키웠으면 하는 역량을 4가지 영역인 '책, 시(詩), 비문학, 토론'으로 잡아 수업을 구성했다. '북(Book)적북적 시(詩)끌시끌 짝꿍과 수다(Speaking) 프로젝트로 살아 있는 국어 수업 만들기'라는 연구 주제로 경기도 연구대회 2등급을 받았다. 국어 수업에서 키워 주고 싶은 핵심역량을 '북(Book)적북적 시(詩)끌시끌' 처럼 라임으로 살리고, 학습자 중심의 능동성을 살리는 '수다(Speaking) 프로젝트'를 네이밍에 넣어 연구 주제로 선택했던 것이다.

네이밍에 대한 팁을 드린다면 사람들의 귀에 쏙 들어오는 인상적인 네이밍이 매우 중요하다. 현란하고 장식이 많은 네이밍보다는 연구 내용이나 주제를 잘 보여 줄 수 있는 것이 좋다. 그런 다음 연구 주제 네이밍이 연구 내용으로 잘 구현되기만 하면 된다. 새로우면서도 남들과 차별화되는 네이밍만으로도 연구의 절반을 다했다는 소리가 있을 정도로 연구 주제를 한눈에 보여 줄 수 있는 네이밍은 중요하다.

3. 연구 주제 선정 이유

두 번째 도전인 2024년 수업혁신사례연구대회는 연구 주제를 잡는 것이 두 배로 힘들었다. 첫 번째 연구대회 도전에서 아이디어를 다 썼기에 겹치면 안 되었는데, 신선한 아이디어가 떠오르지 않아 엄청 스트레스를 받았다. 첫 번째 도전은 이게 잘하는 건지 뭔지도 모르면서 겁 없이 도전했는데, 두 번째는 뭘 해야 할지 막막하기만 했다. 그래서 긴 고민의 시간 끝에 공부를 시작했다. 최근 트렌드를 파악해야 연구대회에서 입상할 수 있다고 생각했기 때문이다. 그래서 교육부의 정책 방향과 2022 개정 교육과정, 경기도교육청의 교육과정을 공부했다. 필자의 1등급 비결은 연구 주제를 선정하기 위해 교육과정을 공부하는 것이었다.

이에 **에듀테크를 더한 '3다움 찾기' 프로젝트로 깊이 있는 국어 수업 만들기**란 연구 주제가 나오게 되었다. 교육부의 AI·미래형 교실 혁신과도 잘 어울리는 '에듀테크'라는 용어는 최근 트렌드이며, 수업을 풍성하게 만들어 주는 보조 도구로 평소 수업에도 많이 활용하고 있기에 에듀테크를 네이밍에 포함했다. '3다움'이란 '나다움, 자기다움, 공동체다움'을 의미하는 것으로 삶과 연계된 2022 개정 교육과정과 연관 지어 네이밍하고, '깊이 있는 국어 수업'이란 소속 교육청의 '깊이 있는 수업, 사유하는 학생, 질문하는 학생'을 반영하여 네이밍했다. 이처럼 현재 교육의 방향성과 어울리는 연구 주제를 네이밍하는 전략적인 접근을 추천한다.

◆ 연구 내용 소개

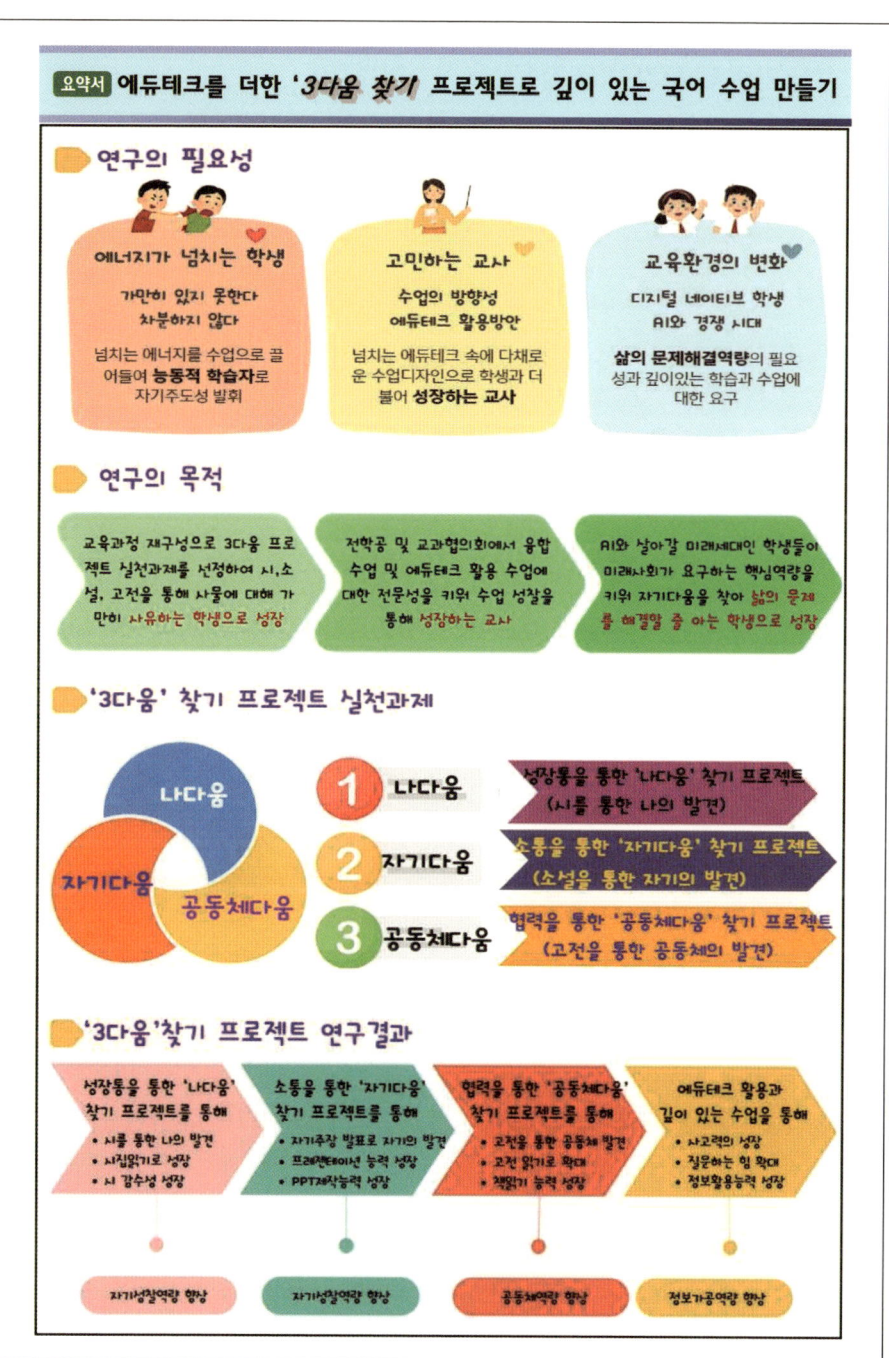

◈ 전국 1등급 POINT

1. 심사 기준 및 평가 내용 정독

연구대회에서 제일 중요한 핵심은 심사 기준과 평가 내용 정독이다. 심사 기준이 연구대회 준비의 결정적 기준이며, 보고서 틀과 수업 구상에 절대적 영향을 미치기 때문에 항상 심사 기준을 옆에 두고 빠진 내용이 없는지 점검하는 것이 중요하다. 심사 기준이나 평가 내용에 나온 내용을 일부 빼먹는 경우 입상은 할 수 있어도 우수한 등급을 받을 수 없다.

첫 번째 연구대회는 심사 기준을 대충 읽고 수업만 열심히 했다. 어디서 조언을 듣거나 연구대회와 관련한 책을 읽지도 않았고, 그냥 평소 수업을 연구대회에 녹였다. 그래서 심사 기준에 나와 있는 교육과정-수업-평가-기록의 일체화 노력, 전문적 학습공동체를 활용한 수업 개선 노력 등을 간과해 보고서에 넣지 않았다. 결과는 경기도 대회 2등급 수상에 그쳤다. 아무리 수업을 잘했다 하더라도 심사 기준을 명확히 인지하고 있지 않으면 우수한 등급을 받을 수 없다는 점을 명심해야 한다.

2. 수업 혁신에 대한 진정성 반영

연구대회에서 제일 중요한 포인트가 심사 기준과 평가 내용 정독이었다면, 그다음은 수업 혁신에 대한 진정성을 보여 주는 것이다. 수업에 대한 혁신 의지와 학생들의 성장을 위해 진지하게 노력하는 모습이 중요하다. 맥락 없이 활동만 나열하는 백화점식 활동은 지양하는 것이 좋으며, 연구과제의 수행 과정에서 수업 방식 등의 변화를 통해 수업 혁신에 대한 노력을 담아내는 것이 좋다. 수업 혁신에 대한 노력 반영이 2025년 심사 기준 기존 30점에서 40점으로 상향된 것을 보면 그만큼 수업 혁신에 대한 노력을 보겠다는 의미이다.

수업 혁신에 대한 노력으로 각 프로젝트의 실천 과제가 끝날 때마다 수업 성찰과 교-수-평-기를 작성하고, 부록의 수업 성찰 일지와 전문적 학습공동체 수업 나눔 일지를 통해 수업에 대한 진정성이 드러나도록 했다. 수업 성찰 일지에는 성공한 수업만

이 아닌 실패한 수업도 기록해 진지한 성찰을 반영하고, 전문적 학습공동체 수업 나눔 일지에는 수업 혁신에 대한 노력 과정, 교과협의회를 통한 배움 성장, 전문적 학습공체를 통한 나눔 성장, 공개수업을 통한 동료 교원과의 수업 나눔, 전문적 학습공동체를 통한 수업 개선 노력이 드러나도록 했다. 필자의 1등급 비법은 평소 교과협의회와 전문적 학습공동체를 잘 활용하는 것이다. 2025년도에는 '함께학교 內 수업의 숲 서비스 활용 등'이란 문구가 추가되었으니 이것을 활용해 보는 것도 팁이 될 것이다.

• 수업 성찰과 교육과정-수업-평가-기록의 일체화 •

수업성찰	한 달 넘게 시를 매개로 나다움를 발견하는 성장통을 통한 '나다움'찾기 프로젝트를 진행하며 부족한 면이 많았다. 제일 아쉬운 점은 중2 학생을 처음 가르치다보니 중2 학생이지만 아직은 중1과 비슷한 어린 면이 있다는 것을 간과해 반복 설명이 필요하고 미션을 좀더 친절하게 연습시켜야 한다는 사실을 깨달았다는 점이다. 특히 시경험글쓰기 수행평가에서 아쉬운 점이 많았는데 학생에게 충분히 설명을 했다고 생각했는데도 아이들은 계속 시경험글이 뭐냐는 질문을 많이 해 아차 싶었다. 에듀테크가 더해져 시를 친근감있게 접하고, AI와 북크리에이터로 수업이 풍성해져 아이들이 '국어시간이 제일 재미있어요'라는 피드백에 힘이 나기도 했다. 제일 공들인 부분인 질문톡톡과 쫑알쫑알로 사고력 확장에 주안점을 둔 깊이 있는 수업 설계가 나름대로 좋았으며 긍정적인 면이었다. 가족과 어린 화자에 관한 이야기인 엄마걱정이란 시가 자신의 이야기를 풀어낼 수 있는 좋은 매개여서 학생들은 저마다 자아를 발견하고 나름대로 힘든 점이 있을 텐데 힘들다고 내색하지 않고 교실에서 환하게 밝게 웃으며 성장해 가는 아이들의 모습이 가장 긍정적으로 느껴졌다.
교수평가	(예시) '엄마걱정'의 화자를 바꿔 '창문'의 시선에서 재창작한 글쓰기에서 창의성을 발휘함. 심화활동으로 시집을 읽고 북크리에이터를 활용하여 자신만의 온라인 시집을 만들어 시에 대한 감수성을 키움.

• 수업 성찰 일지 •

실천과제	고전을 통한 세상읽기(책대화)	수업장소	도서관

※**수업의도** 책대화 대본을 작성하여 혼자 읽을 때 미처 생각하지 못한 생각을 책대화를 통해 발견하길 바라는 마음과 함께 읽기의 힘이 세다는 것을 깨닫고 생각의 힘을 키우기를 바람.
※**수업결과** 책을 읽었는데도 내용을 제대로 이해하지 못한 학생이 있었고, 책대화가 원활하지 못한 모둠이 발생했다.
※**수업성찰**
　한 학기 한 권 읽기로 어떤 책을 읽힐지 국어교사라면 엄청 고민의 지점이 된다. 학생 수준에 맞으면서 재미도 있고 유익한 독서가 되어야 하기 때문에 책선정부터 엄청 공을 드린다. 교육과정 재구성 과정에서 '양반전'이 나와 학생들에게 고전을 읽히고 싶었다. 고전을 통해 배우는 세상 읽기를 통해 질문톡톡의 질문만들기 연장선으로 자신이 읽은 책에서 질문을 만들고 그것에 대한 답변을 작성하는 자기생각 글쓰기 책읽기 수업을 총 5차시로 디자인했다. 모둠별로 책도 잘 읽었고, 중간에 지루할까봐 캔바AI를 이용해 이미지 생성을 통한 북스타그램도 추가해 아이들이 책읽기의 흥미를 잃지 않도록 배려했다. 모둠 팀장의 능력에 따라 책대화 나누기도 잘 진행됐다. 그런데 책대본까지 교실에서 작성하고 책대화를 진행하기 위해 도서관에서 책대화 수업을 진행했는데 결론적으로 망했다.

3. 교육과정 재구성 및 연구 실천 과제 선정

수업에 대한 진정성을 알아봤다면 이제 교과서를 펴고 교육과정 재구성을 통한 실천 과제를 선정하는 일이 필요하다. 실천 과제를 선정하기 위해 국어 교과에서 학생의 삶과 연관된 단원을 선정해야 한다. 그후 '삶과 연관된 단원-실천 과제 추출-과정평가'로 이어지도록 설계했다. 교육과정 재구성 단계에서 소단원에 따른 성취기준과 핵심 아이디어를 잡고, 수행평가와 연계한 후에 성취기준에 맞는 맞춤형 에듀테크를 선정했다.

필자의 1등급 포인트는 학생의 삶과 연관 지을 수 있는 내용의 단원을 선정하는 것이다. 실제 수업도 학생들의 삶의 이야기를 이끌어 낼 수 있는 수업이 재미있고, 수업 평가를 받아 보면 학생들도 자신의 이야기를 할 수 있어 좋았다는 피드백이 많이 나온다. 아무리 보고서 틀을 잘 만들고 꾸민다 하더라도 연구 내용이 부실하면 우수한 등급을 받을 수 없다. 그러므로 교육과정을 재구성하고 실천 과제를 선정하여 수업을 진행하는 것은 아주 중요한 포인트이다.

• 교육과정 재구성 및 연구 실천 과제 선정 •

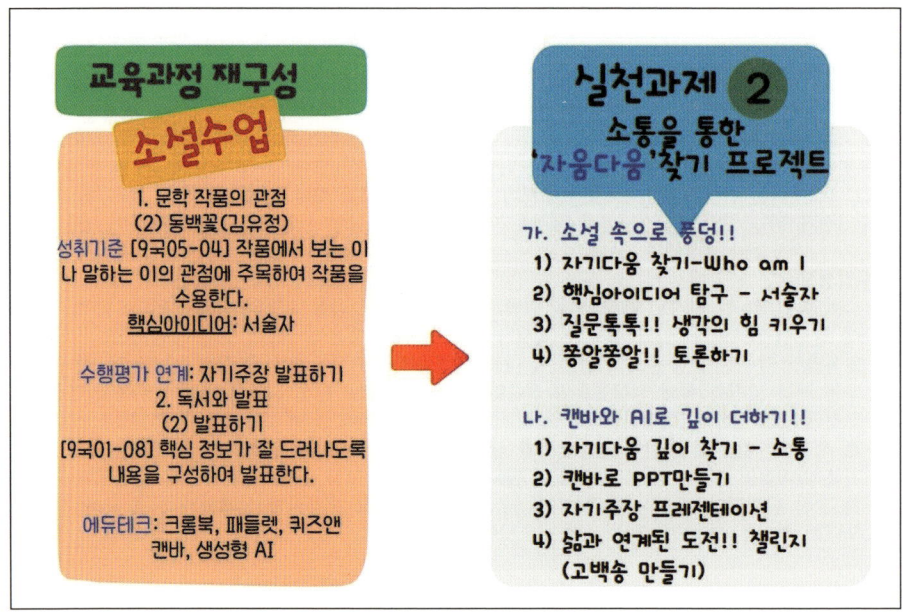

4. 연구 학급 선정의 중요성

어떤 학년으로 연구대회에 나갈 것인지 정해지면, 어떤 학급을 선택해야 할지 생각을 잘해야 한다. 교사가 수업 설계를 아무리 잘했어도 학급별로 차이가 나기 때문에 어느 정도 학업 역량을 갖추고 학급 분위기가 활발한 학급을 선정하는 것이 좋다. 학생들이 가진 역량이 연구 성과에 영향을 미치기 때문이다. 물론 좋은 학생과 학급을 구분할 수 없고 모든 학생을 성장시키는 것이 교사의 역할이지만, 수업은 학생들이 하기 때문에 교사와 티키타카가 잘되는 학급을 선정하는 것이 좋다. 학업 역량이 있으면서 활발한 분위기를 가진 학급은 공개수업 시에도 학생들이 긴장하지 않고 자신의 역량을 충분히 발휘한다. 이런 학급이 수업 동영상도 잘 나온다. 수업을 참관하는 교사들도 재미있게 수업을 참관하여 참관록에도 다양한 이야깃거리가 풍성하게 나온다.

다시 생각해도 필자는 연구 학급 선정에 행운이 따랐던 것 같다. 첫 번째 연구대회 도전은 중3 담임이어서 담임 학급을 데리고 출전했다. 그때 학생들은 수업을 하고 나오면 기가 빨릴 정도로 에너지가 왕성해서 수업 분위기가 활발하고 티키타카가 잘돼 교사에게 우호적인 학급이었다. 학업 역량 또한 좋아 공개수업 시 비문학 수다하기에 찰떡같이 잘 맞아 수업 동영상이 아주 잘 나왔다. 두 번째 연구대회 도전에서는 부장을 맡아 담임 학급이 없었기 때문에 고민이 많았다. 이미 중3은 했고, 중1은 너무 어려서 2학년으로 정했다. 그다음은 학급을 골라야 했다. 당시 2학년 4개의 학급을 담당했는데, 학기초 몇 번의 수업만으로 어느 학급이 좋을지 몰라 부담되었다. 그럼에도 어느 정도 학업 역량을 갖추고 활발한 분위기인 부담임 학급을 선택했는데, 지금 생각해도 신의 한 수였다.

연구 학급으로 학업 역량이 있고, 활발한 분위기의 학급을 선정하는 것은 무엇보다 중요하다. 반면 학업 역량이 떨어지고 활발하기만 한 학급은 가급적 선택하지 않는 것이 좋다. 학생들의 분위기가 수업을 산으로 가게 하는 경우가 많기 때문이다. 우수한 등급을 받기 위해서는 학생들이 잘해줘야 한다.

5. 보고서 틀 양식 만들기

연구 학급까지 결정했다면 이제 보고서 틀을 잡아야 한다. 이 부분을 만드는 데 시간이 가장 오래 걸리고 품이 많이 들어간다. 보고서 양식은 1등급 수상작의 보고서를 그대로 가져올 수 없고 자신의 연구 주제를 효율적으로 보여 줄 수 있는 '자신만의 보고서 양식'을 만들어야 한다. 보고서 분량이 25쪽 이내로 줄었기 때문에 압축적으로 연구 내용을 담아내야 해서 신경이 많이 쓰이는 부분이다. 하지만 보고서 틀을 완성하고 나면 그다음 단계는 술술 풀린다. 이때 가장 중요한 것은 수업 단계를 미리 디자인하는 것이다. 수업 디자인에 따라 방향성이 결정되기 때문이다.

가. 보고서 틀 만들기

'3다움 찾기' 프로젝트를 크게 3단계로 나눴다. 1단계 시 수업, 2단계 소설 수업, 3단계 고전 수업으로 디자인한 후 각 단계의 수업 과정을 8단계로 디자인해 보고서 양식을 만들었다.

• '3다움 찾기' 프로젝트 실천 수업 단계 •

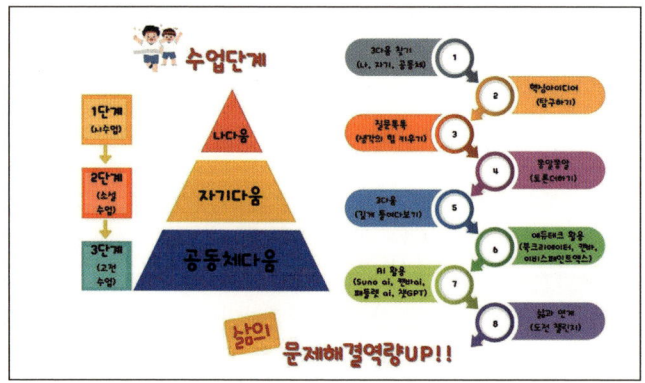

수업 단계 디자인이 정해졌다면, 그다음은 실천 과제 프로젝트가 어떻게 진행되는지 한눈에 보일 수 있도록 요점을 정리하는 형식의 보고서 틀을 만들면 된다. 보고서 요약본 틀은 '수업 단원-핵심역량-성취기준-수업 주제-수업 고민-수업 흐름'으

로 구성하였다. 그리고 프로젝트당 수업의 흐름이 잘 보일 수 있도록 수업 흐름을 '(발견) 더하기–(깊이) 더하기–(토론) 더하기–삶!! 도전 챌린지–과정평가'로 구성하여 평가로 마무리되도록 네이밍도 추가적으로 더했다.

• 보고서 틀 요약본 •

1	실천과제 ① : 성장통을 통한 '나다움' 찾기 프로젝트			
	수업단원	1. 문학작품의 관점 (1) 엄마걱정(기형도)	총 차시	16차시
	핵심역량	문화향유역량, 비판적·창의적 사고역량 정보활용역량, 자기계발역량	에듀테크	크롬북, 패들렛, 북크리에이터, 생성형 AI
	성취기준	[9국05-04] 작품에서 보는 이나 말하는 이의 관점에 주목하여 작품을 수용한다. (학습목표: 화자에 주목하여 시를 감상할 수 있다.)		
	수업주제	시와 시집을 읽고 '나다움'찾기 프로젝트로 나를 발견하고 성찰하기		
	수업고민	시를 시험용으로 배우고 암기하는 시가 아닌 시 속으로 풍덩 빠져 학생들이 시를 삶과 연계지을 수 있는 수업을 설계하는 것이 늘 어렵고 고민이 많았다. 시집 읽기를 거부감 없이 수용하며 나와 비슷한 면이 있는 시를 발견했을 때의 희열을 학생들이 경험했으면 했고 힘들 때 시를 통해 위로를 받았으면 했다. 시를 딱딱하게 접근하기보다는 에듀테크와 챌린지를 넣어 친근감있게 다가가며 질문톡톡과 쫑알쫑알 토론을 더해 학생들이 사유하는 힘을 키울 수 있도록 깊이를 더하는 수업을 설계하여 학생들이 시를 통해 나를 발견하고 성장통을 통해 성장하는 '나다움'찾기 프로젝트 수업을 디자인하게 되었다.		
수업 흐름	(발견) 더하기	관계맺기 활동으로 어색함을 풀고 나다움 드러내기(친구 인터뷰, 써클 활동 등) 핵심아이디어인 화자 탐구하기, 화자 바꿔 재창작하기, 작가에 대해 탐구하기		
	(깊이) 더하기	시집읽고 북크리에이터로 나만의 시집만들기 질문톡톡을 통해 사실적 질문과 논쟁적 질문 만들기로 생각의 힘 키우기 생성형 AI(suno.ai)를 활용하여 응원송 만들기		
	(토론) 더하기	쫑알쫑알 토론을 통해 논쟁적 질문으로 깊이 있는 수업 만들기		
	삶!! 도전 챌린지	평소 표현하지 못한 마음 표현하기: 고마운 분 인터뷰 챌린지!!		
	과정평가	나의 성장통을 드러낸 <시경험글쓰기> 수행평가로 마무리		

보고서 요약본을 완성했다면 이제 수업 세부 단계를 자세하게 보여 줄 보고서 세부본을 만들어 최종 보고서 틀을 완성해야 한다. 보고서 세부본은 '수업 의도–수업 활동 제시–활동 사진 제시–교사 성찰 및 성장 일지'로 구성하였다. 각 활동마다 수업 의도를 밝혀 명확한 수업 설계 의도를 드러내고, 수업 내용과 활동을 제시하는 부분과 학생들의 활동이나 수업 결과물이 담긴 사진 제시 부분을 만들고, 마지막에 교사 성찰과 학생 성장 일지를 추가하는 형태로 만들었다.

• 보고서 틀 세부본 •

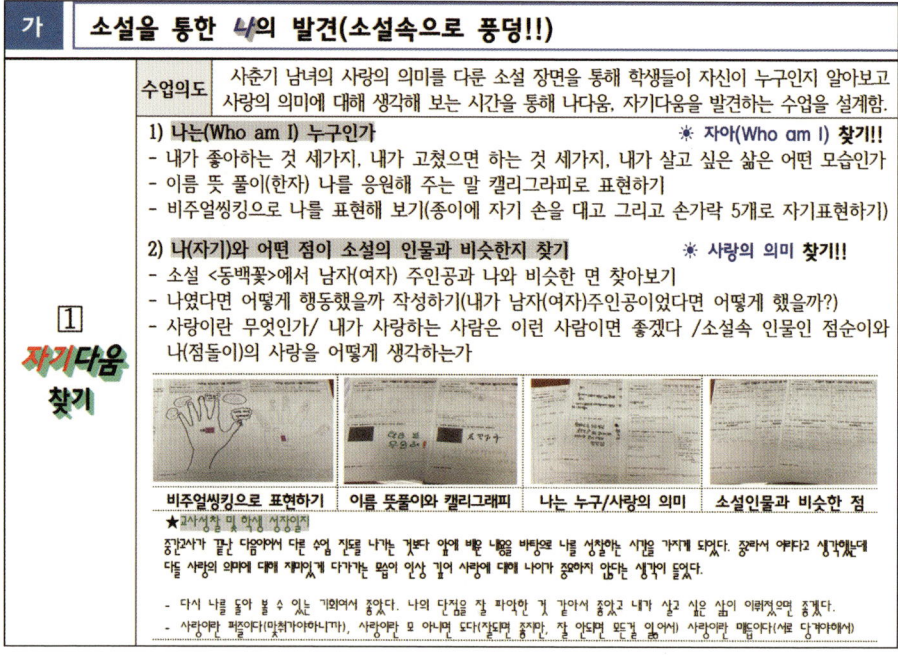

나. 보고서 분량 배분하기

보고서 양식을 만들었다면 이제 보고서 목차를 정해야 한다. 목차가 정해지면 보고서 분량을 적절하게 안배해야 한다. 보고서 분량이 60쪽 → 40쪽 → 25쪽으로 점차 축소되어 핵심을 압축적으로 보여 줘야 하기 때문에 보고서 작성이 더 힘들어졌다. 필자의 1등급 포인트는 목차에 따른 보고서 분량을 미리 배당하는 것이다. 미리 분량을 정하고 그 분량에 맞춰 보고서를 작성하는 것이 시행착오를 줄이는 효율적인 방법이다.

6. 보고서 꾸미기

보고서 분량을 배분했다면 이제 보고서를 어떻게 꾸밀 것인지 고민해야 한다. 아무리 내용이 좋아도 포장지가 시원치 않으면 그 내용을 빛나게 하지 못할 때가 있다. 포장을 잘하면 내용이 더욱 빛난다는 것을 이번 전국대회 1등급을 수상하며 실감했다. 첫 연구대회에서는 보고서를 전혀 꾸미지 않았다. 보고서 60쪽의 분량을 그냥 한글 파일로만 작성했다. 지금 생각해 보니 이게 왜 2등급이었는지 알 것 같다. 2024년도에는 한글과 캔바(Canva)를 활용했다.

가. 한글 메뉴 최대한 활용하기

중요한 단어나 용어를 부각하기 위해 한글이 가지고 있는 메뉴를 최대한 활용하여 글자가 입체감이 들도록 꾸몄다. 글자를 꾸미지 않으면 밋밋해 연구자가 강조하고 싶은 내용을 부각하지 못한다. 예를 들면, '3다움 찾기' 프로젝트에서 3다움은 '나다움, 자기다움, 공동체다움'인데 이 부분을 평범하게 그대로 작성하면 맛이 살지 않는다. 시각화를 잘하면 가독성이 좋아지고, 강조하고 싶은 것을 부각하는 효과를 줄 수 있어 다른 보고서와 차별화된다.

• 한글 메뉴를 활용한 글자 꾸미기 •

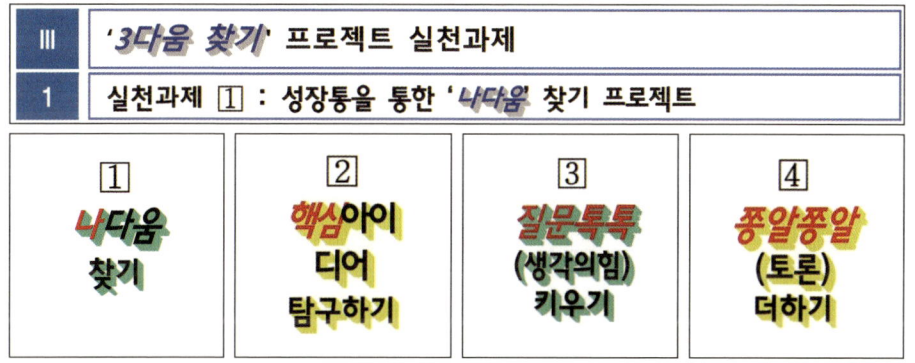

나. 캔바 활용

60쪽의 보고서를 그냥 한글 파일로만 작성했던 첫 연구대회 보고서와는 달리 이번에는 캔바를 활용하여 보고서를 꾸몄다. 연구대회에 나가는 사람은 포토샵을 배운다는 말을 들었는데, 필자는 포토샵을 할 줄도 모르고 배울 시간도 없었다. 캔바는 교사라면 간단하게 가입하고 무료로 다양한 기능을 활용할 수 있다.

캔바의 '요소' 기능을 활용하면 도형, 도표, 각종 차트, 그래픽(다이어그램)을 활용해 보고서를 예쁘게 꾸밀 수 있다. 먼저 캔바로 필요한 내용을 만든 다음에 캡처 도구를 활용해 보고서에 붙여넣기만 하면 된다. 캔바는 밋밋할 수 있는 보고서에 생명을 불어넣은 보석 같은 존재로 1등급을 만들어 준 1등 공신이다.

• 캔바를 활용한 보고서 꾸미기 •

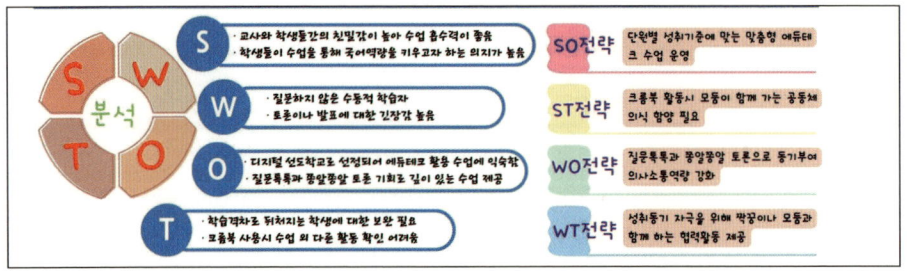

7. 보고서 그때그때 작성하기

교사는 수업만 하는 것이 아니라 행정 업무, 담임 업무, 회의 참석, 행사 진행 등 다양한 업무에 쫓겨 절대적으로 시간이 부족하다. 보고서를 그때그때 작성하지 않으면 나중에 내용을 감당하기가 힘들어진다. 실천 과제는 대부분 장기 프로젝트이기 때문에 실천 과제 하나당 수업 계획, 실제 수업, 수업 결과물 등을 작성하려면 기억이 생생할 때 바로바로 보고서를 써야 한다. 프로젝트 진행과 보고서 작성을 동시에 진행해야 보완해야 할 부분은 바로 수정해서 수업에 반영할 수 있다. 따라서 보고서는 미루지 말고 그때그때 작성해야 한다.

가. 사진 그때그때 찍어 두기

수업을 하다 보면 정신이 없어서 사진 찍는 것을 놓칠 수가 있다. 수업 활동의 주요 장면들은 그때그때 찍어야 한다. 가급적 학생들의 얼굴이 노출되지 않으면서 활동 내용이 확실하게 보일 수 있도록 클로즈업해 찍으면 효과적이다. 수업 장면이나 활동 장면을 많이 찍고, 학생들의 발표나 모둠 활동을 부각할 수 있는 사진이나 동영상을 찍는 것을 추천한다.

나. 패들렛 주소나 QR코드 간간이 활용하기

보고서를 작성할 때 패들렛 주소나 QR코드를 간간이 넣어 주면 좋다. 학생들의 활동 결과물을 공유한 패들렛 주소를 첨부하거나, 학생 활동을 촬영한 동영상을 QR코드로 만들어 첨부하면 보고서가 시각적으로 눈에 띈다. 토론 동영상, 책 대화 동영상, 퀴즈앤 풀이 동영상 등 링크 주소를 쉽게 접근할 수 있도록 QR코드로 만들어 첨부하는 것을 추천한다.

8. 부록 작성

보고서까지 다 작성했다면 이제 부록에는 교수·학습 과정안과 수업 일지가 들어가야 한다. 부록에 수업 동영상을 촬영한 외부 공개수업 지도안과 학부모 공개수업 지도안을 첨부했다. 2개의 수업 모두 교사나 학부모가 참관한 수업으로, 실제 연구부에 제출한 수업 공개 교수·학습 과정안을 첨부했다. 지도안의 경우 수업의 흐름이 보이면서 동시에 핵심이 부각되도록 '핵심 아이디어 탐구-핵심 아이디어 적용-핵심 아이디어 정리' 과정으로 디자인했다. 심플하면서도 핵심을 보여 줄 수 있는 교수·학습 과정안을 만드는 것이 바로 1등급 포인트이다.

• 교수·학습 과정안 •

부록1 교수학습과정안

수업공개일	2024. 6. 11. 3교시	대상	2학년 8반	외부공개수업(동영상)	
단원	(2) 양반전	주제	고전을 통한 세상읽기	차시	6/15
성취기준	[9국03-07] 생각이나 느낌, 경험을 드러내는 다양한 표현을 활용하여 글을 쓴다.				
학습목표	풍자의 개념을 이해하고 풍자캐릭터를 만들어 발표할 수 있다.				

학습 단계	배움중심 교수·학습활동		시간	자료 및 에듀테크
	교수활동	학습활동		
배움 열기	▣ 마음 열기 1. 학습동기유발 ▶ 교사: 만화(교과서 p173쪽)가 말하고자 하는 것이 무엇일까요? - 학생: 스마트폰에 정신이 빠진 모습 비판		3분	-만화 자료
배움 활동	▣ 준비 및 학습활동 1. [핵심 아이디어 탐구] 풍자의 개념 ▶교사: 풍자개념 설명하기 - 학생: 대상을 조롱하거나 우습게 그려 대상을 간접적으로 비판하는 표현방법 ▶교사: 풍자의 개념 적용하기(양반의 어떠한 모습을 풍자한 것인가요?) - 학생: 양반의 무능, 양반의 허례허식, 양반의 특권 풍자 ▶교사: 무엇을 풍자하는 공익광고(https://naver.me/xMwujsSX)일까요? - 학생: 풍자 대상(스마트폰에 중독된 사람들) - 학생: 풍자 내용(스마트폰으로 인해 '대화, 가족, 열정, 관심'을 잃어버림) - 학생: 풍자 방법('묵념'이라는 단어를 통해 풍자함)		40분	-공익 광고

교수·학습 과정안을 작성했다면 이제는 수업 일지를 작성해야 한다. 수업 일지에는 수업 성찰의 내용을 녹여내야 한다. 심사 기준 중에 '실천상의 문제점 발견 및 환류를 통해 연구과제 해결을 위한 방법을 지속적으로 보완해 가며 수행하였는가?' 라는 항목이 있는데, 이 부분을 수업 일지에 담으면 좋다. 수업 성찰 일지는 '수업 의도-수업 결과-수업 성찰'로 구성하여 심사 기준을 충족하도록 디자인했다. 잘된 수업과 망한 수업을 담아내며 수업 성찰을 통한 보완 내용을 작성하는 것이다.

• 수업 성찰 일지 •

부록3 수업일지

실천과제	고전을 통한 세상읽기(책대화)	수업장소	도서관

※수업의도 책대화 대본을 작성하여 혼자 읽을 때 미처 생각하지 못한 생각을 책대화를 통해 발견하길 바라는 마음과 함께 읽기의 힘이 세다는 것을 깨닫고 생각의 힘을 키우기를 바람.

※수업결과 책을 읽었는데도 내용을 제대로 이해하지 못한 학생이 있었고, 책대화가 원활하지 못한 모둠이 발생했다.

※수업성찰
　한 학기 한 권 읽기로 어떤 책을 읽힐지 국어교사라면 엄청 고민의 지점이 된다. 학생 수준에 맞으면서 재미도 있고 유익한 독서가 되어야 하기 때문에 책선정부터 엄청 공을 드린다. 교육과정 재구성 과정에서 '양반전'이 나와 학생들에게 고전을 읽히고 싶었다. 고전을 통해 배우는 세상 읽기를 통해 질문톡톡의 질문만들기 연장선으로 자신이 읽은 책에서 질문을 만들고 그것에 대한 답변을 작성하는 자기생각 글쓰기 책읽기 수업을 총 5차시로 디자인했다. 모둠별로 책도 잘 읽었고, 중간에 지루할까봐 캔바AI를 이용해 이미지 생성을 통한 북스타그램도 추가해 아이들이 책읽기의 흥미를 잃지 않도록 배려했다. 모둠 팀장의 능력에 따라 책대화 나누기도 잘 진행됐다. 그런데 책대본까지 교실에서 작성하고 책대화를 진행하기 위해 도서관에서 책대화 수업을 진행했는데 결론적으로 망했다.

　마지막 심사 기준 중에 현장 교육 기여도 부분이 있는데, '수업 혁신 및 학생 개개인의 교육적 성장에 기여하였는가?' 라는 항목은 연구 결과 부분에 작성하는 것이 좋다. '학생의 성장 및 제언' 부분에 드러나도록 작성했다. 국어 수업을 통해 성장한 점을 패들렛에 작성하게 하고 QR코드를 첨부해 시각화시켜 부각했다.

• 학생의 성장 예시 •

나 학생의 성장 및 제언

 학생의 성장

※국어수업을 통해 성장한 점 (https://baekmam.padlet.org/korean1_19/padlet-23o3xg478nvmkm8s)

　에듀테크를 더한 '3다움'찾기 프로젝트 활동을 통해 다음과 같은 학생의 성장을 얻을 수 있었다. 우선 첫 번째 실천과제인 성장통을 통한 '나다움 찾기' 프로젝트를 통해 학생들은 자신의 이야기를 하고 시집을 친근하게 읽는 긍정적인 성장이 일어나 시집읽기와 시 감수성 등 자기성찰역량이 자랐다.

　국어 수업을 하면서 가장 재미있었던 수업은 시집읽고 시경험글쓰기. 내가 시집을 읽으면서 시경험글을 쓸 때 첫사랑과 가족에 관한 시들을 읽었는데 그런 시를 읽으면서 많은 생각이 들었다. 내가 지금까지 부모님한테 한 행동들이 내가 다 잘못했다는 생각이 들었다. 그 시에서는 부모님이 죽어서 그때 부모님에게 죄송함과 감사함을 표현하는데 나는 나의 부모님이 죽기 전에 나의 죄송함과 감사

9. 수업 동영상 촬영 및 편집

수업 동영상을 촬영할 때 혹시 모를 방송 사고에 대비해 카메라를 2대 정도 설치하는 것이 좋다. 교실 뒤쪽에 학교 방송반 카메라와 스마트폰을 거치대에 설치하여 촬영했다. 학교 방송반 카메라에 녹화는 됐는데 녹음이 되지 않은 식겁할 돌발 상황이 발생했다. 다행히 예비용으로 설치한 스마트폰의 촬영이 잘돼 위기를 모면했다. 예비용이 없었다면 난감한 상황이 발생할 뻔했다.

수업 동영상 편집의 경우는 기본만 했다. 화려하게 꾸미지 않았지만 심플하게 핵심이 부각되도록 자막을 넣었다. 오히려 수업 동영상 15분 요약분 편집이 제일 어려웠다. 1차시의 수업을 15분으로 자르는 것이 쉽지 않다. 수업의 흐름을 15분 안에 다 넣어야 하고, 자연스럽게 연결되도록 수업을 끊고 붙이는 편집에 신경을 써야 하기 때문이다. 수업 동영상 15분 요약분 편집 시 자막과 편집에 신경을 써야 하는 것이 가장 중요한 포인트이다.

10. AI 및 에듀테크 활용

현재 근무하는 학교는 크롬북이 전 학년에 보급되어 학생들의 에듀테크 활용 역량이 높은 수준이고, 에듀테크 교육용 플랫폼 구입 비용을 학교 예산으로 지원해 준다. 교사에게 의지만 있으면 다양한 에듀테크를 지원받아 수업에 활용할 수 있다.

에듀테크의 장점은 수업을 풍성하고 다채롭게 만들어 준다는 것이다. 하지만 모든 수업을 에듀테크로 할 수는 없다. 에듀테크를 써야 할 때가 있고, 아닐 때가 있기 때문이다. 요즘 다양한 에듀테크가 넘쳐 교사의 피로도가 높아지고 있지만, 성취기준에 맞는 맞춤형 에듀테크를 잘 사용하면 수업은 극대화되고 수업혁신사례연구대회에서도 좋은 등급을 받을 수 있다. 교사가 마당만 깔아 주고 기본만 알려 주면 완성은 학생들이 하기 때문에 에듀테크 활용을 두려워하지 말자. 그럼 수업에 활용한 AI 및 에듀테크를 몇 가지 소개하고자 한다.

가. 생성형 AI 활용

① 패들렛 : 패들렛도 다양한 기능이 업그레이드되어 이미지를 AI가 만들어 준다. 학기 초 관계 맺기를 할 때, 자신과 어울리는 이미지를 찾을 때 사용했다.

② 캔바 : 캔바의 세계는 무궁무진하고, 금방 배워 바로 사용할 수 있는 장점을 가진 플랫폼이다. 인스타그램을 활용한 북스타그램 책표지 만들 때 사용했다.

③ Suno : 응원송과 고백송을 만들 때 활용했다. AI가 뚝딱 10초 만에 2가지 스타일의 노래를 만들어 주기 때문에 학생들이 재미있게 참여했다.

④ ChatGPT : ChatGPT의 활용도는 이제 매우 높아져 일상생활에 깊숙이 들어왔다. 질문 만들기 수업 등 다양하게 활용했다.

나. 에듀테크 활용

① 패들렛 : 학생들의 수업 결과물이나 생각을 공유할 때 패들렛을 많이 사용했다. 패들렛은 이미 많은 교사들이 활용하고 있는 플랫폼으로, 진입장벽이 높지 않아 금방 배워 사용할 수 있다.

② 캔바 : 템플릿을 활용해 PPT를 제작하여 프레젠테이션을 하는 기능으로 활용하였다. 캔바 AI 등 무궁무진하게 활용할 수 있다.

③ 북크리에이터 : 시 수업 후에 온라인으로 자신의 시집을 만드는 활동에 활용하였다.

④ 퀴즈앤 : 기본적으로 수업이 마무리될 때마다 형성평가 내용이나 배운 내용을 점검하는 용도로 사용하였다.

⑤ 이비스 페인트X : 미술 시간에 그림 그리기 용도로 많이 사용되는 앱으로, 풍자 캐릭터 만들기 수업에 활용했다. 이 앱은 그리기 과정이 모두 저장되어 동영상으로 실행되기 때문에 발표 시간에 학생들의 흥미를 유발한다는 것이 장점이다. 애니메이티드 드로잉즈도 캐릭터에 동영상을 입힐 수 있어 같이 사용하였다.

11. 수업의 일반화 및 확장

수업혁신사례연구대회에서는 일반화와 확장이 중요하다. 나의 교실에서만 통하는 것이 아니라, 나의 교과를 넘어 다른 교과로 확장될 수 있어야 한다.

가. 수업의 일반화

수업의 일반화는 4단계 모델이다. '3다움(나, 자기, 공동체) 찾기-핵심 아이디어 탐구하기-질문 톡톡(생각의 힘 키우기)-쫑알쫑알 토론하기'로 진행한다.

① 3다움을 드러낼 수 있는 교육과정 추출하기
② 핵심 아이디어 추출하기
③ 질문 톡톡 생각의 힘 키우기
④ 토론하기로 생각의 힘 키우기

각 교과의 교육과정에서 3다움(나, 자기, 공동체)과 관련된 내용을 추출하여 핵심 아이디어를 연결하고, 질문과 토론의 힘을 키우는 수업 설계로 일반화할 수 있다.

나. 수업의 확장

수업의 확장은 4단계 모델이다. '3다움(나, 자기, 공동체) 깊이 들여다보기-에듀테크 활용하기-생성형 AI 활용하기-삶과 연계된 도전 챌린지'로 진행한다.

① 3다움을 깊이 들여다볼 수 있는 교육과정 추출하기
② 에듀테크 활용하기
③ 생성형 AI 활용하기
④ 삶과 연계된 도전 챌린지로 마무리

각 교과의 교육과정에서 3다움(나, 자기, 공동체)과 관련된 내용을 깊이 적용할 수 있고,

에듀테크와 AI를 활용하여 교과 내용을 심화 연결하고, 삶과 연계된 도전 챌린지로 수업 설계를 마무리하여 확장할 수 있다.

◆ 전국 1등급이 본 1등급 POINT

POINT 1. 삶과 연계된 깊이 있는 수업의 실천

'3다움 찾기' 프로젝트에서 공통으로 실천되는 4가지 수업 활동은 문학을 학생의 삶과 연계하여 이해하고 감상할 수 있도록 구성되어 있다. 시 수업 활동으로 시 경험 글 작성하기, AI로 응원송 만들기, 고마운 분 인터뷰하기를 통해 학생들이 자신의 삶을 성찰하고 배운 바를 삶 속에서 실천할 수 있도록 했다. 소설 수업 활동으로 삶과 연계된 고백송 만들기 등을 통해 학생들이 배운 내용을 자신의 삶과 연결 지어 이해하고 성찰할 수 있도록 했다. 고전 수업 활동으로는 속담 챌린지 동영상 제작을 통해 삶의 지혜를 배울 수 있는 깊이 있는 수업을 실천하였다. 단순히 문학을 가르치는 수준을 넘어 학생들의 자기 주도적 활동을 통해 사고력과 문제해결 능력 등 미래 핵심역량이 성장할 수 있도록 구성되어 있음을 알 수 있다.

POINT 2. 협력적 소통을 통한 공동체 역량 함양

'3다움 찾기' 프로젝트는 학생들이 상호작용을 통한 협력적 소통이 지속적으로 이루어지도록 디자인된 수업이다. 특히 '협력을 통한 공동체다움 찾기'를 세 번째 다움 찾기 과정으로 제시해 공동체 역량을 키우기 위한 교사의 의지와 노력이 돋보인다. 그리고 수업 중 만든 자신의 작품이나 탐구 내용은 대부분 패들렛에 공유하고, 댓글 달기를 통해 서로 소통하도록 하였다. 이러한 과정은 학생들이 서로에게 배울 수 있는 기회를 제공하여 소통과 협력을 통한 공동체 의식 성장의 좋은 사례를 보여 주고 있다.

POINT 3. 다양한 에듀테크 활용으로 학습 효과 극대화

크롬북, 패들렛, 북크리에이터, 생성형 AI, 캔바 등 다양한 에듀테크의 활용은 학생들이 문학과 친숙해질 수 있도록 만들었다. 시 수업에서는 북크리에이터로 나만의 시집 만들기와 AI로 응원송 만들기를, 소설 수업에서는 캔바로 PPT를 만들어 자기주장 발표하기와 AI로 고백송 만들기를, 고전 수업에서는 캔바 및 AI를 활용한 북스타그램 만들기와 ChatGPT로 질문 만들기, 속담으로 동영상 촬영하기를 활용한 수업이 이루어졌다. 특히 에듀테크를 활용한 다채로운 수업 활동은 학생들에게 자기표현의 기회를 제공하고, 학습의 재미와 즐거움을 주며, 창의적 역량을 키워 줌으로써 학습 효과를 극대화시켰다.

◆ 연구 소감

1. 교사의 성장

수업으로 설레고 싶어서 도전한 수업혁신사례연구대회는 밋밋한 수업에 생기를 불어넣어 주었다. 원 없이 신나게 수업했다. 교과협의회와 전문적 학습공동체는 수업이 막힐 때마다 힘이 되었다. 수업 아이디어가 떠오르지 않을 때, 마땅한 맞춤형 에듀테크가 떠오르지 않을 때 수업에 대한 영감을 주었다.

3년째 호흡을 같이하고 있는 동 교과 교사들의 지지와 응원은 연구대회를 준비하는 원동력이 되었다. 교육과정 재구성부터 평가 계획 수립과 실제 수업으로 구현하는 모델화까지 수업에서 부딪히는 상황에 대해 협의하며 풀어 갔다. 자주 만나 수업에 대한 대화를 3년째 하다 보니 재작년보다는 작년이, 작년보다는 올해 더 성장하는 우리의 모습이 뿌듯하다는 소감에 서로 많이 웃었던 기억이 난다. 좋은 동료였으며 든든한 지원자 되어 준 동 교과 교사들에게 감사 인사를 전한다. 수상 여부를 떠나 연구대회 준비는 교사의 성장으로 이어지기에 그 자체만으로도 의미가 있는 도전이라고 생각한다.

공개수업을 뭘로 해야 하나 고민이 많을 때, 고전을 통한 세상 읽기 수업에서 풍자 캐릭터 그리기를 구상할 때, 미술 교사의 도움이 컸다. 캐릭터(그림) 그리기 에듀테크는 미술 시간에 학생들이 자주 사용하는 도구였기 때문에 점심시간에 미술 교사를 찾아가 사용법을 10분 만에 뚝딱 배워 공개수업에 활용할 수 있었다. 유튜브를 보고 배우려면 1시간 이상 걸리고 헤매는 시간이 더 들어갔을 텐데 깔끔하게 제대로 배우는 기회를 얻게 되어 감사했다. 융합 수업을 진행할 때 음악 교사의 도움이 컸다. 국어과의 글쓰기와 AI를 활용한 음악의 작곡 영역이 만나 시너지 효과를 냈고, 학생들이 융합 수업을 좋아하는 모습에 뿌듯하기도 했다. 융합 수업을 준비하고 실행하는 과정을 통해 학생들의 성장도 있었지만 교사의 성장으로도 이어지는 연결고리가 더 큰 의미가 있었다고 생각한다.

2. 수업혁신사례연구대회가 남긴 것

이 나이에도 녹슬지 않은 수업에 대한 열정과 수업으로 학생들을 만난다는 설렘을 얻었고, 공개수업을 통해 성장하고 있는 내 자신의 모습이 교사로서 자부심이 들게 했다. 그리고 동료 교사가 남았다. 사람을 얻은 것이다.

수업혁신사례연구대회 우수 입상자에게 주어진 해외 선진사례 연수는 비슷한 고민을 가진 동료들을 만나는 계기가 되었다. 전국 단위 교사들을 만나는 네트워크가 만들어진 것이다. 해외 연수에서 만난 동료 교사들 덕분에 많이 웃었다. 특히 우리 팀은 20대 교사부터 30대, 40대, 50대까지 교과 및 지역까지 다 달랐지만 수업이라는 하나의 공통점으로 뭉친 선수들이어서 그랬는지, 나중에는 너무 친해져 일 년 동안 웃을 걸 다 웃었던 것 같다. 수업 이야기와 저마다의 삶의 이야기로 이야기꽃을 피우며 공감대를 형성해 갔고, 연수가 끝난 후에도 헤어지기 아쉬워 네트워크를 만들자는 제안을 하기도 했다.

여기서 놀라운 점은 우리 팀에 20대 후반의 저경력 교사가 무려 2명이나 있었고, 반대로 50대 고경력 교사도 2명이나 있었다는 사실이다. 이는 연구대회 도전에 관한 고정관념을 깨는 계기가 되었다. 연구대회에 도전하는 연령은 너무 빠르거나 너무 늦은 시기가 없다. 마음만 준비되면 가는 것이다. 수업혁신사례연구대회는 그만큼 충분히 의미가 있고, 도전해 볼 만한 가치가 있다. 연구대회 전과 후의 삶은 완전히 달라졌다. 특히 수업혁신사례연구대회는 교사로서 성장하고 있는 자신의 모습을 발견하게 해 준다.

2. 3단계로 깊어지는 작가와의 대화 수업으로 자신감 있는 평생 문학 향유자로 성장하기

선생님 소개

성명(활동명)		김인주		
학교급	고등학교	교과		국어
수업 철학	모두가 참여하여 저마다 자기 목소리를 내는 수업으로 함께 성장하자.			

활동 이력

- 2024 전국 수업혁신사례연구대회 1등급
- 2022 부총리 겸 교육부 장관 표창(진로직업 분야)

2024 수업혁신사례연구대회 도전 계기

다양한 연구대회가 있지만 수업에 관한 연구대회라는 점이 매력적으로 다가왔다. 2024년도에 학교를 옮기면서 고3 입시에서 벗어나 2학년 문학을 맡게 되었다. 수능의 중압감을 떨치고 내가 하고 싶은 수업을 실천해 봐야겠다고 결심하고, 도전하게 되었다.

수업혁신사례연구대회를 준비하는 교사들에게 한마디!

- 1단계: 연구대회에 도전하겠다는 결심을 굳히세요!
- 2단계: 자기만의 수업을 디자인해 실천해 보세요!
- 3단계: 보고서를 완성해 제출할 때까지 — 끝까지 하세요!

◈ 연구 주제의 선정 이유

 학생들은 대체로 문학을 좋아하지만, 대학 입시를 앞둔 고등학생으로서 문학을 잘 이해하고 감상할 수 있다는 자신감은 없는 경우가 많다. 또한, 졸업 후에는 자기계발서는 즐겨 읽으면서도 문학 작품은 읽지 않는다. 그러나 문학은 자신과 세상을 이해하는 중요한 도구이자, 우리의 상상력을 자극하고 즐거움을 주는 원천이다.
 학생들이 문학 감상에 대한 자신감이 부족하고, 깊이 있는 문학 감상의 경험을 누리지 못하는 현실을 직시하고, 이를 극복하기 위해 '작가와의 대화 수업'을 만들게 되었다. 문학 작품을 중심으로 작가와 상호 대화하면서 감상의 깊이를 더하고, 이를 바탕으로 자신의 삶을 성찰하는 문학 교육의 새로운 방법을 제시하고자 하였다.
 학생들이 전문가의 작품 해석을 받아들이는 수동적인 학습자가 아닌, 주체적인 입장에서 문학의 의미를 탐구하고 해석하고 적용하는 자기 주도적인 학습자로 성장하기를 바란다. 학생들이 문학 감상 역량을 키워 평생 문학 향유자로 살아가기를 바라는 마음이 수업에 담겨 있다.

1. 작가와의 대화 수업
 교과와 관계하여 미래 핵심역량을 키우기 위한 수업을 고민하던 중 질문 중심 수업에 관심을 갖게 되었다. '질문'을 키워드로 다양한 책과 논문, 동영상 자료 등을 살펴보면서 문학 수업에서의 적용점을 찾았다. 『페다고지』에서 파울로 프레이리(Paulo Freire)가 제시한 교육 방식인 수평적인 '대화의 방식'으로 이루어지는 문제 제기식 교육을 문학에 적용하고자 하였다. 문학 작가에 대한 이해는 곧 문학에 대한 이해로 연결되며, 삶에 대한 성찰로도 이어질 수 있다. 작가에 대한 탐구를 바탕으로 학생 스스로의 호기심으로 질문을 만들고 그 질문을 해결해 나가는 수업, 이것을 문학에 적용하면 작가와의 대화 수업이 된다. 작가와의 대화를 통해 '학생들이 자신의 호기심을 바탕으로 생각을 키우게 하자.'는 결심을 하게 되었다.

2. 3단계로 깊어지는 수업

고등학교의 수업은 학생들에게 '깊이 있는 학습'을 요구한다. 2022 개정 교육과정에서 제시한 깊이 있는 학습의 요소(교과 간 연계와 통합, 학생의 삶과 연계된 학습, 학습에 대한 성찰)가 지속적으로 수업에 녹아들면서도 고교 수준에 맞는 문학에 대한 깊이 있는 이해가 가능하도록 3단계로 깊어지는 수업을 구안하게 되었다.

3. 평생 문학 향유자

하루가 다르게 변하는 사회로 인해 이제는 평생교육의 시대가 되었다. 따라서 '자기 주도적 학습 역량'이 중요해졌다. 깊이 있는 학습 경험으로 자신감을 키우고, 스스로 문학을 감상할 수 있는 역량을 키워 평생 문학을 향유할 수 있는 학생으로 기를 것을 목표로 수업을 구안하게 되었다.

◆ 연구 내용 소개

3단계로 깊어지는 *작가와의 대화* 수업으로 자신감 있는 평생 문학 향유자로 성장하기

1. 연구 목적
① 작가와의 대화 수업으로 문학을 깊이 있게 감상하여 문학에 대한 자신감을 키운다.
② 자기 주도적 문학 감상 방법을 체득하여 평생 문학 향유자로 성장하게 한다.

2. 수업 설계 (효과적인 문학 감상 수업 제안)

1단계 작가 탐구 [1-4차시]	2단계 작가 프레젠테이션 [5-10차시]	3단계 작가와의 대화 [11-12차시]
문학 감상 방법을 적용한 탐구 및 작가에게 질문 생성하기	개별 탐구를 발표하여 현대문학 전체 감상과 질문의 폭 넓히기	동시대 작가들 및 내가 탐구한 작가와 대화 생성하기

개별활동 [특정 문학에 대한 기본 탐구]
- 문학탐구
  - [탐구1] 사회·문화적 배경 맥락
  - [탐구2] 상호 텍스트성 맥락 - 관련 문학, 영화 등과 비교하며 감상
  - [탐구3] 작가 맥락 - 작가의 삶 탐구
- 성찰
  - [탐구4] 독자 맥락 - 자신의 삶과 연관지어 감상
- 대화 생성
  - 작가에게 던지는 질문 세 가지 생성
- 효과
  - 문학 감상 방법 터득
  - 작가 및 작품 이해
- 현대문학 전반의 구현 양상 탐구 및 통찰력 신장을 위해 2단계 활동으로 진행

전체활동 [전체 현대 문학에 대한 탐구]
- 발표: 시대 순으로 작가 프레젠테이션 ⇒ 현대문학의 흐름 이해 및 질문 소통
- 성찰: 자기평가, 동료평가 ⇒ 활동에 대한 성찰
- 대화: 작가에게 던지는 개별 질문 상호 공유로 다양한 작가와 대화
- 효과
  - 발표 내용을 소통, 비교하여 다른 작가와 작품에 대해 이해 및 새로운 통찰
  - 급우들과 질문을 공유하여 질문의 폭이 넓어짐
- 전반적인 현대문학 이해를 토대로 한층 깊은 문학 감상을 위해 3단계 활동으로 진행

모둠활동 [동시대 작가들과의 대화]
시대별로 모둠을 만들어 동시대 작가들에게 공통의 질문을 하고 모둠 공통의 대답 생성
- 모둠 공통 질문
  - 자신의 대답
  - 모둠의 대답
  - 인공지능의 대답

개별활동 [내가 탐구한 작가와 심층 대화]
문학 감상 방법을 적용하여 내가 탐구한 작가와의 최종 대화 생성
- 최종 질문
  - 작가 특징을 고려한 대답
  - 사회·문화적 배경을 고려한 대답
  - 작품 맥락(작가의 작품 경향)의 대답
  - 질문에 대한 나만의 대답

문학 감상 깊이의 변화 (1단계 / 2단계 / 3단계 - 내가 탐구한 작가, 동시대 작가들, 현대문학 전체 작가)

내가 탐구한 작가와의 최종 대화
질문) 백석 작가님, 일제 강점기의 억압적인 상황 속에서 시를 창작하는 데 어떤 도전과 어려움이 있었나요? 이러한 도전이 당신의 작품에 어떻게 반영되었는지 궁금합니다.
대답) "창작의 원동력은 내면의 열정과 한국 문화에 대한 사랑, 사람들에게 위로와 희망을 주고자 하는 마음이었습니다. 정치적·사회적 문제를 우회적인 예시로 전달해 표현의 자유를 지키고자 했습니다. 억압 속에서도 진실을 알리고자 하는 열정이 창작의 힘이었습니다."

3. 연구 결과

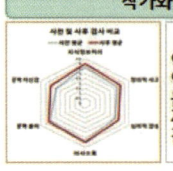

'작가와의 대화' 수업 효과	타 과목의 적용 [일반화]
미래 핵심 역량인 지식정보처리 역량, 창의적 사고 역량, 심미적 감성 역량, 의사소통 역량을 신장시키고, 문학에 대한 자신감을 크게 향상시켜 자기 주도적인 평생 문학 향유자로 성장하게 한다.	'작가와의 대화' 수업 설계는 문학에만 국한하지 않고 인문학 및 자연과학 등 타 교과에도 널리 적용 가능하다. 사회학자와의 대화, 수학자와의 대화, 물리학자와의 대화, 역사적 인물과의 대화 등으로 실천하여 깊이 있는 수업을 전개할 수 있다.

◆ 전국 1등급 POINT

1. 보고서의 얼굴, 요약서 작성하기

요약서는 보고서의 얼굴이다. 연구대회에 출품되는 수백 편의 보고서를 심사위원들이 모두 꼼꼼하게 읽는다고 보기는 어렵다. 그래서 연구의 장점을 최대한 부각시키면서, 어떤 연구인지 한눈에 알 수 있도록 요약서를 작성하는 것이 매우 중요하다. 3단계의 수업 설계를 한눈에 이해할 수 있도록 작성하기 위해 많은 노력을 기울였다. 또한 연구의 장점을 부각시키기 위해 어떤 요소를 요약서에 넣을 것인가도 고민했다.

가. 수업의 핵심이 보이게 하라

요약서만 읽어도 어떤 수업인지 알 수 있게 하려면 단계별 핵심 활동을 요약하여 일목요연하게 나타낸다. 본 보고서는 단계별로 이루어지는 작가와의 대화는 무엇인지, 각 단계의 주요 활동과 효과는 무엇인지를 나타내되 한눈에 보이도록 체계화하는 데 힘을 기울였다.

나. 연구의 장점을 최대한 부각하여 나타내라

요약서는 1쪽 분량이기 때문에 모든 내용을 담을 수 없다. 따라서 자신의 연구에서 가장 독창적이면서도 중요한 사항을 뽑아서 그것을 최대한 부각시킬 수 있도록 작성한다. 본 보고서는 3단계로 감상의 깊이가 깊어짐을 막대그래프로 나타내었다. 또한 대화 중심이므로 학생이 만든 대화의 예를 제시하였다. '대화' 수업은 일반화가 큰 장점이므로 타 과목의 적용을 연구 결과에 제시하였다.

• 요약서에 담은 연구의 장점 •

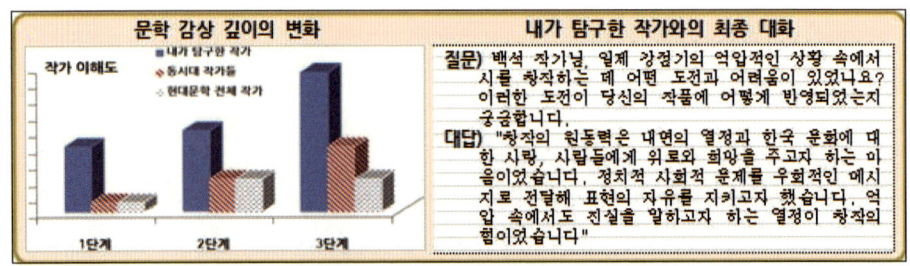

타 과목의 적용[일반화]
'작가와의 대화' 수업 설계는 문학에만 국한하지 않고 인문학 및 자연과학 등 타 교과에도 널리 적용 가능하다. 사회학자와의 대화, 수학자와의 대화, 물리학자와의 대화, 역사적 인물과의 대화 등으로 실천하여 깊이 있는 수업을 전개할 수 있다.

다. 시각적인 요소를 활용하여 가독성과 독창성을 높여라

요약서는 보고서의 첫인상으로 입상의 성패를 가를 수 있는 중요한 부분이다. 따라서 수업의 핵심과 장점이 최대한 드러나게 해야 한다. 수업 단계별로 색깔을 통일하여 가독성을 높이고, 수업의 핵심 흐름을 한눈에 알 수 있도록 그림이나 도형을 활용하여 나타내 심사위원들의 기억에 강한 인상을 남기도록 하자.

• 요약서 도대회와 전국대회 제출본 비교 •

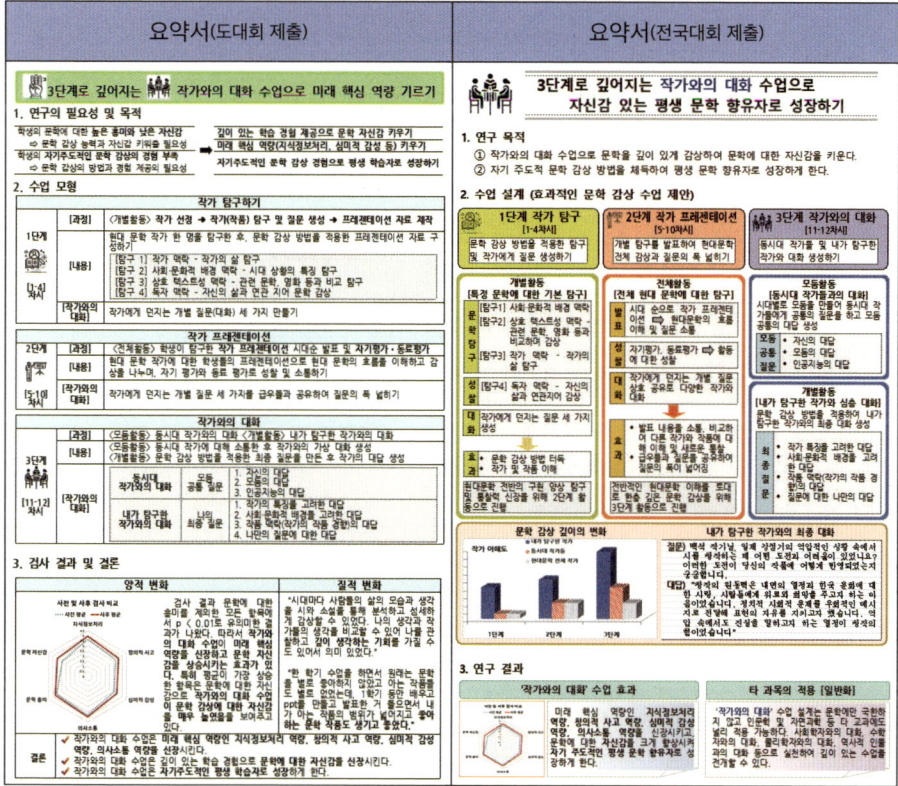

2. 자신만의 핵심 용어 정의하기

자신이 만든 용어나 보고서의 핵심 용어에 대해서는 용어의 정의를 내려 주어야 한다. 본 보고서의 핵심 용어는 '작가와의 대화', '질문', '깊이 있는 학습'이므로 이 용어가 본 수업에 어떻게 적용되었는지 밝히는 내용으로 용어 정의를 구성하였다.

특히 작가와의 대화의 핵심 요소인 '질문'에 대해 고민하고, 다양한 연구 자료를 바탕으로 '질문'의 의미를 성찰하여 본 보고서에 적용된 '질문'의 의미를 다음과 같이 제시하였다.

• 핵심 용어 정의 •

질문 생성	작가와의 가상 대화를 위해 학생이 질문을 스스로 생성하게 되는데 이때의 질문은 **'학생이 스스로 만든 자신만의 질문'**이며 이것은 다음과 같은 성찰을 통해 구안하게 되었다.
	[질문에 대한 성찰 1] '수준 높은 질문'에서 '자신만의 질문'으로 수준 높은 질문이란 무엇이며 어떻게 해야 질문의 수준을 높일 수 있을까를 많이 고민했다. 하지만 좋은 질문이란 수준 높은 질문이 아니다. 어떤 질문이든 자신이 진짜 궁금한 것이 생겨서 그것을 탐구하고자 한다면 그것이 그 학생에게 가장 좋은 질문이다.
	[질문에 대한 성찰 2] '교사의 질문'에서 '학생의 질문'으로 교사가 어떻게 하면 학생들을 성장시킬 수 있는 좋은 질문을 할 수 있을까를 고민했다. 그러나 수업 혁신 관련 연수를 듣고, 선행 연구를 분석하면서 '학생이 질문하고 학생이 답하게 하는 수업1)'이 좋은 수업이며, **학생 스스로가 한 질문이어야 주체적이고 능동적인 탐구로 이끌 수 있다**는 것을 알게 되었다.2) 자기 주도적인 평생 문학 향유자로 성장하게 하고 사고력과 비판력을 키울 수 있도록 학생이 스스로 질문하게 하자.
	[질문에 대한 성찰 3] 창의적 사고와 깊이 있는 학습을 위해 '핵심 질문'으로 학생의 궁금증을 중심으로 스스로 질문을 하되, 단순한 답을 찾는 것이 아니라 **다양한 답이 나올 수 있는 핵심 질문**3)을 하게 함으로써 미래 역량을 기르는 수업을 하자.

3. 수업의 토대, 이론적 배경 제시하기

가. 2022 개정 교육과정

연구대회에 출품하는 수업은 2022 개정 교육과정에서 제시하는 수업의 방향과 핵심역량을 적용한 수업이다. 따라서 많은 보고서에서 2022 개정 교육과정을 수업의 이론적 토대로 삼고 있음을 확인할 수 있다. 2022 개정 교육과정에서 강조하는 수업의 내용이나 방법을 이론적 배경으로 제시할 수 있다.

나. 수업 내용의 기반이 되는 이론

수업의 핵심 내용의 토대가 되는 이론을 찾아 이론적 배경으로 제시한다. 본 보고서에서는 '대화'가 수업의 핵심이다. 따라서 대화식 수업 또는 질문 중심 수업의 교육학적 배경을 다양하게 찾아보았다. 필자는 교육학을 공부하면서 '프레이리의 문제 제기식 교육'에 강한 인상을 받았고, 이러한 교육을 실천해야겠다는 생각을 평소 갖고 있었기 때문에 프레이리의 교육을 이론적 기반으로 삼았다.

다. 수업 방법의 토대가 되는 이론

본 수업은 철저하게 학습자 주도이며, 교사는 안내자와 조력자의 역할을 한다. 이러한 자기 주도적 수업 방법의 이론적 배경은 교육학 서적에서 다수 찾을 수 있다. 본 연구에서는 구성주의 수업 모형 중 '조나센의 구성주의 학습 환경 설계 모형'에 기반을 두고 수업을 설계하였다.

• 이론적 배경 •

가. 2022 개정 교육과정

초·중등학교 교육과정 구성의 중점 및 교수·학습 설계에서 '교과 교육에서 **깊이 있는 학습**을 통해 역량을 함양할 수 있도록 교과 간 연계와 통합, 학생의 삶과 연계된 학습, 학습에 대한 성찰 등을 강화한다'고 밝히고 있다.

나. 프레이리의 문제제기식 교육

프레이리는 교사의 일방적인 지식 전달로 이루어지는 교육을 은행예금식 교육으로 규정하고 여기에서 벗어나 수평적인 **대화의 방식**으로 이루어지는 문제제기식 교육을 통해 주체적인 삶이 가능하다고 하였다.

다. 조나센의 구성주의 학습환경 설계모형

구성주의 수업설계는 수업을 구조화하는 것이 아니라, 학습이 일어날 수 있는 환경을 설계하는 것이다. 이는 자기 주도적 학습이 가능하게 하는 **학습자 중심 학습환경 설계**이며 다음과 같이 구성된다.

영역	구성 요소	세부 내용
학습 활동	탐색	학습자가 문제 해결을 위해 가설 설정, 자료 수집, 잠정적 결론 도출 등과 같은 탐색 활동을 함
	명료화	학습자가 자신의 지식을 명료하게 함
	성찰(반추)	자신이 수행한 학습을 성찰하고 반성함
교수 활동	모델링	교사의 시범
	코칭	학습자에게 동기를 부여하고, 피드백을 제공하며, 학습 방법을 조언함
	비계 설정	학습자가 스스로 해결책을 찾도록 도움을 제공함
지원 체제	사례 제공	관련 사례 제공(문제 관련 사례)
	정보 제공	정보 제공(문제 해결에 필요한 정보)
	인지도구 제공	인지도구 제공(정보수집도구, 수행지원도구 등)
	대화·협력도구 제공	협력적 대화와 상호작용을 위한 학습공동체, 컴퓨터 매개 통신 등
	협동 조장	사회적·맥락적 지원(맥락 속에서 학습 환경 지원)

4. 사전 검사 결과에 바탕을 둔 지도 전략 수립하기

수업을 실행하기 전에 수업의 효과성 검증을 위해서 반드시 사전 검사를 실시한다. 이때 보고서마다 다양한 방식의 사전 검사를 중심으로 학생들의 현황을 분석하고 지도 전략을 수립하는 것을 볼 수 있다. 본 보고서는 사전 검사 결과를 바탕으로 학생의 강점과 약점을 분석한 다음, 이에 근거한 지도 전략을 수립하였다. 다음은 2022 개정 교육과정에서 제시하는 핵심역량 및 문학에 대한 흥미와 자신감을 사전 조사하고, 부족한 역량을 키우기 위해 어떤 지도 전략을 수립할 것인지를 밝힌 내용이다.

• 결과 분석 및 지도 전략 •

미래 역량		
	강점	약점
현재 수준	지식정보처리 역량, 의사소통 역량 ⇒ 3.7, 3.8로 비교적 높음 이는 학생들이 평소에 학업이나 취미를 위해 컴퓨터와 인터넷을 많이 활용하고 SNS를 통한 공유도 많이 하며, 학교에서도 에듀테크를 활용한 수업이 이루어지고 있기 때문으로 보인다.	심미적 감성 역량 ⇒ 3.0으로 가장 낮음 심미적 감성 역량 문항을 구성할 때 '책' 대신에 '문학'으로 문항을 변경하였으며, 따라서 이 수치는 심미적 감성 중 문학적 감성이 부족한 것으로 해석할 수 있다.

⬇

지도전략 수립	
지식정보 처리 역량	질문1, 5, 9: 정보 수집 및 편집 능력 ⇒ 3.5 이하의 낮은 점수 ▶ 프레젠테이션 자료 만들기를 통해 자신에게 필요한 정보 수집 및 편집 역량을 키워 주어야 한다.
창의적 사고 역량	질문 10: 남들이 하지 못하는 새로운 생각 생성 능력 ⇒ 3.09로 가장 낮은 점수 ▶ 따라서, 작가와의 대화(질문과 대답)를 생성하는 과정을 통해 새로운 생각을 하도록 격려하는 수업을 구성해야 한다.
심미적 감성 역량	모든 역량 중 가장 낮은 역량임 질문 15, 16: 문학 작품을 읽거나 문학 작가나 작품에 대해 이야기하는 것을 좋아하는지 묻는 내용 ⇒ 모든 역량 중 가장 낮은 점수 ▶ 따라서, 문학 작품을 읽고 프레젠테이션 및 모둠활동으로 작가나 작품에 대해 이야기하는 것의 즐거움을 느끼게 해 주고 문학적 감성을 길러 주어야 한다.
의사소통 역량	모든 문항에서 3.5 이상의 점수로 가장 높은 역량임. 질문 22: 듣는 사람이 이해할 수 있도록 쉽고 정확하게 이야기하는 능력 ⇒ 3.64로 의사소통역량 문항 중 가장 낮은 점수 ▶ 따라서, 청자 중심으로 프레젠테이션하는 능력을 키워 주어야 한다.

문학 태도		
	강점	약점
현재 수준	문학에 대한 흥미를 묻는 질문 26은 3.552로 3.5 이상의 값을 갖고 있어서 높은 편이다.	문학에 대한 자신감을 묻는 질문 27은 2.993으로 보통에도 미치지 못하는 가장 낮은 결과가 드러났다.

⬇

지도전략 수립
학생들이 문학 감상에 대한 자신감을 가질 수 있도록 중점적으로 지도하는 방안이 필요하다. 작가와의 대화 수업 전반에 걸쳐 문학 감상의 방법과 자기 주도적 문학 감상의 경험을 제공하여 문학에 대한 자신감을 길러 주어야 한다.

5. 수업 모형 설계하기

가. 자기 주도적(학습자 중심) 수업 모형 설계하기

연구대회에서 이루어지는 대부분의 수업은 학습자 중심 수업이다. 본 연구에서는 학습자의 활동이 자기 주도적으로 이루어질 수 있도록 구안하는 데 초점을 맞추었다. 본 연구에서 이루어지는 모든 수업은 학생 주도이며, 교사는 안내자와 조력자의 역할을 한다. 학생들에게 경험의 기회를 제공하여 학생들이 자기 주도적 문학 감상 경험을 통해 성장할 수 있도록 하는 것이 본 수업의 설계 모형이다. 학생들이 스스로 질문을 생성하고 답을 찾아나가는 수업 방식을 통해 창의적 사고력과 문제해결 능력을 키우도록 하였다. 본 보고서에서는 조나센의 구성주의 학습 환경 설계 모형을 적용하여 학습 활동, 교수 활동, 지원 체제의 3가지 구성 요소에 따라 자기 주도적 활동과 교사의 조력을 다음과 같이 제시하였다.

● [실천 과제 1 작가 탐구]의 수업 활동 제시 부분 ●

수업 흐름	차시	구성주의 학습환경				디지털도구
		학습 활동		교수 활동	지원 체제	
		학생 활동	활동의 주안점		지원 내용	
작가 선정 하기	1차시	🔍 탐색 ▶ 작가 및 작품에 대해 검색한 후 탐구할 작가 선정하기	👤 학생의 흥미 ▶ 자신의 흥미를 고려하여 27인의 현대문학 작가 선택 🎯 자기주도학습 ▶ 작가와 작품을 스스로 조사	🏗 비계 설정 ▶ 수업 전체 흐름 안내 ▶ 교사가 현대문학 작가 27인 목록 제공 👥 학습자 맞춤 코칭 ▶ 교사가 개별 코칭	🖥 인지도구(정보수집도구) 제공 ▶ 웹 기반 검색 도구 안내(구글, 네이버)	휴대폰 태블릿
작가 탐구 + 최초 질문 생성 하기	2, 3차시	🔍 탐색 ▶ 자료 찾기 💡 명료화 ▶ 자료를 바탕으로 작가 탐구하기 ▶ 질문 생성 하기	👤 학생의 흥미 ▶ [창의적 활동] 자신이 조사한 내용을 바탕으로 작가의 별명 짓기 ▶ [실생활 또는 자기와 관련짓기 활동] 작가 및 작품과 자신 또는 현실을 관련짓는 활동으로 흥미 높이기 ▶ [동영상 / 사진 자료 첨부] 동영상 등 자료를 첨부하게 하여 흥미 높이기 ▶ [질문 생성 활동] 작가와의 대화를 위한 세 가지 질문 생성으로 작가에 대한 흥미 높이기 🎯 자기주도학습 ▶ 찾은 자료 중에서 필요한 내용을 선별하여 스스로 요약·정리	🏗 비계 설정 ▶ 자료 검색에 필요한 웹 사이트 정보 제공 및 검색 방법 안내 ▶ 검색한 자료 이름 및 핵심 내용을 정리할 수 있는 학습지 제공 👥 학습자 맞춤 코칭 ▶ 자료 검색 및 정리에 어려움을 겪는 학생 개별 코칭	🖥 정보 제공 ▶ 작가 관련 자료 수집처 제공 · 논문, 동영상, 문학 정보 관련 사이트 🖥 인지도구(정보수집도구) 및 정보 제공 ▶ 생성형 인공지능(챗GPT 등) 활용 안내	휴대폰 태블릿
작가 프레 젠테 이션 자료 제작 하기	4차시	💡 명료화 ▶ 작가 프레젠테이션 자료 제작하기			🖥 인지도구(수행 지원도구) 및 정보 제공 ▶ 프레젠테이션자료 제작도구 안내 ▶ PPT작성법, 미리캔버스 사용법 등 안내	태블릿 컴퓨터

나. 대화(질문) 중심 수업 모형 설계하기

'작가와의 대화'라는 수업은 문학에 드러나는, 혹은 드러나지 않은 작가의 의도와 맥락을 파악하게 한다. "내가 만약 작가라면 어떤 질문에 답을 하고 싶을까?" "작가로서 독자에게 말하고 싶은 것은 무엇일까?" 등을 고민하며 대화를 만들어 가면서 상상력과 창의적 사고가 자극되고, 문학을 통한 자기 성찰 등 깊이 있는 문학 감상의 경험을 하게 된다. 대화 중심 수업 모형에서의 주안점은 다음과 같다.

(1) 학생 주도의 대화(질문과 답변) 생성하기

'작가와의 대화' 수업은 문학 감상을 위한 질문을 학생들이 스스로 만드는 것이다. 교사의 일방적인 지식 전달 대신, 학생들이 문학 작품 및 작가와 주체적으로 상호작용하며 의미를 탐구할 수 있는 환경을 제공한다. 이러한 탐구를 바탕으로 학생들의 흥미와 경험을 반영하여 자신만의 질문을 던지는 과정에서 창의적 사고가 자극되고 깊이 있는 문학 감상 능력이 길러진다. 예를 들어, 학생들은 작가 백석에게 "작품 속에 나타나는 향토적 정서와 자연에 대한 관심은 어떤 의미를 가지고 있나요?"라는 질문을 만들고, 이를 사회·문화적 맥락과 작가의 특징, 자신의 경험 등을 고려하여 작가의 답변을 만들었다.

(2) 대화를 3단계로 심화하기

학생들은 작가와의 대화를 위해 작가 탐구부터 시작한다. 탐구 결과로 만들어진 최초 대화는 다음 단계들을 거치면서 더 깊어지게 된다. 단순하게 질문을 만드는 것을 넘어, 질문의 깊이를 심화시켜 나간다는 것이 특징이다.

• 3단계 대화 •

1단계 대화	자신이 탐구한 내용을 바탕으로 작가에게 던지는 질문을 만드는 단계
2단계 대화	반 전체가 작가에게 던지는 질문을 공유하며 다양한 작가와 대화하는 단계
3단계 대화	• 동시대 작가들과의 대화 　- 동시대 작가들에게 모둠 공통의 질문과 대답을 만드는 단계 • 내가 탐구한 작가와의 최종 대화 　- 작가에게 던지는 나의 최종 질문과 작가의 최종 대답을 만드는 단계

다. 고교 수준에 맞춘 깊이 있는 학습 실현하기

(1) 전문가의 연구 자료 탐구하기

1단계 자료 탐색 시 고등학교 수준에 맞는 학습을 위해 학생들에게 논문이나 학술지, 도서, 강의 등 전문가의 연구 자료를 찾고, 이를 바탕으로 필요한 내용을 추출하여 발표 자료를 작성하게 하였다. 논문이나 학술지를 처음 읽어 본 학생이 대부분이었는데, 어려운 내용이었지만 이를 통해 학생들의 배움과 성장이 일어나는 것을 학생들의 성찰 기록을 통해 알 수 있었다. 이 활동으로 학생들은 문학에 대한 수준 높고 깊이 있는 해석을 경험하게 되었다. 학생들에게 학습지를 통해 안내한 자료 수집처는 다음과 같다.

- 작가 및 작품 관련 도서
- 문학관 방문
- 논문, 학술지 : DBpia 활용/ www.riss.kr 활용
- 동영상 : K-MOOC, TED, TV 다큐멘터리 및 작가 탐구 영상, Youtube
- 한국영상자료원 https://www.koreafilm.or.kr/main (교과서 122쪽 참고)
- 한국문학관협회 http://www.munhakwan.com/index.html (교과서 34쪽 참고) 등

(2) 단계별로 심화되는 학습 설계하기

본 수업은 '1단계 작가 탐구 및 질문 생성 → 2단계 작가 프레젠테이션 → 3단계 작가와의 대화'라는 단계별 접근을 통해 점진적으로 심화된 학습 경험을 제공하였다. 이러한 접근으로 학생들은 다양한 측면의 문학 감상을 반복하여 학습의 깊이와 폭이 동시에 확장되는 경험을 하게 하였다. 또한 작가와의 지속적인 대화로 문학 작품을 작가와 독자와 시대의 상호 관계 속에서 깊이 있게 이해하게 하였다. 문학을 과거의 작품이 아닌 현실에서 생동하는 창작물로 이해하며, 독자의 해석으로 새롭게 탄생할 수 있음을 경험하게 하였다.

• 단계별 심화되는 수업 설계 •

		작가 탐구		
1단계 [1-4 차시]	[과정]	〈개별활동〉 작가 선정 → 작가(작품)탐구 및 질문생성 → 프레젠테이션 자료 제작		
	[내용]	현대 문학 작가 한 명을 탐구한 후, 문학 감상 방법1)을 적용한 프레젠테이션 자료 구성하기 [탐구 1] 작가 맥락 - 작가의 삶 탐구 [탐구 2] 사회·문화적 배경 맥락 - 시대 상황의 특징 탐구 [탐구 3] 상호 텍스트성 맥락 - 관련 문학, 영화 등과 비교 탐구 [탐구 4] 독자 맥락 - 자신의 삶과 연관 지어 문학 감상		
	[작가와의 대화]	작가에게 던지는 개별 질문(대화) 세 가지 만들기		
		작가 프레젠테이션		
2단계 [5-10 차시]	[과정]	〈전체활동〉 시대 순으로 작가 프레젠테이션하기 프레젠테이션에 대한 자기평가·동료평가하기		
	[내용]	현대문학 작가에 대한 학생들의 프레젠테이션으로 현대문학의 흐름을 이해하고 감상을 나누며, 자기평가와 동료평가로 성찰 및 소통하기		
	[작가와의 대화]	작가에게 던지는 개별 질문 세 가지를 급우들과 공유하여 질문의 폭 넓히기		
		작가와의 대화		
3단계 [11-12 차시]	[과정]	〈모둠활동〉 동시대 작가들과 대화 → 〈개별활동〉 내가 탐구한 작가와 대화		
	[내용]	〈모둠활동〉 동시대 작가에 대해 소통한 후 작가와의 가상 대화 생성 〈개별활동〉 문학 감상 방법을 적용한 최종 질문을 만든 후 작가의 대답 생성		
	[작가와의 대화]	동시대 작가들과의 대화	모둠 공통 질문	1. 자신의 대답 2. 모둠의 대답 3. 인공지능의 대답
		내가 탐구한 작가와의 대화	나의 최종 질문	1. 작가의 특징을 고려한 대답 2. 사회·문화적 배경을 고려한 대답 3. 작품 맥락(작가의 작품 경향)의 대답 4. 나만의 질문에 대한 대답

(3) 2022 개정 교육과정의 깊이 있는 학습 요소를 교과에 적용하기

문학을 역사, 학생의 삶과 연결하여 감상하도록 하였다. 작가와 작품을 탐구하면서 해당 시대의 사회·문화적 배경을 분석하고(문학과 역사의 통합), 학생들이 자신의 삶과 연결 지어 성찰하는 활동(삶과 연계된 학습)으로 문학 교육의 경계를 확장하고, 다양한 관점에서 문학을 이해할 수 있도록 사고의 폭을 넓혀 주었다. 작가나 작품에 대한 성찰과 자신의 학습에 대한 성찰(학습에 대한 성찰)이 지속적으로 이루어지게 하여 깊이 있는 학습이 이루어지도록 하였다.

특히 모든 학습지에 자신의 학습을 성찰하는 부분을 넣어서, 성찰을 통해 자신을 점검하고 더 나은 학습을 만들어 나가도록 배려하였다. 또한 자기평가와 동료평가를 통해 자신의 학습 과정을 되돌아보고 개선할 수 있도록 하였다.

• 깊이 있는 학습 결과물 •

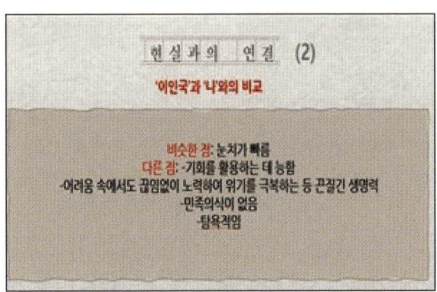

• 학습지에 남긴 학생의 학습에 대한 성찰 •

| 학생의 학습 성찰 | [모둠활동 - 동시대 작가들과의 대화]
▪ 인공지능이 다른 관점을 제시해 주어 다양한 관점으로 작가들과 작품들을 바라볼 수 있었다.(8반 김OO)
▪ 내가 생각한 답변과 인공지능의 답변이 비슷한 것을 보니 작가에 대해 잘 이해한 것 같다. 평소 좋아하던 작가여서 이해도가 높아 답변을 잘 생각해 낸 것 같다.(10반 권OO)
▪ 백석에 대한 내용만 조사했었는데 동시대의 다른 작가와 비교해 보고 다른 작가에 대한 내용을 들으니까 이 시대의 작가들에 대해 더 자세히 알게 되었고 서로 의논하면서 활동지를 작성하니까 더 작가에 대해 생각할 수 있었다.(10반 이OO)
[개별활동 - 내가 탐구한 작가와의 대화]
▪ 이번 활동을 통해 윤동주의 작품과 그의 삶에 대해 깊이 생각해 보는 기회를 가졌다. 윤동주의 시를 심리학적 관점에서 해석하고 그와 가상 대화를 통해 그의 내면과 시대 상황을 이해하는 과정에서 자아 성찰의 중요성, 사회적 메시지의 전달, 역경 속에서의 희망, 다양한 관점에서의 해석 등 몇 가지 중요한 깨달음을 얻었다. **앞으로도 다양한 작품과 주제에 대해 심층적으로 탐구하고 성찰하는 습관을 계속 이어나가야겠다고 다짐하게 되었다.**(6반 방OO)
▪ 정희성 시인의 인생과 현재 나의 인생을 비교하는 계기가 되었다. **정희성 시인은 인생의 의미를 타자와의 조화라고 생각하고 내가 생각하는 인생의 의미는 그냥 행복인데, 행복한 삶을 이어나가기 위해서는 무엇을 해야할지 생각하는 계기가 되었고,** 무작정 나의 행복과 만족만 추구하지 말고 타인과의 조화로 맺어가는 행복이 더 나은 나를 만들 수 있겠다는 생각을 하였다.(7반 이OO)
▪ 이 활동을 통해 작가 **이상은 자신의 작품을 통해 자기 내면을 들여다 보기 원했던 것처럼, 변화와 지속이 넘쳐나는 현대사회 속에서 더욱 나의 진정한 감정과 생각을 놓치지 말아야겠다고 생각**했다. 그리고 항상 안 좋게만 생각했던 불안, 고독이라는 감정들을 피하려기기 보다는 이해하고 받아들이며, 나로서 살아가는 방법을 찾아야겠다는 생각이 들었다. 이러한 성찰을 통해 끊임없이 나 자신을 발전시키고 나의 길을 찾으며 그 과정 속에서 많은 것을 배울 것이다.(7반 김OO) |

6. 연구 결과 : 데이터와 학생들의 반응으로 제시하기

가. 유의도 검증(P값 제시)을 통한 수업 효과의 과학적 신뢰성 제고

본 수업의 효과를 명확하게 보여 주는 데이터를 제시하여 수업의 효과성에 대한 설득력을 높였다. 연구대회 출품 시 설문조사를 통한 양적 검사를 실시하는데, 결과 분석에서 사전과 사후의 평균값의 변화 정도를 보여 주는 경우가 대부분이다. 하지만 본 연구에서는 대응 표본 t-검증을 실행하였고, 실행 후 학생들의 미래 역량과 문학 자신감에서 유의도 $p<0.01$이 나왔다. 유의도 검증을 통해 본 수업이 통계적으로 유의미한 효과가 있음을 증명하였으며, 이를 통해 연구의 과학적 신뢰성을 확보하였다.

• 양적 검사 결과 분석: 사전 및 사후 검사 비교 •

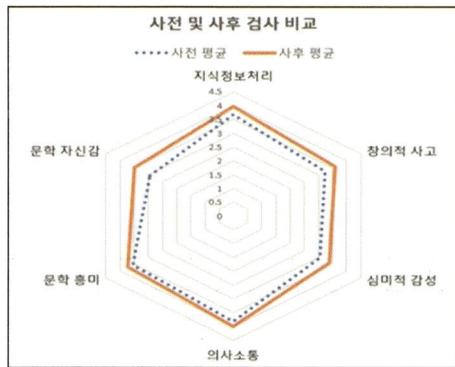

검사 결과 문학에 대한 흥미를 제외한 모든 항목에서 p값이 0.01보다 작으므로 통계적으로 유의미한 결과가 나왔다. 따라서 **작가와의 대화 수업이 미래 핵심 역량을 신장하고 문학 자신감을 상승시키는 효과가 있다.** 문학 흥미의 경우는 통계적으로 유의미하지 않으나 평균이 향상되었으므로 긍정적인 영향을 준 것으로 볼 수 있다. 또한 문학 흥미의 경우, 심미적 감성 역량의 문항 내용 15~17번과 매우 관계가 깊기 때문에 어느 정도 의미가 있다고 볼 수 있다.

특히 평균이 가장 상승한 항목은 문학에 대한 자신감으로, **작가와의 대화 수업이 문학 감상에 대한 자신감을 매우 높였음**을 보여주고 있다.

나. 질적 검사 결과 분석을 통한 수업의 효과 전달

보고서에 학생들의 수업 후 자유기술식 반응을 구체적으로 제시하여 수업의 효과에 대한 학생들의 실제 경험과 수업의 깊이를 생생하게 표현할 수 있었다. 학생의 자유기술식 반응을 다음과 같이 담았다.

• 질적 검사 결과 분석: 자유기술식 반응 •

학생들의 자유기술식 반응
"수업을 해 나가면서 문학 작품들을 배우는데 단순히 작품 자체만을 배우는 것 뿐만 아니라 작품을 통해서 얻을수 있는 작가의 생각, 드러나는 사상과 성격, 삶 등을 알아가는 느낌이라 재밌게 들었습니다. 또한 그 작품만 배우는 게 아니라 형식이 유사하거나 드러나는 정서나 경향이 비슷한 작품까지 배울 수 있어서 문학적 감수성의 폭을 넓힐 수 있는 수업이었던 거 같습니다. 한 학기 동안 수고하셨습니다!"
"내가 알지 못했던 문학 작품에 대해 알 수 있었고, 알고 있던 문학 작품의 대해서도 더욱 깊이 있는 수업을 들을 수 있어서 유익했다."
"여러 작품들을 배우고 감상하며 작품을 해석하는 법을 배울 수 있었다."
"시대마다 사람들의 삶의 모습과 생각을 시와 소설을 통해 분석하고 섬세하게 감상할 수 있었다. 나의 생각과 작가들의 생각을 비교할 수 있어 나를 다시 관찰할 수도 있고 깊이 생각하는 기회를 가질 수도 있어서 의미 있었다."
"다양한 문학 작품을 배울 수 있어서 좋았다. 문학의 갈래와 역사도 배울 수 있어 도움이 되는 시간이었다. 작가 프레젠테이션 활동을 통해 발표 능력도 기를 수 있어 나를 성장시킬 수 있는 수업이었다."
"한 학기 수업을 하면서 원래는 문학을 별로 좋아하지 않았고 아는 작품들도 별로 없었는데, 1학기동안 배우고 ppt를 만들고 발표한 거 들으면서 내가 아는 작품의 범위가 넓어지고도 좋아하는 문학 작품도 생기고 좋았다."

7. 수업 일지 작성하기

수업 일지에 정해진 형식은 없다. 서식은 자유이되 수업 개선 실천 노력이나 성찰이 드러나면 된다고 되어 있다. 본 보고서에서는 다음과 같이 성찰과 노력을 담은 수업 일지를 작성하였다.

• 1단계 작가 탐구의 수업 일지 •

수업 단계	학생 반응	교사의 도움 및 성찰
1단계 작가 탐구	■ 탐구 자료로 논문을 읽으니 모르는 단어가 많아서 내용을 파악하는데 애를 많이 먹었습니다. 하지만 읽으면서 어휘력이 높아진 것 같아요. ■ 작가에게 질문을 하면서 작품 및 작가에 대해 곱씹어보게 되네요. ■ 질문을 만들어 보니 실제로 작가와 인터뷰하는 것 같아서 실감이 났습니다. ⇒ 논문 자료를 처음 찾아보는 학생이 대다수이고, 적합한 자료 찾기부터 내용 이해하기까지 어려움을 겪는 학생이 많았다.	**도움** ■ **학생에 대한 심적인 지원**: 자료를 찾는 데 어려움을 겪는 학생들에게 '알맞은 자료 하나를 찾는 데 한 시간을 투자해도 아깝지 않다'고 알려 줘서 학생들이 여유를 갖고 필요한 자료를 찾을 수 있도록 도왔다. ■ **자료 찾는 방법 안내**: 자료를 검색할 수 있는 다양한 사이트와 인공지능을 활용하는 법 등을 통해 자료를 쉽게 찾을 수 있는 방법을 익힐 수 있도록 하였다. ■ **개별 코칭**: 계속 돌아다니면서 소통하고, 학생들의 질문을 듣고, 필요한 부분을 도와주는 것을 이 수업에서 나의 역할이었다. **성찰** ■ 어려운 활동이지만 어려운 것을 해내면서 학생들이 성장하는 것을 느낀다. 작가에게 질문을 만들면서 더 깊게 감상하게 된다는 반응이 인상깊다. 앞으로도 깊이 있는 수업, 자신의 삶과 연관시킬 수 있는 수업에 힘써야겠다. ■ 학생들이 스스로 활동하고 직접 경험하면서 느끼는 것이 많다는 것을 확인할 수 있었고, 교육적 효과에 대해 다시 생각해 보는 계기가 되었다. **교사의 일방적인 가르침이 아니라 학생들이 경험을 통해 성장할 수 있도록 직접적인 경험의 기회를 제공하는 수업을 지속해야겠다**는 확신을 갖게 된 수업 활동이었다.

8. AI 및 에듀테크 활용

가. 생성형 AI 활용하기

(1) AI의 구체적인 활용 사례

① ChatGPT를 활용한 보고서용 아이콘 생성

- 1단계 : '대화하는 모습의 아이콘을 만들어 줘', '탐구와 관계된 아이콘을 만들어 줘' 등 보고서에 필요한 아이콘을 만들어 달라고 질문을 올린다.
- 2단계 : ChatGPT가 처음에 만든 아이콘은 대부분 마음에 들지 않는다. 그러므로 마음에 드는 아이콘이 생성될 때까지 계속 수정 사항을 요청한다. 예를 들면 [감성]의 경우 '가운데 하트를 넣어 줘'라는 식으로 요청하면 된다.

이러한 방식으로 만든 아이콘은 다음과 같다.

• ChatGPT로 만든 아이콘 •

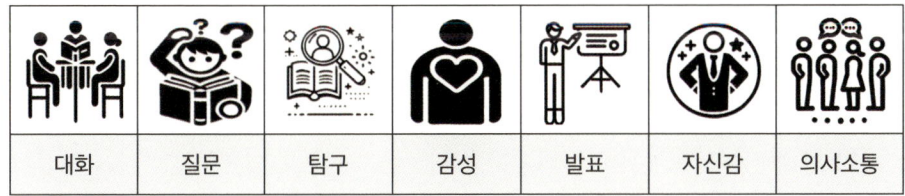

| 대화 | 질문 | 탐구 | 감성 | 발표 | 자신감 | 의사소통 |

② 작가 탐구를 할 때 뤼튼, ChatGPT 등 인공지능 활용
③ 작가와의 대화에서 대답을 만들 때 뤼튼, ChatGPT 등 인공지능 활용

학생들은 탐구 과정에서 생성형 AI를 활용하여 시대적 맥락이나 작가의 작품 세계에 대해 조사하고 재구성할 수 있었다. 이를 통해 자신이 생각하지 못했던 부분에 대한 통찰을 얻거나 자신의 질문을 구체화하는 등 도움을 받을 수 있었다. 이는 학생들이 다양하고 창의적인 문학 감상 활동을 하는 데 도움을 주었다.

• 수업 중 인공지능 활용 •

3단계 작가와의 대화			
동시대 작가들과의 대화	모둠 공통 질문	시대별로 모둠을 만들어 동시대 작가들에게 공통의 질문을 하고 모둠 공통의 대답 생성	1. 자신의 대답 2. 모둠의 대답 3. 인공지능의 대답
내가 탐구한 작가와의 심층 대화	나의 최종 질문	문학 감상 방법을 적용하여 내가 탐구한 작가와의 최종 대화 생성 (1~3의 대답 작성 시 인공지능 활용 가능)	1. 작가의 특징을 고려한 대답 2. 사회·문화적 배경을 고려한 대답 3. 작품 맥락(작가의 작품 경향)의 대답 4. 질문에 대한 나만의 대답

(2) AI 활용 시 유의점

① 정보의 정확성 검증

AI가 제공하는 정보는 잘못된 경우가 있다. 따라서 정보의 정확성을 반드시 따져 봐야 한다. 학생들이 실제로 '작가 한용운'에 대해 질문했는데, 한용운이 살았던 시대를 잘못 제공하는 것을 경험하였다. 따라서 학생들이 정보의 정확성과 신뢰성을 검토하고, AI가 제공하는 정보를 비판적으로 받아들일 수 있도록 지도해야 한다.

② 학생의 창의성 저하 방지

AI가 방대한 지식을 바탕으로 다양하고 세련된 문장으로 답을 제공한다는 장점이 오히려 학생들에게 독이 될 수 있다. 학생들이 AI에 지나치게 의존함으로써 오히려 창의성을 저하시킬 수 있기 때문이다. 따라서 본 연구에서는 초반의 작가 탐구나 질문 만들기에서는 AI 활용을 장려하지 않았다. 특히 질문의 경우 자신이 진짜 궁금한 것을 직접 만들도록 하였고, 질문의 수준은 전혀 고려하지 않았다. 본격적인 AI 활용은 수업 맨 마지막 2차시 정도로 한정하여 사용해 보게 함으로써 학생 스스로의 고민과 노력이 우선되도록 수업을 구안하였다. 따라서 AI는 도구로서 활용하되 학생 스스로 질문하고 답을 찾아가는 과정이 중심이 되어야 한다.

③ AI 활용의 정직성

학생들이 AI를 활용하여 과제를 수행하고서 마치 자기가 혼자서 한 것인 양 과제를 제출할 수 있다. 그런 일이 발생하지 않도록 학생들에게 교육할 필요가 있다. AI를 활용한 협력적 학습은 가능하고 유익하다. AI가 제공하는 정보를 바탕으로 자신의 생각을 발전시키고, 이를 모둠원과 나누면서 창의적 문제해결력이 향상될 수 있다. 따라서 AI는 자료 제공의 도구로서 활용하되, 자신의 질문과 대답 등 제출하는 결과물은 자신의 사고를 바탕으로 직접 작성하도록 한다. AI가 제공한 내용을 그대로 자기 것인 양 제출하지 않도록 해야 한다.

나. 패들렛 활용으로 집단지성 높이기

모둠별로 만든 작가에게 하는 질문을 패들렛에 올리게 하여 학급의 학생들이 모든 질문을 패들렛에서 확인할 수 있게 하였다. 질문 공유를 통해 자신의 질문을 성찰하고,

질문의 수준을 높이는 데 도움을 받을 수 있게 했다.

다. 학생들이 만든 질문 등 결과물은 구글 시트로 수집하기

학생들에게 구글 시트 URL 또는 QR코드를 주고 자신이 만든 질문 등 결과물을 올리게 하면 나중에 보고서를 쓸 때 교사가 직접 입력하지 않아도 된다. 자료 수집에 용이하다.

9. 수업의 일반화 및 확장

이 수업이 다른 수업에도 널리 적용될 수 있는가가 일반화의 포인트이다. 본 수업을 일반화 및 확장하기 위해 다른 과목에의 적용 가능성을 검토하고 적용의 예를 제시하면 좋다. '작가와의 대화' 수업은 문학에만 국한하지 않고 인문학 및 자연과학 등 타 교과에도 널리 적용 가능하도록 설계하였다. 학생들의 사고력과 자기주도적 학습 능력을 키울 수 있는 '인물과의 대화식 수업'은 본 연구의 강점이다. 실제 보고서에는 구체적인 일반화 수업 모형을 제시하지는 못했지만, 다음과 같이 보고서에 제시하였으면 좋았을 것이라 생각하여 타 교과 수업 적용 모형을 제시한다.

가. 사회과 수업의 적용

'사회학자와의 대화' 수업에서 뒤르켐, 베버 등의 사회학자에 대해 탐구하고, 이 학자의 이론을 바탕으로 현대사회의 문제에 대해 가상 대화를 통해 해결 방안을 모색하는 수업을 할 수 있다.

- 1단계 : 자신이 탐구하고 싶은 사회문제를 정한다.
- 2단계 : 이 사회문제와 가장 관련 깊은 학자를 선정해 탐구한다.
- 3단계 : 학자의 이론을 바탕으로 사회학자와의 가상 대화를 통해 현대사회의 문제에 대한 해결 방안을 제시한다.

나. 과학과 수업의 적용

'과학자와의 대화' 수업에서 아인슈타인, 뉴턴 등의 과학자에 대해 탐구하고, 이 학자가 발견한 과학적 이론과 탐구 과정을 바탕으로 자신이 궁금해 하는 과학적 현상을 탐구하고, 과학적 원리를 적용한 문제해결 방안을 제시하는 수업을 할 수 있다.

- 1단계 : 자신이 탐구하고 싶은 과학 현상을 정한다.
- 2단계 : 이 과학 현상과 가장 관련 깊은 학자를 정해 탐구한다.
- 3단계 : 학자의 이론을 바탕으로 가상 대화를 통해 과학 현상에 대하여 과학적 원리를 적용한 해결 방안을 제시한다.

다. 역사과 수업의 적용

'역사적 인물과의 대화' 수업에서 역사적 사건의 중심인물이나 역사가에 대해 탐구하고, 이 인물을 중심으로 한 역사적 사건의 의미에 대한 깊이 있는 해석이나 현실의 중요 이슈에 대한 이해와 문제해결에 적용할 수 있다.

- 1단계 : 자신이 탐구하고 싶은 역사적 사건 또는 현실의 사건을 정한다.
- 2단계 : 이 사건과 가장 관련 깊은 역사적 인물이나 역사가를 정해 탐구한다.
- 3단계 : 역사적 인물 또는 역사가와의 가상 대화를 통해 사건의 의미를 탐구하고, 현대 문제 해결에 적용(또는 과거 사건이 가지는 시사점을 제시)한다.

본 보고서에서는 요약서 및 결론(제언 2번)에 일반화 가능성을 제시하였다.

• 결론(제언 2번)에 실은 일반화 가능성 •

1	본 수업은 문학 수업의 교육과정 성취기준을 충실하게 반영하고, 학생 주도형 수업 및 과정중심평가 방법으로 이루어지므로 **2015 및 2022 개정 교육과정에서 중시하는 수업 및 평가가 현장에 적용된 수업**이다.
2	'작가와의 대화'는 다른 교과에 널리 적용될 수 있는 수업 방식이다. 이 수업은 **수학자와의 대화, 사회학자와의 대화, 과학자와의 대화, 역사적 인물과의 대화 등 다양한 교과에서 실천할 수 있다**. 해당 교과의 중요 인물을 탐구하고, 프레젠테이션하고, 대화함으로써 깊이 있는 학습이 가능하므로 국어 교과 이외의 다른 교과에도 적용할 것을 권한다.
3	실제 대화 형식으로 '작가와의 대화'를 실천해 보는 것을 제안한다. 본 수업에서 이루어진 '작가와의 대화'는 글로써 표현된 대화이다. 하지만 **학생에게 자신이 탐구한 작가의 역할을 주고, 직접 대화하는 형태로 수업을 진행**하면 생동감 넘치고, 다양한 질문과 대답이 이루어질 것으로 기대된다. 따라서 이를 **후속 연구 과제**로 제시한다.

◆ 전국 1등급이 본 1등급 POINT

POINT 1. 연구의 필요성에 따른 탄탄한 이론적 배경 제시

이 연구는 문학 작품을 이해하는 데 어려움을 느끼거나, 감상보다는 교사의 해석에 의존하려는 학생들의 수업 태도를 개선할 필요성에서 출발하였다. 특히, 2022 개정 교육과정을 기반으로 제시한 3가지 연구 목적은 '작가와의 대화 수업'의 정체성을 명확히 드러내는 역할을 한다. 또한, 연구의 신뢰성과 가치를 높이기 위해 주요 용어를 정의하고, 프레이리의 문제 제기식 교육과 조나센의 구성주의 학습 이론을 바탕으로 수업 설계의 이론적 배경을 제시하였다.

POINT 2. 연구과제 실행의 명확화

3가지 실천 과제를 제시하였으며, '수업 실행' 부분에서는 각 과제별 실천 내용을 ①수업 흐름 → ②교육과정 재구성 → ③수업 활동 → ④과정중심평가 및 기록 → ⑤학습 자료 및 학생 활동 결과물 → ⑥학생과 교사의 성찰 순으로 일관성 있게 정리하였다. 이를 통해 수업이 어떻게 설계되고 진행되었는지, 수업 후 어떤 결과물이 도출되었는지, 그리고 이를 과정평가에 어떻게 반영하는지를 명확하게 제시하였다.

POINT 3. 학생 실태조사 및 결과 분석의 신뢰성 확보

학생 실태조사를 위한 설문은 '2020 KEDI 학생 역량 조사 연구'를 기반으로 미래 역량과 문학 태도 영역으로 구분하여 문항을 구성함으로써 설문의 신뢰성을 확보하였다. 또한, 결과를 육각 방사형 그래프로 시각화하여 학습자의 영역별 역량을 비교하고, 특정 영역에 대한 편중 정도를 한눈에 파악할 수 있도록 정리하였다.

사후 검사 결과 분석에서는 사전·사후 설문값을 t-검정으로 분석하고, p-value를 유의수준과 비교하여 두 그룹 간 차이가 통계적으로 의미가 있는지 검토하였다. 이를 통해 연구 결과의 신뢰도를 높였으며, 사전·사후 검사 결과를 육각 방사형 그래프로 함께 제시함으로써 영역별 역량 성장 정도를 직관적으로 확인할 수 있도록 하였다.

• 학생 실태조사 및 분석 •

	설문 문항		결과 그래프
미래 역량	지식정보처리 역량 (1~9번 문항)	3.672	사전 검사 평균
	창의적 사고 역량 (10~14번 문항)	3.225	
	심미적 감성 역량 (15~18번 문항)	3.048	
	의사소통 역량 (19~25번 문항)	3.818	
문학 태도	문학에 대한 흥미 (26번 문항)	3.552	
	문학에 대한 자신감 (27번 문항)	2.933	

◈ 연구 소감

1. 연구대회가 교사에게 남긴 것

• 다른 사람의 수업을 유심히 보게 되었다.

• 연구대회에 입상한 수업 모형 등 다양한 자료를 찾아보고, 교육 관계 논문과 서적

등을 두루 읽게 되었다.
- 나의 수업을 성찰하고 좋은 수업을 위해 고민하게 되었다. 아니, 고민은 늘 있었지만 연구대회에 나가면서 더 나은 수업을 위해 전보다 훨씬 더 많은 시간을 투자하게 되었다.
- 새로운 수업 방식에 도전하게 되었다.

결국… 나의 수업이 더 나아졌다.
"선생님의 수업이 재미있어요. 좋았어요."
"선생님의 수업을 통해 성장했어요. 문학을 깊게 이해하게 되었어요. 깊게 생각하는 기회를 가졌어요."
가장 큰 수확은 이런 피드백을 많이 받게 되었다는 것이고, 그래서 교사로서의 자신감이 높아졌다는 것이다.

2. 연구대회가 학생들에게 남긴 것

필자에게 배우는 학생들이 더 나은 수업을 듣게 되었다. 문학에 대한 흥미와 자신감이 높아졌고, 문학을 깊이 있게 감상할 수 있는 능력을 키우게 되었다. 더불어 학생들의 지식정보처리 역량, 창의적 사고력, 심미적 감성 역량, 협력적 소통 능력 등 미래 핵심역량이 유의미하게 성장하였다.

3. MME(Media literacy-Maker education-Edu Tech) 수업으로 자기주도성 및 미래 핵심역량 함양

선생님 소개

성명(활동명)	김광현		
학교급	고등학교	교과	기술
수업 철학	탐구활동 중심의 공학적 문제해결과 메이커교육을 통한 기술적 사고력 및 기술적 소양을 함양한다.		

활동 이력

- 2024 전국 수업혁신사례연구대회 1등급
- 2024 수업-평가연구대회 1등급
- 2024 한국과학창의재단 과학기술 분야 진로 컨설턴트

2024 수업혁신사례연구대회 도전 계기

학생들이 수업에 더욱 적극적으로 참여할 수 있도록 활동 중심 수업을 만들어 보고 싶었다. 그러나 수업 시간에 집중하지 못하거나 조는 학생들을 볼 때마다 어떻게 하면 흥미롭고 효과적인 수업을 할 수 있을지 고민만 많았다. 그러던 중 연구대회에 참여했던 한 선생님의 권유를 받았고, 이를 계기로 수업을 변화시켜 보고 싶다는 의지가 생겼다. 그렇게 자의 반, 타의 반으로 수업혁신사례연구대회에 도전하게 되었다.

수업혁신사례연구대회를 준비하는 교사들에게 한마디!

교사의 수고는 수업에서 드러난다. 새로운 수업을 고민하고, 더 나은 배움을 위한 연구 과정이 결코 쉽지는 않겠지만, 그 노력은 의미 있는 변화로 이어진다. 학생들의 성장과 배움에 대한 열정으로 도전하는 교사의 노력이 더 많은 교실로 확산할 수 있었다. 어떤 결과보다도, 교사가 만들어 가는 과정 그 자체가 혁신이며, 수업의 변화를 위한 큰 발걸음이다. 고민할 시간이 넉넉하지 않겠지만 끝까지 힘내시고, 멋진 연구로 성장하는 기회가 되길 응원한다.

◆ 연구 주제의 선정 이유

연구 주제는 연구보고서의 첫인상을 결정짓는 핵심 요소이다. 주제 선정은 단순히 연구보고서의 제목을 정하는 것이 아니라 연구의 필요성과 목적을 연구자의 관점에서 나타내는 과정이다. 특히, 수업혁신사례연구대회의 주제는 대회의 취지와 목적에 부합해야 한다. 연구 주제를 선정하는 과정에서의 고민과 경험이 도움이 될지도 모른다는 생각에, 부끄럽지만 그 뒷이야기를 말해 보고자 한다.

바쁜 업무 속에서도 교사의 본분은 수업 연구라고 생각했다. 변화하는 기술 트렌드에 맞춰 수업 자료를 꾸준히 업데이트했다. 교사의 노력이 담긴 학습 자료에 학생들이 흥미를 느끼고 수업에 몰입하길 바랐다. 부여된 과제를 수행하기 위해 학생들은 토론하고 아이디어를 나누며 창의적으로 해결하길 기대했다. 하지만 현실은 그렇지 못했다. 교사의 설명이 길어질수록 학생들은 졸기 시작했다. 수업 내용을 이해하지 못했기에 제시된 과제는 일부 학생들만의 몫이었다. 학생의 학습 태도를 탓하며 수업을 이어 갔다. 엎드린 학생과 함께하는 수업은 교사에게도, 학생에게도 힘든 시간이었다. 결국, 변화가 필요한 것은 학생들이 아니라 교사인 나 자신이라는 사실을 인정하기까지 꽤 오랜 시간이 걸렸다. 그러던 중, 지난해 교감 선생님의 권유로 수업-평가 연구대회에 참가하면서 내 수업을 돌아보게 되었다. 필요성을 느낄 때 고민하고, 행동으로 연결된다. 그때부터 강의 중심의 수업 방식에서 벗어나 학생 중심의 탐구활동으로 수업을 바꾸기 시작했다. 그 결과물이 바로 'MME 수업으로 자기주도성 및 미래 핵심역량 함양'이라는 연구보고서이다.

연구 목적에 부합하면서도 매력적인 주제명을 정하는 것은 매우 중요하다. 감각적이면서도 강렬한 네이밍이 필요한 이유이기도 하다. 한동안 연구 주제를 어떻게 도출할지, 그리고 어떤 주제명을 붙일지 고민했다. 그 과정에서 얻은 경험을 바탕으로 연구 주제를 선정하는 방법을 공유하고자 한다.

• 연구보고서 표지의 주제 •

주제 : **MME 수업으로 자기주도성 및 미래 핵심역량 함양**
(**M**edia literacy-**M**aker education-**E**duTech)

> **Tip**
> 연구보고서의 첫 페이지는 정해진 양식이 있다. 빈칸을 그냥 채워도 되지만 주제의 핵심 키워드(MME 수업 모형)를 시각적으로 표현하면, 주제를 보다 효과적으로 전달할 수 있다.

1. 연구 주제의 선정 방법

가. 문제의식 탐색

연구 주제는 교사의 문제의식에서 시작해야 한다. 수업을 하면서 학생들이 학습 과정에서 겪는 어려움이나 개선하고 싶은 점을 찾는 것이 핵심이다. 학생들과의 대화, 수업 중 관찰 및 학생들의 참여도나 성취도에서 문제점을 발견할 수 있다.

> **Tip**
> "무엇을 바꾸고 싶은가?"라는 질문을 스스로에게 던지며 문제의식을 명확히 정리한다.

나. 학생 성장 중심의 주제 설정

연구는 교사의 수업 방식 개선뿐만 아니라 학생의 성장에 초점을 맞춰야 한다. "학생들이 배움의 주체가 되도록 하는 수업, 학생의 참여를 높일 수 있는 활동 중심의 수업 또는 핵심역량을 향상시킬 수 있는 수업은 어떻게 해야 할까?" 등을 고민해야 한다.

> **Tip**
> 연구 주제는 "학생들이 배움 속에서 어떻게 성장할 것인가?"에 대한 답을 제시해야 한다.

다. 실천 가능성과 확장성

연구는 이론에만 머물지 않고 실제 교실에서 실천할 수 있어야 한다. 다른 교사도 적용할 수 있도록 활동 결과와 성찰 과정을 정리하여 일반화 모델을 제시한다.

> **Tip**
> "내 연구가 다른 교실에서도 적용될 수 있을까?"라는 질문을 스스로 던져 본다.

연구 주제는 '실제 수업 혁신 경험'에서 출발해야 한다. 수업혁신사례연구대회의 핵심은 이론이 아니라 실제 수업에서 이루어진 혁신 사례를 공유하는 것이기에 작은 시도라도 실행한 경험이 있거나 실행할 계획이 있는 주제를 선택하면 더욱 좋은 연구로 이어질 수 있으며, 그에 적합한 주제도 선정할 수 있다.

◆ 연구 내용 소개

MME 수업으로 자기주도성 및 미래 핵심역량 함양
(Media literacy-Maker education-EduTech)

1. 연구의 필요성 및 목적

수업개선 고민!
- 교과에서 습득한 지식을 실제 상황에서 필요한 능력으로 전이할 수 있는 수업은?
- 수업을 통해 스스로 미래 역량을 함양시킬 수 있는 수업은?
- 협업하면서 문제를 해결하고, 공유할 수 있는 수업은?
- 학생이 학습의 과정과 결과를 성찰하고 능동적으로 평가할 수 있는 수업은?

2. 연구 개요 및 과제 설정

1학년! 과제설정!
- 연구 대상: 1학년 8개반 247명(남 123명, 여 124명)
- 연구 기간: 2024.03.~2025.02.
- 핵심 아이디어 기반의 교육과정 재구성 및 수업모형 개발하기
- 핵심질문 탐구 MME 수업안 개발 및 적용하기
- 에듀테크 활용 핵심질문 피드백 포트폴리오 구성하기

3. 연구의 실행 및 결과

실천과제 실행!

핵심 아이디어 기반 교육과정 재구성 및 수업모형 개발	핵심질문 탐구 MME 수업안 개발 및 적용	에듀테크 활용 핵심질문 피드백 포트폴리오 구성
■ 핵심질문 도출 교육과정 재구성 ■ 핵심질문 탐구 MME수업모형 개발	■ MME1. 창의공학설계 프로젝트 창의공학설계를 사용하여 실생활 문제를 탐색 및 구조화하여 조건에 맞는 스타게티 구조물 제작하기 ■ MME2. 지식재산권 프로젝트 지식재산권에 대한 탐구 및 협력학습을 통한 지식으로 캐릭터 만들기, 창업아이템 제작, 디자인 특허출원 및 크라우드펀딩으로 창업 체험하기	■ 에듀테크를 활용하여 활동 결과 공유 및 **핵심질문 피드백** 활동으로 포트폴리오를 구성함. -1학기에는 탐구활동별로 패들렛을 제공하여 공유하였으나, 2학기에는 한 개의 패들렛으로 공유, 정리함.

실천과제 실행결과!
- MME수업으로 수업흥미(0.85↑), 수업참여(0.52↑), 미래역량(1.11↑), 포트폴리오(1.54↑), 수업기대(0.64↑)가 사전설문 대비 현저히 향상됨.
- *설문조사: 사전(3월) 및 사후(7월) 동일문항으로 2회 실시.(리커트척도 5점, 4개반 표집)

수업흥미	수업참여	미래 핵심역량	포트폴리오	수업기대
3.82 / 4.47	3.96 / 4.48	3.38 / 4.48	2.73 / 4.26	3.79 / 4.43

4. 결론

1. 창의적 사고 / 협력적 소통 / 지식정보처리 → **미래 핵심역량 신장**
2. 자기주도성 / 문제해결능력 / 기술활용능력 → **자기주도적 태도 함양**
3. 학습성찰 / 능동적 평가 → **능동적 평가의 주체**

◆ 전국 1등급 POINT

연구보고서의 목차 순으로 각 영역의 핵심 내용과 구성 방식을 설명하겠다.

1. 연구의 시작

연구의 시작은 일반적으로 연구의 필요성, 연구의 목적 및 이론적 배경, 용어 설명 등으로 구성하며, 필요에 따라 가감할 수 있다.

① 연구보고서는 연구의 필요성을 제시하는 것으로 시작한다. 이 연구가 왜 필요한지, 왜 중요한지 객관적인 근거를 바탕으로 서술해야 한다. 본 연구에서는 다음과 같은 4가지 주요 질문을 설정하고, 이를 2015 및 2022 개정 교육과정에서 강조하는 핵심역량을 갖추기 위한 방법을 찾고자 연구를 진행하였다.

• 연구의 필요성 •

1. 연구의 필요성

인공지능이 일상화된 사회를 살아야 하는 미래 세대는 단편적인 지식과 기술을 이해하고 습득하는 수준에서 벗어나 학생의 삶에서 마주하는 문제를 창의적으로 해결하고, 디지털 환경에서 효과적으로 협업할 수 있는 지식, 기능 및 태도를 갖추어야 한다. 창의융합형 인재의 핵심역량을 갖추기 위한 수업은 어떻게 준비해야 할까? 에 대한 궁금증과 고민이 생긴다.

- ⓘ 교과에서 습득한 지식을 실제 상황에서 필요한 능력으로 전이할 수 있는 역량을 기르기 위한 수업은 어떻게 디자인해야 할까?
- ⓘ 학생 스스로 미래 역량을 함양시킬 수 있는 수업은 어떻게?
- ⓘ 디지털 도구를 효과적으로 사용하면서 협업하여 문제를 해결하고, 결과를 공유할 수 있는 수업은 어떻게?
- ⓘ 교사와 학생이 함께 학습의 과정과 결과를 피드백하며 성찰하고, 능동적으로 평가에 참여하는 수업은 어떻게?

이런 물음에 답하고자 2015 및 2022개정교육과정이 추구하는 인간상과 핵심역량을 기반으로 한 교육과정을 재구성하고, 적용할 수 있는 수업모형을 개발 및 적용하여 학생들의 미래 핵심역량 함양에 도움을 주고자 한다.

② 연구의 목적은 수업혁신사례연구대회의 취지에 부합해야 하며, 연구 실천 과제로 연결된다. 연구 목적은 빨간색 글자로 강조하여 제시하였고, 이를 달성하기 위한 실천 과제는 파란색 글자로 표시하여 무엇을 목표로 하고, 어떻게 실행할 것인지를 시각적으로도 쉽게 확인할 수 있도록 편집하였다.

• 연구의 목적 •

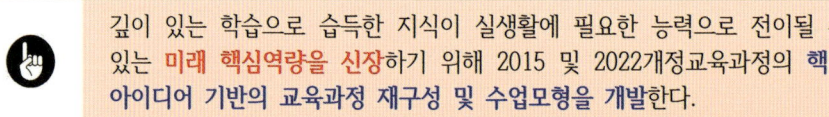

깊이 있는 학습으로 습득한 지식이 실생활에 필요한 능력으로 전이될 수 있는 **미래 핵심역량을 신장**하기 위해 2015 및 2022개정교육과정의 **핵심 아이디어 기반의 교육과정 재구성 및 수업모형을 개발**한다.

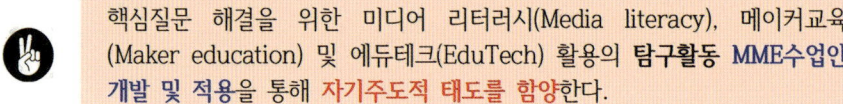

핵심질문 해결을 위한 미디어 리터러시(Media literacy), 메이커교육(Maker education) 및 에듀테크(EduTech) 활용의 **탐구활동 MME수업안 개발 및 적용을 통해** 자기주도적 태도를 함양한다.

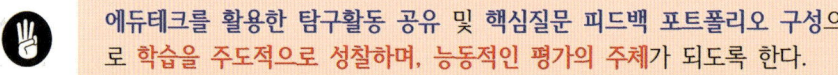

에듀테크를 활용한 탐구활동 공유 및 핵심질문 피드백 포트폴리오 구성으로 **학습을 주도적으로 성찰하며, 능동적인 평가의 주체**가 되도록 한다.

③ 이론적 배경은 연구보고서의 객관성을 확보하여 신뢰도를 높이는 중요한 부분이기에 연구와 관련된 이론적 근거를 제시해야 한다. 수업혁신사례연구대회의 심사 기준에서는 2015 및 2022 개정 교육과정을 기반으로 한 수업 혁신을 요구한다. 따라서 교육과정에서 해당 내용을 인용하는 것이 적절하다.

또한, 학습자 실태 분석은 설문조사를 통해 대상 학생의 특성과 교육 환경을 파악할 수 있다. 객관적인 근거를 확보하기 위해 학교교육계획서에 담긴 '학교 실태 SWOT 분석'을 인용하는 것도 효과적인 방법이다.

• 이론적 배경 •

[2022개정교육과정 구성 중점]
- 미래 사회의 불확실성에 능동적으로 대응할 수 있는 능력과 자신의 삶과 학습을 스스로 이끌어가는 **주도성을 함양**한다.
- 서로 존중하고 배려하며 협력하는 **공동체 의식을 함양**하며, **학습자 맞춤형 교육과정** 체제를 구축한다.
- **깊이 있는 학습**을 통해 역량을 함양할 수 있도록 **교과 간 연계와 통합, 학생의 삶과 연계된 학습, 학습에 대한 성찰** 등을 강화한다.
- 학생 참여형 수업을 활성화하고, **문제해결 및 사고의 과정을 중시하는 평가를 통한 학습의 질**을 높인다.

[2022개정교육과정의 추구하는 인간상과 핵심역량]

구분	2015개정 교육과정	2022개정교육과정[1]
추구하는 인간상	자주적인 사람 / 창의적인 사람 / 교양있는 사람 / 더불어 사는 사람	자기주도적인 사람 / 창의적인 사람 / 교양있는 사람 / 더불어 사는 사람
핵심역량	지식정보처리 역량, 심미적 감성 역량, 공동체 역량, 자기관리 역량, 창의적 사고 역량, 의사소통 역량	지식정보처리 역량, 심미적 감성 역량, 공동체 역량, 자기관리 역량, 창의적 사고 역량, 협력적 소통 역량

* 2025개정교육과정의 인간상과 핵심역량은 유사하나 추구하는 인간상에서 자주적인 사람이 '자기주도적인 사람'으로, 핵심역량에서 의사소통 역량이 '협력적 소통 역량'으로 변경됨.

• 학습자 실태 분석 설문 및 학교교육계획서의 학교 실태 SWOT 분석 1 •

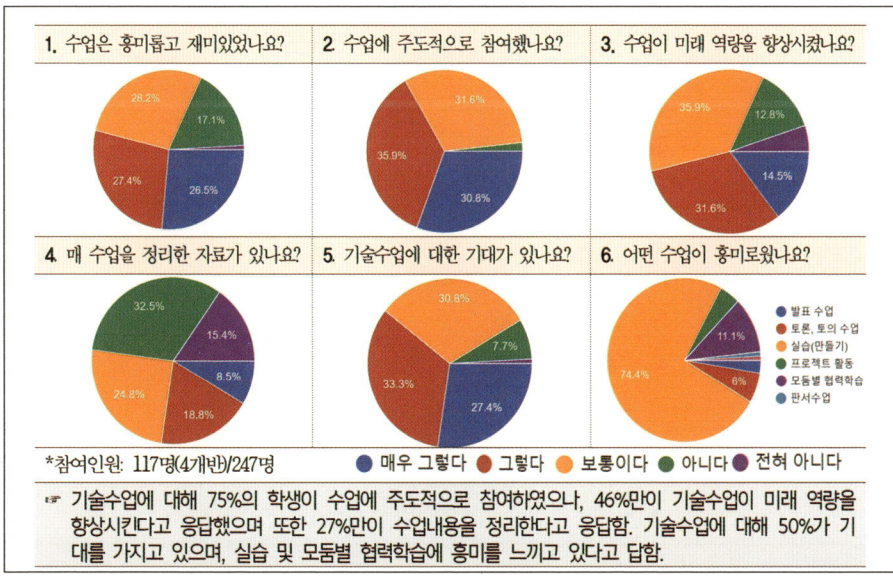

*참여인원: 117명(4개반)/247명 ● 매우 그렇다 ● 그렇다 ● 보통이다 ● 아니다 ● 전혀 아니다

☞ 기술수업에 대해 75%의 학생이 수업에 주도적으로 참여하였으나, 46%만이 기술수업이 미래 역량을 향상시킨다고 응답했으며 또한 27%만이 수업내용을 정리한다고 응답함. 기술수업에 대해 50%가 기대를 가지고 있으며, 실습 및 모둠별 협력학습에 흥미를 느끼고 있다고 답함.

• 학습자 실태 분석 설문 및 학교교육계획서의 학교 실태 SWOT 분석 2 •

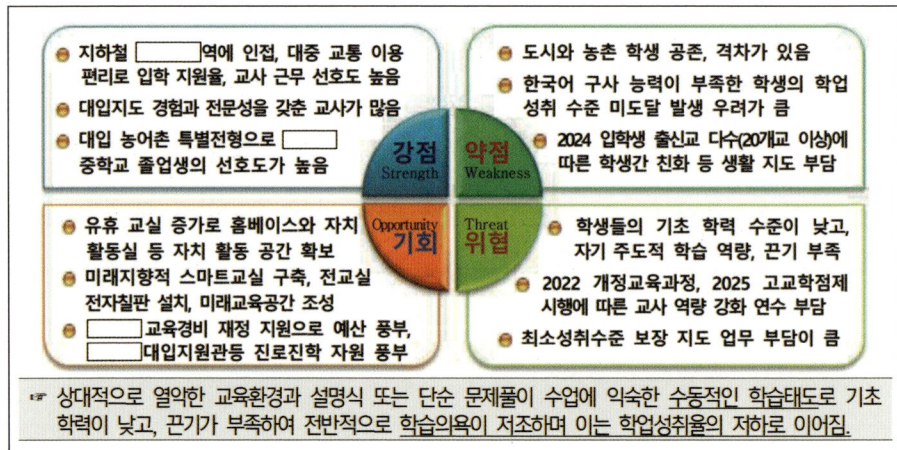

> 상대적으로 열악한 교육환경과 설명식 또는 단순 문제풀이 수업에 익숙한 수동적인 학습태도로 기초 학력이 낮고, 끈기가 부족하여 전반적으로 학습의욕이 저조하며 이는 학업성취율의 저하로 이어짐.

Tip
학교교육계획서 사용 시 학교명, 지역명 등이 있는지 주의해야 한다.

2. 연구의 준비

연구의 준비는 연구 개요, 연구과제 설정, 교사의 수업 전문성 강화 등으로 구성하며, 일반화와 확장을 위한 연구회 활동 등의 내용도 추가할 수 있다.

① 연구 개요는 연구 대상과 연구 기간 및 절차를 작성한다. 연구 절차는 단계별 추진 내용을 요약하여 제시하고, 연구 기간은 학년도를 월별로 계획하는 것이 좋다. 단, 2025년 고등학교 1학년을 대상으로 할 경우 고교학점제 도입으로 한 학기를 연구 기간으로 설정해야 한다.

• 연구 개요 •

가. 연구 대상: 1학년 8개반 247명(남 123명, 여 124명)

나. 연구기간 및 절차: 2024.03.~2025.02.

단계	추진 내용	기간(월)											
		3	4	5	6	7	8	9	10	11	12	1	2
계획 수립	연구 주제 선정												
	수업이론 및 관련 문헌 탐구												
	연구 계획서 작성												
실천 과제 운영	핵심질문 기반 교육과정 재구성												
	MME수업모형 및 수업안 개발												
	MME수업 적용 및 개선												
정리 평가	연구결과 분석 및 평가												
	연구보고서 작성 및 일반화												

② 연구과제는 주로 3가지 정도로 제시한다. 연구 목적의 핵심 내용을 요약하여 명확하게 제시한다. 본 연구보고서에서는 연구의 목적에서 파란색 글자로 표시한 부분을 연구과제로 설정하였다.

• 연구과제 설정 •

☝ 핵심아이디어 기반의 교육과정 재구성 및 수업모형 개발

✌ 핵심질문 탐구 MME 수업안 개발 및 적용

🖐 에듀테크 활용 핵심질문 피드백 포트폴리오 구성

3. 연구의 실행

연구의 실행은 연구보고서에서 가장 분량이 많으며, 실천 과제별로 어떻게 운영하였는지를 제시한다. 실천 과제 수행을 위한 수업 설계와 수업 자료, 학생 활동 사진 및 수업 결과물 등의 자료를 보여 주며 설명해야 한다. 수업혁신사례연구대회는 실제 수업 사례를 대상으로 하기에 현장감 있는 자료 제시는 필수적이다.

① 연구의 실행은 대체로 연구 환경을 조성하고, 실천 과제를 수행하는 것이 일반적이다. 하지만 본 연구에서는 첫 번째 실천 과제를 교육과정 재구성과 수업 모형 개발로 설정했다. 수업 혁신을 위한 우선적 실천이 교육과정 재구성과 적합한 수업 모형 개발이라고 판단했으며, 이를 통해 타 연구보고서와 차별성을 두고자 하는 목적도 있었다.

• 실천 과제 1 교육과정 재구성 •

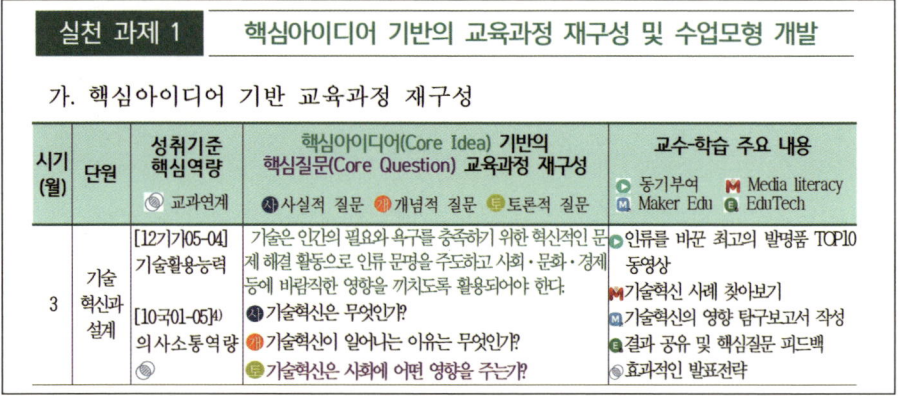

• 실천 과제 1 수업 모형 개발 •

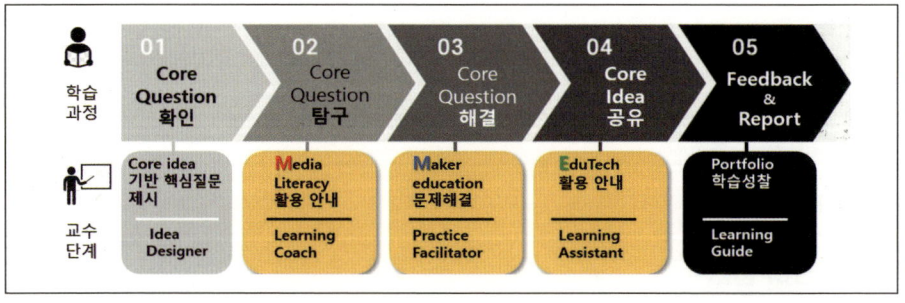

② 실천 과제 2는 핵심 아이디어 기반의 교육과정으로 재구성한 내용을 개발한 수업 모형(MME 수업)으로 실천한 부분이다. 프로젝트 수업 2가지를 운영하였으며, 그 과정과 결과를 자세히 설명하고자 노력하였다. 각 프로젝트는 2022 개정 교육과정에 기반하여 '프로젝트 설계 의도, 핵심 아이디어, 내용 요소, 핵심 질문 및 평가

방법' 등의 항목으로 구성하였으며, 각 프로젝트의 차시별 내용은 교수·학습 내용, 학생의 활동 결과물 및 과정평가까지 양식화하여 수록하였다.

• 실천 과제 2 프로젝트 개요 •

• 실천 과제 2 프로젝트 설계 •

MME 2 지식재산권 프로젝트		*프로젝트 각 차시를 MME수업으로 설계	
수업단원	발명과 창업	성취기준 및 핵심역량	[12기가05-05] 기술활용능력
프로젝트 설계 의도	지식재산권에 대한 학습을 통해 지식재산권이 우리 사회에서 어떤 역할을 하며, 왜 보호해야 하는지를 특허출원과 창업의 과정을 직접 체험해 봄으로써 실제 상황에서 필요한 능력으로 전이할 수 있는 역량을 함양할 수 있도록 설계함. 이를 위해 차시별 미디어 리터러시 역량과 에듀테크를 활용하여 핵심질문을 해결 및 공유하고, 메이커 활동으로 결과물 산출하는 활동으로 MME수업모형을 적용함.			
핵심 아이디어	지식재산권은 무형자산으로서 인간의 창의적 발명 행위의 가치를 보호하고 장려하며, 법으로 정해진 등록 및 성립 요건이 충족되어야 지식재산의 가치를 인정받을 수 있다. 지식재산권을 창출하기 위해서는 문제를 해결하려는 도전적인 자세와 협력적 자세를 바탕으로 창의적 사고, 특허 정보와 시장에 대한 분석, 시제품을 개발하고 평가할 수 있는 능력이 요구된다.			
내용요소	지식·이해	과정·기능	가치·태도
	·발명 문제해결 과정 ·특허 정보 검색 ·특허 명세서 ·특허 도면 ·특허 출원	·문제해결 방안 탐색, 범주화하기 ·특허 정보 조사하기 ·선행 기술 비교하기 ·발명 아이디어 선정하기 ·발명 아이디어 시각화하기 ·특허 명세서 작성하기	·새로운 문제를 찾고 해결방안을 제시하는 도전정신 ·새로운 분야에 도전하고 발굴하는 창업가 및 기업가정신 ·지식재산 창출을 위한 창의적 발명 태도
핵심질문 (◎: 교과연계)	사실적	개념적	토론적 및 실천적
	1st 지식재산권은 무엇인가요? 2nd 지식재산권 분쟁사례를 찾을 수 있나요? 3rd 저작권의 인정 요건은 무엇인가요? 5th 디자인특허출원서에는 어떤 내용이 포함되나요? 6th 창업은 어떤 과정을 거치나요?	1st 지식재산권은 우리 사회에 어떤 영향을 끼치나요? 2nd 지식재산권 분쟁에서 무엇이 문제인가요? 5th 캐릭터 디자인제품을 특허 출원할 수 있나요?	3rd 생성형인공지능을 이용하여 저작물을 만들 수 있나요? 4th 어느 캐릭터가 완성도가 높은가요? 4th 저작물로 창업아이템을 만들 수 있나요? 6th 창업계획서는 어떻게 작성하나요?
평가방법	프로젝트 각 차시별 제시된 핵심질문에 대해 탐구과정과 결과의 정리를 통해 답하면서 자기평가와 동료평가를 진행함. 또한 탐구활동의 산출물을 통한 결과평가를 병행하여 평가의 신뢰도를 높임.			

• 실천 과제 2 프로젝트 차시별 활동 •

6th 크라우드펀딩으로 창업하기

[부록1] 교수학습 과정안② & [동영상]

□ MME수업 교수단계

| 크라우드펀딩 관련 뉴스로 동기부여 | MME활동지 안내 (크라우드펀딩계획서) | MME활동 활동결과 피드백(월드카페) | MME활동 결과 공유 및 정리(패들렛) |

□ MME수업 학습활동

Core Question 01 Core Question 확인 → Media Literacy 02 Core Question 탐구 → MakerEdu 03 Core Question 해결 → EduTech 04 Core idea 공유 → Portfolio 05 Feedback & Report

- 창업은 어떤 과정을 거치나요?
- 창업계획서는 어떻게 작성하나요?

- 창업과정 및 크라우드펀딩 관련 자료수집
- 창업계획서 관련 자료수집 및 정리

- 크라우드펀딩으로 창업자금 조달 사업계획서 모둠별 작성하기

- 크라우드펀딩사업계획서 패들렛 공유
- 월드카페로 완성도 높이기

- 핵심질문 피드백 및 크라우드펀딩 창업계획서 발표 공유, 포트폴리오 구성

□ MME수업 활동사진 및 결과물

크라우드펀딩으로 창업하기 사업계획서 작성 및 월드카페를 통한 협업, 발표 및 패들렛 이용 피드백 포트폴리오 구성

□ MME수업 평가 및 피드백 포트폴리오 작성하기

과정중심평가	피드백을 통한 학습성찰
*동료평가(PA) 및 자기평가(SA) PA:월드카페 활동을 통한 창업계획서의 질문과 피드백 SA:창업의 과정 및 계획서 관련 핵심질문 패들렛 답하기를 통한 학습성찰 *산출물 평가 -창업과정에 따라 창업계획서를 작성했는가? -크라우드펀딩으로 창업자금을 조달할 수 있는가? -모둠에서 역할을 수행했는가?	창업의 과정의 처음은 지식재산권을 확보합니다.(특허권, 실용신안권, 디자인권, 상표권 등) 그리고 창업지식을 습득합니다.(중소기업청, 창업진흥원 등으로 부터 정보를 수집) 다음으로 창업을 준비합니다.(사업 가능성을 검토, 창업 계획서 작성) 네번째로 창업자금을 확보합니다.(창업 계획서로 기업, 지역사회, 인터넷 등을 시설비, 운영비 등의 창업 자금 조달) 마지막으로 창업을 합니다.(발명품 생산 및 판매) 창업계획서에는 회사명, 날짜 등의 창업과정도 넣고, 사업개요, 여러 마케팅 전략도 넣습니다.(7반 김OO) 자기주도성 핵심역량 창업의 과정과 창업계획서 작성에 대해 잘 익혔네요. 출원한 지식재산권으로 창업도 할 수 있겠지요?(교사)

• MME 수업 활동 결과물 •

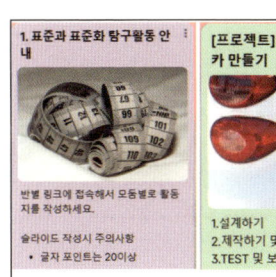 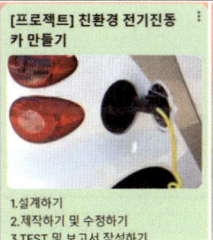 

> **Tip**
> 실제 수업한 내용을 생생하게 보여 주기 위해 패들렛에 정리된 수업 결과물 및 피드백 자료 포트폴리오를 제시하였다. 또한 2학기 MME 수업 자료를 추가함으로써 지속적인 수업 연구 노력을 강조하였다.

③ 마지막 실천 과제 3은 과정평가의 객관적인 자료를 보여 주기 위해 MME 수업을 통한 에듀테크 활용 피드백 포트폴리오로 구성하였다. 소위 교-수-평-기 일체화의 효율적인 방법임을 설명하는 부분이며, 교육과정 재구성의 틀 안에서 MME 수업으로 깊이 있는 학습이 이루어지고, 피드백을 통한 과정평가가 순환적으로 이루어짐을 도식화하여 '교육과정-수업-평가의 일관성'을 주장하였다.

• 실천 과제 3 포트폴리오 구성 소개 •

실천 과제 3   에듀테크 활용 핵심질문 피드백 포트폴리오 구성

MME수업은 탐구활동의 과정과 결과를 피드백으로 남긴다. 핵심 아이디어 기반의 교육과정을 재구성하고, MME 탐구활동 중심 수업모형을 적용한 수업에서 깊이 있는 학습을 경험한 학생들은 에듀테크를 활용한 피드백 활동으로 학습 과정과 결과에 대해 스스로 성찰하고 평가하는 주체가 되었다. 또한 생성된 포트폴리오는 자기평가, 동료평가 및 교사의 평가에서 평가의 신뢰성을 담보할 수 있는 객관적인 자료로 활용 가치가 높다. 또한 교육과정 재구성과 수업 그리고 평가의 일체화에도 연구자료로 활용 가치가 높다.

<그림5. 핵심아이디어 교육과정-MME수업-피드백평가의 일체화>[13]

④ 에듀테크를 활용한 학생 피드백 포트폴리오를 연구 목적과 연결하여 정리한 부분이다. 수업에 참여한 대상 학생의 집단 피드백을 통해 연구 목적이 항목별로 어떻게 달성되었는지 설명하였다.

• 실천 과제 3 피드백 정리 •

> ☑ 미디어와 관련된 저작권 권리에 대한 사례들을 찾아보면서 조심해야겠다고 생각했다. 앞으로도 미디어 컨텐츠 발전을 위해 저작권들을 잘 알아 놓아야겠다.(1-7-13 장○○)
> ☑ 실제 창업 과정과 명세서 작성, 보고서 작성 등의 활동을 한뒤, 다른 모둠 친구들과 회의를 하고 고칠 점을 찾는 과정이 진짜 창업을 하는 과정같이 느껴져서 정말 좋은 경험을 한 것 같고, 창업자금을 모을 방법으로 크라우드 펀딩 이라는것을 배웠다.(1-5-5 김○○)

| 1 | 창의적 사고
협력적 소통
지식정보처리 | 미래
핵심역량
신장 | MME탐구활동의 미디어 리터러시 활용으로 지식정보처리 역량, 모둠원과의 협업과정에서 협력적 소통 역량을 그리고 핵심질문 해결과정에서 창의적 사고 역량이 신장된 것으로 판단됨. |

Tip
분량이 많을 경우 중요한 부분은 굵게 처리하거나 밑줄, 색깔 등으로 표시하여 구분하는 것이 효과적이다.

4. 연구의 마무리

연구의 마무리에서는 양적 및 질적 분석을 통한 결과와 이를 결론으로 정리한다. 제언까지 덧붙일 수 있으나 이 연구에서는 분석과 결론으로 끝맺었다.

① 연구의 마무리에서는 먼저 연구의 결과를 정리한다. 실천의 결과를 알아보기 위해 흔히 사용하는 것은 학습자 대상 설문이다. 본 연구에서도 동일 응답자를 대상으로 동일 문항의 사전 및 사후 설문을 시행하여 그 결과값을 양적 분석 자료로 사용하였다.

• 양적 분석 •

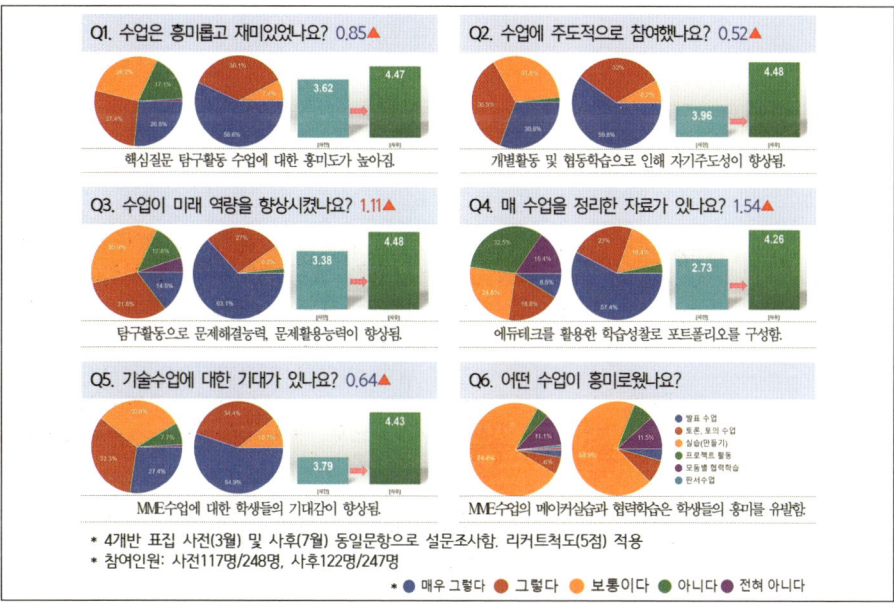

② 질적 분석은 학습자의 피드백 자료를 활용하였다. 수업 후 또는 학기말에 실시한 피드백을 통해 대상 학생의 주관적인 의견을 수집하고 정리함으로써 수업 목표의 달성 정도와 그 외의 교육적 효과를 보다 구체적으로 파악할 수 있었다. 본 연구에서는 연구보고서의 분량을 고려하여, 의미 있는 학습자 3명의 소감을 선정하여 질적 분석 자료로 활용하였다.

• 질적 분석 •

이번 한 학기 동안의 기술수업을 돌아보면서 정말 많은 프로젝트를 내가 수행해왔다는 것을 알 수 있었다. 많은 프로젝트를 수행하는 기간 동안 친구들과 협업하여 과제물도 만들고 내가 직접 기술 책 내용을 인터넷에서 조사하여 친구들에게 설명도 해보고 다른 사람과 의견을 나누며 내가 새롭게 알게된 지식을 전달하고, 친구들과 함께 모둠 활동을 하면서 다른 사람과 의사소통하는 능력과 협업하는 능력이 기술시간 이전보다 크게 성장했다는 것을 느꼈다. 또한 선생님이 하시는 수업을 그냥 듣기만 하는 것보다 직접 조사하고 정리하면서 기술 시간에 배웠던 개념들을 체화할 수 있었다. 그중 가장 인상 깊었던 수업은 모둠원들과 함께 스파게티 다리를 만들었던 것이었다. 스파게티 다리를 만드는 프로젝트를 진행한다는 사실을 알았을 때 이게 과연 가능할까하며 의문을 품었었지만 모둠 친구들이랑 함께 역할 분담을 하면서 다리를 만드니 불가능 할거라 생각했던 일이 가능해질 수 있다는 것을 알게되었고 친구들과 협동하는 것의 중요성을 깨달을 수 있었다.(1-7 최○○)

☞ 1학년 수업 대상 학생(247명)을 대상으로 1학기 수업 피드백 결과물로 MME탐구활동을 자기주도적으로 했으며, 동료와 함께 협업하여 문제를 해결하면서 이론적인 지식을 습득하고, 수업에서의 지식이 실생활에서 필요한 지식으로 전이할 수 있다는 사실을 이야기한다. 또한 수업후에도 관심있는 내용에 대해 더 알아보기를 원하는 적극적 태도의 변화가 보인다.

③ 연구보고서는 결론으로 마무리한다. 연구의 최종 결과를 설명하는 중요한 부분이다. 양적 및 질적 분석 자료를 근거로 연구 목적이 충실히 달성되었음을 논리적으로 주장하는 것이 필요하다

• 결론 •

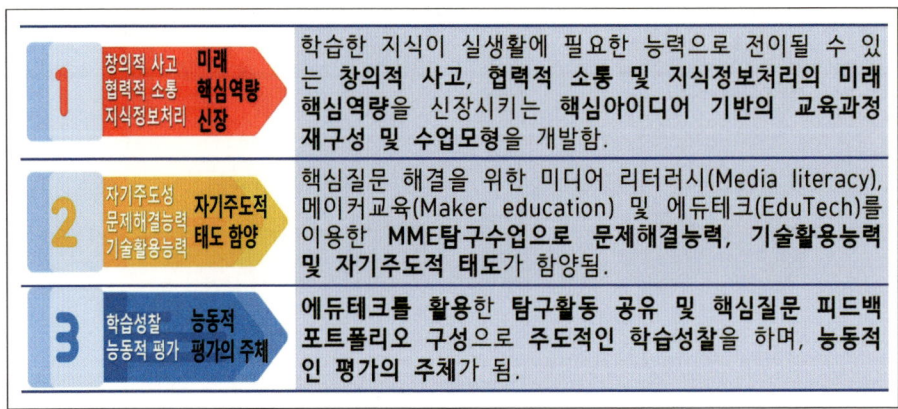

5. 부록

부록은 교수·학습 과정안 2차시와 수업 일지를 수록한다. 정해진 양식이 없기에 연구 주제와 실천 과정이 잘 드러나도록 작성하면 된다.

① 교수·학습 과정안은 2차시를 작성해야 한다. 따라서 연구 주제와 실천 과제가 가장 잘 드러나는 수업을 제시하는 것이 좋다. 본 연구의 경우 동영상 촬영 수업 전 1차시와 동영상 촬영 수업 1차시의 교수·학습 과정안을 수록했다.

• 교수·학습 과정안 •

[부록1] MME 교수-학습 과정안 ② ■ 동영상 촬영본

단원	발명과 창업	성취기준 및 핵심역량	[12기가]05-05] 기술활용능력
수업주제	크라우드펀딩 사업계획서 작성하기	수업차시	6/6

수업의도	지식재산권 보호 프로젝트의 마지막 수업으로 전시학습에서 특허등록한 창업아이템을 사용하여 지식재산권 보호를 목적으로 창업할 수 있도록 사업계획서를 작성하도록 함. 올해 12월에 창업기한을 정하고, 창업자금을 어떻게 마련할지 구체적인 아이디어를 창출하여 작성함으로써 문제해결능력 및 기술활용능력 신장에 중점을 둠.
MME활동	핵심질문 확인 → Media literacy활용 사업계획서 탐색 → MakerEdu 크라우드펀딩 사업계획서 슬라이드 작성 → EduTech 활용 결과 공유 및 피드백 → 사업계획서 작성 핵심질문 Portofolio 구성하기

MME흐름	교수·학습 활동	유의점

01 Core Question 확인	• 전시학습 확인: 지식재산권보호캐릭터 창업아이템 디자인특허출원서 작성하기
	• 프로젝트 차시 안내: 프로젝트의 마지막 크라우드펀딩으로 창업하기
	• 동기부여: 창업자금 관련 뉴스 시청 "아이디어에 투자하라" 크라우드 펀딩)
	• 핵심질문 제시
	  1. 창업은 어떤 과정을 거치나요?
	  2. 창업계획서는 어떻게 작성하나요?
		◦프로젝트 마지막 단계임을 인지하도록 안내한다.
		◦창업에 대한 관심으로 수업에 흥미를 가지도록 한다.

02 Core Question 탐구 / 03 Core Question 해결 / 04 Core idea 공유	• MME활동 안내
	- 힌트1: 창업과정(지식재산권 확보, 창업지식습득, 창업준비, 창업자금확보, 창업)
	- 힌트2: 성공적인 크라우드펀딩의 3가지 요소, AI가 알려주는 방법 등
	- 탐구활동 안내
	  1. 크라우드펀딩 사업계획서 작성: 구글슬라이드 창업계획서 작성, 공유 패들렛 안내
	  2. 월드카페로 결과물 완성도 높이기: 2라운드로 진행
	• MME탐구활동1
	- 사업계획서 양식 확인 및 항목별 관련 자료 탐색(역할 배분)
	- 구글슬라이드 크라우드펀딩 창업계획서 작성(모둠 협업)
	• MME탐구활동2
	- 월드카페 역할 정하기: 호스트 1명, 그 외 게스트
	- 호스트의 창업계획서 설명 후 다른 모둠원의 의견제시를 통한 피드백으로 창업계획서 슬라이드 활동지 완성도높이기, 2라운드로 진행.
		◦MME단계별 활동 내용을 인지하도록 안내한다.
		◦탐구활동에서 개별적 역할을 배분하도록 모둠장의 역할을 안내한다.
		◦크롬북, 구글슬라이드 및 패들렛 이용에 대해 확인한다.
		◦탐구활동2에서 월드카페 룰을 안내한다.
		◦교사는 퍼실리테이터의 역할을 수행한다.

05 Feedback & Report	• 활동 결과 발표 정리 및 성찰하기 - 수정된 최종 창업계획서에 대해 호스트가 설명하고, 게스트는 경청한다. - 게스트 추천 모둠의 창업계획서를 발표 공유 및 피드백 • 핵심질문 답하기로 포트폴리오 구성하기 - 패들렛에 공유한 모둠별 창업계획서에 댓글을 사용, 핵심질문에 답한다. - 수업 중 새롭게 알게 된 내용이 있으면 정리, 공유한다. - 다른 학생의 댓글을 확인하고, 댓글을 통해 서로 피드백한다. • 차시 수업 안내: 표준과 표준화	◦호스트가 수정 내용에 대해 공유할 수 있도록 안내한다. ◦패들렛의 댓글 확인 및 피드백을 통한 자기 성찰 및 동료평가를 하도록 안내한다.

*활동사진 및 결과물	월드카페 호스트가 모둠에서 작성한 창업계획서를 설명하고 있음. 모둠별로 창업계획서(창업개요, 목적, 창업자금확보 방법 및 금액, 크라우드펀딩 계획 등)를 구글슬라이드 활동지에 작성함. 작성된 창업계획서를 패들렛에 공유하고 댓글을 통해 핵심질문에 답하고, 다른 학생의 댓글에 피드백하며 학습성찰 및 동료평가를 실시함.(설명은 사진순서임.)

② 수업 일지는 수업을 설계하고 성찰한 내용으로 구성했다. 매주 한 번 수업 일지를 작성했으며, 대체로 수업 후 공강 시간에 작성하였다. 수업 후 바로 작성하면 생각난 아이디어를 다음 수업에 반영할 수 있는 장점이 있다. 또한 현장감 있는 내용으로 작성할 수 있다. 본 연구보고서에는 5개의 수업 일지만 수록했다.

• 수업 일지 •

단원	기술혁신과 설계	성취기준 및 핵심역량	[12기가05-04] 기술활용능력
핵심질문	기술혁신은 사회에 어떤 영향을 주는가?		
수업의도	발명의 등장으로 기술의 혁신은 주로 이루어진다. 새로운 발명품으로 인해 인간의 삶과 사회에는 어떤 영향을 주는지 다양한 자료를 찾아보고, 토의하면서 다양한 관점을 가질 수 있으며, 미디어리터러시와 에듀테크를 활용한 활동으로 자기주도성과 미래역량을 함양하고, 핵심질문의 답을 찾아가는 과정에서 협업하고 소통하는 역량을 가질 수 있도록 설계함.		
MME수업	핵심질문 확인 → Media literacy활용 기술혁신 사례조사 → MakerEdu 활동지작성 → EduTech 활용 결과 공유 → 기술혁신의 영향에 대한 핵심질문 답하기 Portofolio 구성		
교사성찰	기술의 혁신과 발명은 비슷한 개념이다. 정의를 봐서도 그렇다. 학생들에게 기술혁신이 무엇이고, 그 결과가 발명의 형태로 나타나는데 이런 발명품이 사회에, 인간에게 그리고 환경 또는 다른 영역에 어떤 영향을 끼치는지 살펴보는 수업은 참 의미있다. 그래서 개인적으로 좋아하는 내용이기도 하다. 기술발달의 과정에서 보면 언제나 발명품은 긍정적인 영향을 끼치면서 또한 부정적인 면을 낳기도 한다. 학생들이 다양한 관점으로 볼 수 있고, 생각해 보고 모둠별로 논의하는 과정에서 새로운 깨달음도 얻을 수 있는 참 좋은 수업이다. 올해는 어떻게 해 볼까? 하는 조금은 행복한 고민을 하는 수업이다. 통상적으로 학생들에게 개념을 설명하고, 혁신의 사례를 찾고, 그 영향을 정리해 보는 모둠활동을 하고, 결과에 대해 발표하면서 공유하고 질의응답을 통해 좀 더 심화학습을 하는 것으로 수업을 디자인한다. 올해 역시도 유사하게 진행한다. 물론 에듀테크나 미디어리터러시에 방점을 찍고 관련 활동을 좀 더 잘 할 수 있도록 돕는다 하지만 큰 틀에서는 유사하다. 올해 아이들은 비교적 교사의 설명이나 활동 안내에 잘 따르는 편이다. 활동지의 방향대로 움직이고 고민하고 토의하는 모습을 보면 참 흐뭇하다. 물론 그렇지 않은 모둠이 몇몇 있지만 그 순간 교사의 피드백 태도가 참 중요함을 알기에 또 한번 심호흡을 하며 넘어가 본다.		

Tip

분량이 많은 내용을 싣기 위해서는 표를 잘 사용해야 한다. 표 안의 글자는 크기를 작게 하더라도 감점 요인이 아니기에 가독성을 고려해서 적절하게 편집한다면 계획한 내용을 제한된 지면에 실을 수 있다.

6. AI 및 에듀테크 활용

AI와 에듀테크는 학생 맞춤형 학습, 교사의 업무 경감, 창의적 교육 환경 조성 등에 큰 영향을 미치고 있다. 수업혁신사례연구대회에서도 AI와 에듀테크를 활용한 수업 사례가 좋은 평가를 받는다. 따라서 이를 활용한 수업 환경을 조성하는 것은 필요하다. 본 연구 주제에 에듀테크를 반영한 이유이기도 하다. 학생 활동 중심의 메이커교육과 수업 과정과 결과를 포트폴리오로 정리하기 위해 적합한 에듀테크를 탐색했다. 수업에 접목한 경험을 바탕으로 AI 및 에듀테크 활용 내용을 소개하고자 한다.

• MME 수업 모형의 에듀테크 활용 •

가. 구글 클래스룸을 통한 온라인 반 구성 및 수업 안내

구글 클래스룸은 학교 G-suite 계정을 사용하여 반을 구성하였다. 나중에는 사용 빈도가 줄었지만, 학기초 수업 접속 플랫폼으로 사용했다. 구글 클래스룸 게시판에서 수업 활동을 안내할 때 유용하게 사용하였다.

나. 패들렛을 통한 학습 자료 공유 및 포트폴리오 구성

연구 목적 중 하나는 객관성을 담보한 과정평가이다. 포트폴리오를 과정평가로 활용하는 경우가 대부분이지만, 자료를 지속해서 수집하고 선별해야 하는 번거로움이 있다. 이런 부담을 줄이기 위해 패들렛을 활용했다. 패들렛은 많은 교사가 이미 사용하고 있으며, 사용법이 간단해 거부감 없이 쉽게 적용할 수 있다. 또한, 무료 계정으로도 이용 가능하지만, 게시판 생성에 제한이 있어 반별 또는 활동별로 운영하면 유료 계정을 고려할 만하다.

지난 2학기에는 탐구활동 안내, 반별 섹션을 하나의 패들렛에 구성하였다. 그 결과 학생 피드백이 매우 활발해지고, 양질의 탐구활동 결과물이 산출되었다. 손쉽게 포트폴리오 자료가 생성된 것이다. 이를 학생부 기록에까지 활용하여 수업-평가-기록 일체화의 한 방법으로 유용하게 사용하였다.

• 패들렛 활용 포트폴리오 구성 •

다. 생성형 인공지능을 통한 탐구활동

탐구활동 시 도우미로 생성형 인공지능을 사용하였다. ChatGPT, 코파일럿 및 캔바 등을 사용하여 탐구활동을 진행했다. 프롬프트 작성법과 결과물에 대한 사실 확인 등에 대해 사전에 교육하고 사용하였다. 문제해결에 필요한 좋은 질문을 만들기 위한 노력을 강조했으며, AI가 답한 내용을 복사하여 붙여넣기 하지 않도록 가르치는 활동이 필요했다.

• 생성형 AI 협업 지식재산권 보호 캐릭터 만들기 •

귀여운 코끼리로, 큰 귀와 큰 눈 저작권 보호를 위해 헤어 스타일로 큰 헤드폰 그 헤드폰에 영어문자 C가 포함 친절하고 다정

멋지고 귀여운 공룡으로, 멋진 이빨과 큰 눈 저작권 보호를 보호를 위해 헤어 스타일로 큰 헤드폰을 쓰고 있어요. 또 다른 이 콘텐츠를 만들때에도 저작권을 존중하는 메세지를 전파하고 있고 다정하게 C를 넣어줘

흰 배경, 애니, 귀여운, 카우보이 모자를 쓴, 다람쥐, 저작권글자 넣기, "저작권 보호" 글자가 쓰여진 종이 들기, 경찰, 글자"c"가 쓰여진 별

C가 적혀있음, 로봇캐릭, 저작권 캐릭터, 눈이 큼,귀엽움, 캐릭터가 큼,배경 없음

7. 수업의 일반화 및 확장

수업혁신사례연구대회에서는 단순히 한 교실에서의 성공한 사례를 넘어, 다른 교사들도 쉽게 적용할 수 있도록 일반화하고 확장하는 방안이 중요하다. 즉, 연구한 수업 모델이 다른 환경에서도 효과적으로 활용될 수 있는가에 대한 고민이 필요하다. 수업의 일반화를 위해 다음 3가지를 고려하였다.

가. 핵심 요소를 도출

수업에서 효과적인 요소를 선별하고, 이를 핵심 원리로 정리한다. 본 연구에서는 MME 수업을 핵심 질문 확인, 핵심 질문 탐구 및 해결, 공유, 피드백의 5단계로 모형화하였다.

나. 다양한 교육과정과 연계

특정 교과에 국한되지 않고, 다른 교과에서도 활용할 수 있는 사례면 좋다. 본 연구에서는 2022 개정 교육과정 기반의 교육과정을 재구성하고, 이를 MME 수업에 적용하였다. 타 교과에서도 이를 참고하여 본인의 수업에 적용할 수 있다.

다. 다양한 학습 환경 고려

학급의 특성과 학생 수준에 따라 난이도를 조절할 수 있으면 좋다. 자기주도성이 높은 학생들에게는 자유도를 높이고, 낮은 학년생에게는 구조화된 탐구 질문을 제시한다면 무난히 수업 적용이 가능하다.

다음으로 수업의 확장은 더 넓은 범위에서, 더 많은 교사와 학생들이 활용할 수 있도록 보급하는 과정이다. 본 연구보고서에서는 이 부분에 대해 할애는 못하였지만 같은 학교 내에서 수업 공동체와 수업 공개 등의 활동을 통해 수업 혁신 사례에 대해 공유하고, 함께 연구하는 모임으로 협력적 확산 모델 구축에 힘썼다.

◆ 전국 1등급이 본 1등급 POINT

POINT 1. 빈틈없이 체계적인 수업 모형

서론 부분에 명확한 문제 제기와 연구과제 설정 과정의 연계성이 탄탄했다. 2022 개정 교육과정의 강조점을 충실히 담아내며 핵심 아이디어 기반의 교육과정 재구성을 시도하였다. 또 핵심 질문 해결을 위한 탐구활동 중심의 MME 수업 모형이 인상적이었다. 총 2개의 프로젝트(창의공학설계, 지식재산권) 주제가 모두 학생들의 호기심과 동기 유발에 적합한 것이었고, 추후 진로 탐색의 확장 효과도 기대된다. 특히 프로젝트 진행 시 3단계의 미디어 리터러시(Media literacy), 메이커교육(Maker education) 및 에듀테크(EduTech)의 과정을 거치도록 하여 전체 연구가 체계적으로 짜여 있다.

POINT 2. 멀티 플레이어로서의 교사 역할

각 단계별로 교사의 역할을 아이디어 디자이너(Idea Designer), 학습 조력자(Learning Coach, Learning Assistant, Learning Guide), 퍼실리테이터(Facilitator) 등으로 설정하며 미래 교실에서 기대되는 멀티 플레이어로서의 교사상을 완벽히 제시하였다. 각 탐구활동의 특성별로 적재적소에 에듀테크를 활용한 점도 돋보인다. 특히 교육과정, 수업 혁신, 평가, 관련 공모 사업 운영별로 범주화해 '교사의 전문성 강화 노력' 부분을 정리한 점은 다른 교사에게도 좋은 정보이자 자극이 되었다.

• MME 수업 모형 중 교수 단계 •

POINT 3. 학생을 능동적인 평가의 주체로 설정한 피드백 포트폴리오

학생들이 접근하기 쉬운 에듀테크(페들렛)를 활용하여 활동 결과, 자기평가, 동료평가, 교사의 피드백을 함께 누적 관리할 수 있는 '피드백 포트폴리오'가 인상적이다. 특히 1학기 피드백 포트폴리오의 개선 사항을 반영해 재구성한 2학기 포트폴리오는 좋은 팁이 되었다. 교사가 사전에 핵심 아이디어에 기반한 핵심 질문들을 재구성하고, 이를 활용해 학생 스스로가 학습 과정을 성찰할 수 있도록 유도하였다. 이는 결과적으로 학생을 능동적인 평가의 주체가 되도록 하여 성장 중심, 과정중심평가를 잘 반영한 것이다.

◆ 연구 소감

공립학교 교사는 4년마다 학교를 이동한다. 나이가 들수록 학교를 옮기는 것이 쉽지 않다고들 하는데, 필자 역시 낯선 환경에 적응하는 것이 갈수록 쉽지 않다. 해마다 3월이 되면 낯선 동료들과 새로운 학생들을 맞이해야 했고, 그때마다 마음은 꽃샘추위처럼 차가워졌다. 특히나 학업에 의욕이 없고, 심지어 책상에 엎드려 있는 학생들을 볼 때면 어떻게 해야 할지 고민은 많았지만, 처음에는 그저 학생들의 수업 태도 탓으로 돌렸다. 그러나 마음은 불편했고, 풀지 않은 숙제들만 쌓여 가는 느낌이었다.

그러던 중 교감 선생님의 권유로 시교육청 대회에 계획서를 제출하게 되었다. 계획서를 제출한 후에야 공문 내용을 제대로 확인했고, 그제야 수업의 변화가 필요하다는 것을 깨달았다. 그때부터 에듀테크를 활용해 수업을 시도하면서 점차 방향을 잡아 갔다. 처음에는 구글 슬라이드를 작성하고, 반별 및 모둠별로 공유하는 데 시간이 오래 걸렸다. 공강 시간에는 학생들이 수업 중 남긴 댓글을 확인하고, 피드백이 필요한 부분에 교사의 피드백을 달았다. 기술실은 본관이 아닌 동관 4층에 있었는데, 공강 시간에 시간을 할애하다 보니 금방 다음 수업 시간이 다가와서 결국 하루 종일 기술실에서 보내는 시간이 점점 늘어났다. 교무실 자리에는 항상 빈 의자만 남았다.

감사한 것은 지난해 옆 자리에 앉아 있던 음악 선생님이 함께 수업혁신사례연구대회에 참가해 서로 힘든 순간마다 응원해 주고 힘이 되어 주었다는 점이다. 선생님 덕분에 보고서 제출까지 할 수 있었고, 좋은 결과도 얻을 수 있었다. 함께해 준 동료 교사인 권진혁 선생님께도 다시 한번 감사한 마음을 전한다. 또한, 자신의 경험담을 바탕으로 조언을 해 주시고, 늦은 시간까지 보고서를 작성하고 있을 때는 저녁도 사 주시며 응원해 주신 조한진 교감 선생님께도 깊은 감사의 인사를 드린다. 그 외에도 응원해 주신 모든 선생님께 진심으로 감사드린다.

연구보고서를 최종적으로 제출하고 결과를 기다리며 음악 선생님과 이런 이야기를 나눴다. "결과가 좋으면 좋겠지만, 수상하지 않아도 우리 수업이 바뀌었으니 괜찮아요." 교과 특성상 실습 위주의 수업을 주로 진행한다. 실습 시간에는 대부분의 학생이 즐겁게 참여하지만, 기말고사 준비를 위해 어쩔 수 없이 강의식 수업을 할 때면 학생들도 교사도 힘들었다. 하지만 지난해 2학기부터는 모든 수업을 탐구활동 중심으로 진행하면서 교실 분위기가 달라졌다. 교사 중심의 강의식 수업을 줄이고, 학생들이 스스로 탐구 질문에 답하는 학습 방식으로 설계하자 교실이 훨씬 활기차졌다. 이런 교실을 경험할 수 있어 참 좋다. 흔히들 말하듯, 모든 변화에는 노력이 따른다. 그냥 주어지는 것은 아무것도 없다는 사실을 새삼 깨닫게 되었다.

올해는 2022 개정 교육과정이 처음 시행되는 해이다. 교육과정과 교과서 내용이 바뀌면서 지난해 열심히 준비한 학습 자료들을 그대로 사용할 수 없는 점이 아쉽긴 하다. 하지만 MME 수업을 통해 학생들이 더 적극적으로 참여하는 교실을 만들 수 있을 것이라는 기대를 품으며, 새로운 도전을 이어 가고자 한다.

4. 생각의 시대, IB 기반 앙트십 프로그램으로 성장하는 육각형 미래인재

선생님 소개

성명(활동명)	김효성		
학교급	중학교	교과	진로
수업 철학	결대로 꽃 피우기 향기와 색, 피는 시기까지 모두 다른 아이들이 스스로 뿌리내리고 성장하도록 도와주는 마스터 가드너가 되자!		

활동 이력

- 2024 전국 수업혁신사례연구대회 1등급
- 2024 한국청년기업가정신재단 유공표창
- 2024 창업교육부문 교육감 표창
- 2024 경기도교육청 정책구매제 창업교육 활성화 부문 은상
- 2023 제10회 목정미래재단 미래교육상 최우수상
- 2021 경기도 진로교육실천사례 연구대회 1등급

2024 수업혁신사례연구대회 도전 계기

철학은 참 고루하고 진부해 보이지만 사물이나 현상의 본질이다. 즉, 길을 잃었을 때 방향을 제시해 주는 역할을 한다. **'수업 장인', '경험 디자이너'.** 연구대회에 도전한 이유도 바로 이런 나의 직업 가치관이자 수업 철학의 실천 과정이었다. 길을 잃지 않도록 노력하고 도전하는 선생님의 모습을 학생들은 귀신같이 알아채고 또 닮아 가기 때문이다.

수업혁신사례연구대회를 준비하는 교사들에게 한마디!

연구대회 도전은 입상 결과를 떠나 분명 더 많은, 새로운 경험으로 확장됨을 확신한다. 나의 경우 수업 철학과 교육관이 더 선명해지고 더 폭넓은 관점의 렌즈로 세상을 바라보게 되었다. 행복한 마음으로 도전하시길 응원한다.

◆ 연구 주제의 선정 이유

'이제 지식의 시대는 가고 생각의 시대가 왔다.'

필자의 연구보고서의 첫 문장은 이렇게 시작한다. 아마 대다수 보고서의 서론에는 예측 불가능한 미래 사회에 대응할 수 있는 역량 함양과는 거리가 먼 현재 학교교육에 대한 문제의식이 담겨 있을 것이다. 국가 교육과정에서 설정한 교육목표와 핵심 역량, 인재상은 너무나 완벽하다. 또한 미래 교육과정이라 기대를 모으고 있는 2022 개정 교육과정의 안정적인 안착을 위해 교육부와 교육 관련 기관, 시도교육청은 각종 정책 아이디어와 지원 사업들을 쏟아내고 있다. 그러나 입시라는 거대한 경쟁 교육의 허들 앞에서는 모두 무용지물이라는 자조의 비판도 있다. 이러한 시대적 요구와 현실 장벽의 괴리 사이에서 교육부는 다시 2024년 '교사가 이끄는 교실혁명'이라는 슬로건 아래 '자율적 수업 혁신 지원 방안'을 내세웠다. 이미 현장에서 수업·평가에 대해 치열하게 고민하고 있는 수많은 교사들의 '자발성'과 '협력성'에 주목한 것이다. 이 과정에서 진로교육에 대한 관심과 역할 기대 또한 커지고 있다. 이미 진로 체험이나 진학 상담 영역에서는 많은 프로그램이 개발되고 있다. 하지만 매일 학생들과 만나는 진로 수업 자체에 대해서 많은 진로 교사들은 여전히 고민 중이다. 같은 이유로 4년 차 진로교사인 필자는 졸업 후에도 학생들이 주도적인 평생학습자로서 살아갈 역량을 길러 주는 것을 최종 목표로 삼고, 이 내용을 연구의 필요성과 목적 등 서론 부분에 담아냈다. 이 글은 물론 진로 수업에 대한 고민에서 출발하고 있지만, 주제 선정 과정을 따라가다 보면 타 교과에도 적용 가능한 인사이트를 얻을 수 있을 것이다.

1. 진로 교사의 생존 역량

2021년 진로 교과로 전과 후 오롯이 1인 교과로서 수업을 설계하고 학교 전체의 진로 교육을 기획해야 했다. 필자에게는 앞서 교육부가 주목하고 있다는 '협력성'과 '자발성'이 무엇보다 필요한 생존 역량이었다. 2011년부터 전국 중·고등학교에 1명씩 진로 교사가 파견되기 시작했으니 현재 약 5,500여 명의 외로운 진로 전담 교사가 현장에서 책임을 다하고 있을 것이다. 1인 교과 특성상 네트워크를 통한 탐구와 성찰이 정말 중요하다. 학교 교육과정 안에서의 역할, 타 교과와의 연계성 등을 복합적으로 고려해야 한다. 그렇지 않으면 진로 수업은 자칫 일회성 행사 위주로 흐르거나 성적을 매기지 않는 시간 때우기, 흥미 위주의 활동 수업에 머무르기 쉽기 때문이다.

일단 교사인 나부터 경험의 폭과 깊이를 확장시켜 보기로 했다. 용기를 내어 도움이 될 만한 연구회나 외부 사업 등에 지원하였고 흥미로운 연수나 포럼, 박람회 등을 찾아다녔다. 그 중 ○○재단 주관의 기업가정신 교육전문가 양성 프로그램[2]이 기억에 남는다. 면접 등의 선발 과정과 약 7개월 동안의 연수 기간이 꽤나 힘들었다. 하지만 지역, 학교급, 교과를 달리하는 전국의 교사들은 물론 대학교수, 스타트업 CEO, 출판사 대표, 시민단체나 협동조합 등 다양한 분야의 사람들과 네트워킹할 수 있는 값진 기회였다. 트렌디한 양질의 정보를 주고받으며 교육이 아닌 다른 분야의 전문가들과 소통할 수 있어 의미 있었다. 이런 경험은 연구 동력으로서의 자극이 되기도 하였고, 또 전혀 다른 관점에서의 문제해결의 실마리를 찾아 주기도 하였다.

이 연수 프로그램을 이수하는 과정에서 교내 창업 동아리를 만들었고, 이후 4년 동안 창업가정신 교육을 진로 수업에 적용하여 다양한 프로젝트를 실천하였다. 리크루팅식 팀 구성, 디자인 싱킹을 활용한 아이디어 발산, 비즈니스 캔버스 작성, 프로토타입 제작, 엘리베이터 피칭과 펀딩, 데모데이 등 실제 스타트업 과정을 진로 수업에 녹여 활동을 디자인하였다. 그 결과 학생들의 참여도와 만족도는 높았고, 경험과 사고의 폭이 확장되는 것이 느껴졌다. 또 시간이 지날수록 문제를 해결하기 위해 주변 자원을 연계하고 서로 협력하는 모습이 관찰되었다.

필자의 진로 수업의 브랜드로서 창업 동아리를 성장시켜 나간다는 생각으로 한 해 한 해 경험치를 쌓아 갔다. 하지만 해가 거듭될수록 진로 교과의 정체성에 의문이 들었다. 재미있는 활동 중심 프로젝트를 통해 실제 학생들은 어떤 역량이 얼마만큼 성장하였는가? 그것이 진로 탐색과 진로 설계에 어떻게 작용하는가? 이 부분에 대한 확신이

2　티처 프러너 : 아산나눔재단 주관 중고등학교 교사 대상 기업가정신 전문가 양성 프로그램

들지 않았다. 바로 교육과정-수업-평가-기록의 일체화 작업이 미비했던 것이다. 좀 더 체계적인 수업과 평가에 대한 계획이 필요하였다.

2. 수업 아이디어를 위한 아카이빙

진로 교사는 어느 교과보다 발 빠르게 시대를 읽어야 하고 변화의 방향성을 포착해야 한다. 평소 온 세상이 '호기심 천국'인 개인적 특성 때문인지 교육기관이 발행하는 각종 장학, 학술, 연구 자료, 신간 도서는 물론, TV 예능 프로그램, 광고, 인기 숏폼 등에서 수업의 아이디어가 불쑥불쑥 떠오르기도 한다.

2024년 4월 MBC는 교육대기획 3부작 〈교실이데아〉를 방송하였다. "내 생각을 포기할수록 학점이 높아지는 아이러니"라는 한 교수의 일침에 대한민국의 교사이자 학부모로서 참 공감이 되었다. 프로그램에서 주로 다룬 IB 교육에 대해서는 이미 연수나 책, 방송 등 여러 매체를 통해 관련 자료를 접하면서 이론적으로 설득력 있고 꽤 매력적인 프레임워크라고 생각하던 차였다. 너무나 공고한 우리 교육의 경쟁 시스템과 패러다임을 바꿀 수 있을지 모른다는 희망에서 출발했다는 프로그램 PD의 기획 의도를 듣고 필자의 수업에도 적용해 볼 용기가 생겼다. 일반학교에서, 그것도 진로 교과에서 IB 프로그램을 시도해 본다는 것은 아마 전국 최초이지 않을까 하는 생각에 살짝 설레기도 했다.

연구 주제에 대한 그림이 대략 그려지자 IB 관련 공문이나 연수에 저절로 눈이 가기 시작했다. 연구대회 수상작 중 관련 주제의 보고서를 찾아 분석하고 교육청 연수, 컨퍼런스, IB 학교의 공개수업 등을 참관하였다. 경기도교육청의 경우 IB 교육의 확산 정책에 따라 대학과 연계한 전문가 과정(IBEC)을 운영하거나, 관리자·학부모·교원을 대상으로 설명회를 개최하는 등의 다양한 지원 노력을 하고 있다. 이런저런 경로로 차근차근 공부하다 보니 IB MYP 프레임워크의 체계를 어렴풋이 이해할 수 있게 되었다. 또 관련 논문을 검색하다 인근 학교에 박사학위를 가진 IB 코디네이터 교사가 계신 것을 알게 되었고, 우연한 기회로 연구 주제에 대한 조언을 구하는 행운을 얻기도 했다.

3. 제목 정하기 : 수업 철학을 담은 한 줄

생각의 시대, IB 기반 앙트십 프로그램으로 성장하는 육각형 미래인재		
문제의식 및 연구의 필요성	연구 실천 과제	연구 결과 및 목표

보고서 제목의 첫 구절로 '생각의 시대'라는 필자 나름대로 정의한 시대정신을 과감하게 사용하였다. 사실 이것은 예전에 인상 깊게 읽었던 『생각의 시대[3]』라는 인문학 책에서 따온 것이다. 인간이 '은유, 원리, 문장, 수(數), 수사(修辭)'의 5가지 생각 도구들을 어떻게 사용하며 문명을 발달시키고 축적해 왔는가를 설명하는 아주 흥미로운 내용이었다. 생각 도구 하나하나가 교육과정의 핵심역량과도 연결될 수 있을 것 같아 수업에 꼭 적용해 보려고 저장해 두었던 것이었다. 개념 기반 탐구학습이 주목받고 있는 시점에서 학생들이 자신만의 생각 도구나 사고의 루틴을 가질 수 있는 경험을 충분히 제공하는 진로 수업을 목표로 설정하였다.

이제 보고서 제목 형식대로 독립변인과 종속변인이 필요하였다. 먼저 연구의 핵심에 해당하는 실천 과제로서 프로그램을 구상하였다. 국제적으로 검증된 IB MYP 프레임워크에 필자의 주 특기인 창업가정신 교육을 담아 보기로 했다. 그렇게 해서 'IB 기반 앙트십 프로그램'이라는 연구 실천 과제가 탄생하였다. 그리고 연구 결과로서 '육각형 미래인재'라는 새로운 인재상을 설정하였다. 이는 『트렌드 코리아 2024[4]』라는 책에서 제시한 올해의 키워드 중 '육각형 인간'에서 차용한 것이다. 타고난 완벽주의를 지향하는 젊은 세대의 고정 마인드셋(fixed mindset)에 갇힌 의식을 꼬집은 비판적 의미 대신, 6가지 미래 역량을 가진 평생학습자로서 '육각형 미래인재'를 설정하고 주도성에 기반한 노력으로 얼마든지 각 역량이 성장 가능함에 초점을 맞추었다. 또, 이를 시각화하여 이 프로그램을 통해 학생들이 목표 역량을 정확히 인식할 수 있도록 하였다.

---

[3] 김용규(2020), 생각의 시대, 김영사
[4] 김난도 외(2023), 트렌드 코리아 2024, 미래의창

◆ 연구 내용 소개

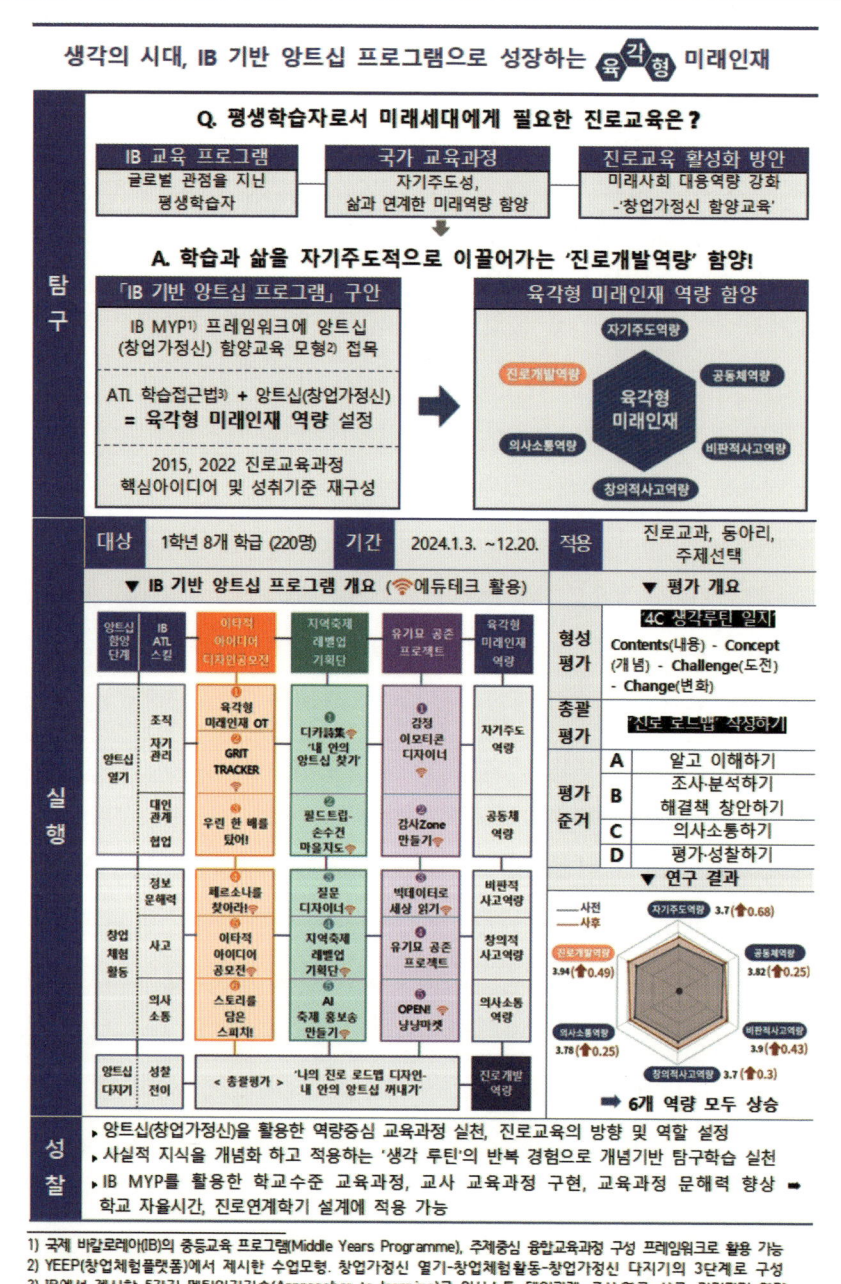

◆ 전국 1등급 POINT

1. 일반학교에서 시도해 본 IB 프로그램

수업 전반을 교육과정-수업-평가-기록의 일체화 관점에서 체계적으로 조직하기 위해 우선 IB MYP의 단원계획서(Unit planner)를 활용해 진로 교육과정을 분석했다. 이를 위해 한 논문[5]에서 제시한 양식을 재구성해 사용하였다. 우선 진로는 IB MYP에 매칭되는 교과군[6]이 없다. 그래서 디자인 싱킹의 과정을 활용한 아이디어 창출 과정과 실생활의 문제해결이라는 주제와 연결해 '디자인', '커뮤니티 프로젝트' 교과군으로 설정하였다. 그리고 2022 개정 교육과정을 기반으로 교사의 재량껏 주요 개념, 관련 개념, 세계적 맥락 등을 설정하고 탐구 진술문, 탐구 질문 등을 작성하였다. 다음 단계로 교육과정 성취기준에 근거해 A, B, C, D의 4개 영역에서 평가 준거를 만들었다.

이 단원계획서를 작성하는 과정이 처음에는 어렵고 복잡하게 느껴졌지만 반복 수정해 가면서 연구의 뼈대와 프로그램을 구성하는 데 중요한 작업이 되었다. 파편적으로 이뤄졌던 각 차시의 활동이 하나의 주제로 연결되어 수업 목표와의 일관성을 유지할 수 있고 평가를 설계하는 데도 도움이 되었다.

---

5 문화교류와 다문화교육 제12권 제3호(2023), pp.397-422, [표5] 참조
6 IB MYP의 8개 교과군은 국어, 영어, 수학, 사회, 과학, 예술, 체육과 보건, 디자인이고 평가 영역에 '커뮤니티 프로젝트'가 있다.

IB 단원계획서를 활용한 교육과정 분석

교사	OOO	IB 교과군 / 과목	디자인, 커뮤니티 프로젝트 / 진로(교과, 주제 선택, 동아리)
단원명	I.자기이해와 사회적 역량의 함양 II.2.창업과 창직 IV.진로디자인과 준비	차시	진로 7차시 동아리 12차시 주제 선택 8차시
주요 개념 Key concept	관련 개념 Related concept		세계적 맥락 Global context
주도성	정체성, 공동체, 연결, 의사소통, 창의성, 가치, 앙트십(창업가정신)		지속 가능성, 평생학습자
탐구 진술 Statement of Inquiry	2022 개정 진로 교육과정 핵심 아이디어		
앙트십을 발휘하여 개인과 공동체의 지속 가능한 성장을 돕는 가치를 만들어 낸 경험을 통해 평생학습자로서의 자기 주도적 진로개발 역량을 갖는다.	• 자신의 진로 특성에 대한 이해와 긍정적 자아개념 형성은 미래 진로 탐색의 기초가 된다. • 다양한 경험과 진로활동은 진로 탐색의 주도성을 높인다. • 창업가정신은 진로 탐색에 있어 새로운 기회와 다양한 도전의 기반이 된다. • 진로 준비는 자기 주도적인 진로 설계와 실천이 수반된다.		

탐구 질문 Inquiry questions	내용 요소	
• 사실적 질문(Factual questions) 창업가들이 갖는 공통적인 역량은 무엇인가?	지식·이해	• 자신의 진로 특성 및 긍정적 자아개념 • 창업과 창업가정신 • 진로 목표 달성을 위한 자기관리
• 개념적 질문(Conceptual questions) 앙트십 중 나의 진로 개발에 필요한 역량은 무엇인가?	과정·기능	• 다양한 진로 활동 참여하기 • 창업가정신 조사, 창업 체험활동 참여 • 진로 계획 및 단계별 실천 방법 수립 및 실행
• 논쟁적 질문(Debatable questions) '더 나은 실패를 위하여'에 대한 나의 생각은?	가치·태도	• 진로에 대한 자기 주도적 태도와 자신감 • 창의적 발상과 도전정신 • 진로 의사결정의 주도성

학습목표(평가 준거)	교육과정 성취기준
A. 알고 이해하기 　i. 나의 특성을 알고 강점을 강화시킬 수 있다. 　ii. 목표를 설정하고 꾸준히 실천할 수 있다. 　iii. 공동체의 가치를 이해하고 협업할 수 있다. 　iv. 타인에게 공감하고 적절하게 반응할 수 있다. B. 조사·분석하기/ 해결책 창안하기 　i. 정보를 수집, 분석할 수 있다. 　ii. 정보를 비판적으로 판단할 수 있다. 　iii. 창의적으로 문제를 해결할 수 있다. C. 의사소통하기 　i. 적절한 방법과 태도로 정보를 전달할 수 있다. 　ii. 상호 피드백을 통해 동료평가를 할 수 있다. D. 평가·성찰하기 　i. 학습의 전 과정을 주도적으로 성찰할 수 있다. 　ii. 학습한 개념을 맥락에 맞게 전이시킬 수 있다.	[9진로01-02] 다양한 방법으로 자신의 진로 특성을 파악하고 긍정적 자아개념을 갖는다. [9진로01-03] 함께 일하고 싶은 직업인의 특성을 알아보고 바람직한 직업인의 자세를 갖는다. [9진로02-02] 진로 경로의 다양성과 가변성을 이해하고, 유연한 진로 탐색 태도를 함양한다. [9진로02-03] 진로 정보를 탐색하는 다양한 방법을 알아보고 관심 분야의 진로 정보를 탐색하고 활용한다. [9진로02-04] 다양한 경험과 진로 활동을 자신의 진로와 연계하며 주도적인 진로 탐색 태도를 함양한다. [9진로02-06] 창업의 특성과 창업가정신을 이해하고 그 중요성을 인식한다. [9진로03-02] 관심 진로 분야의 다양한 진로 경로를 탐색하고 자신의 진로 경로를 설정한다. [9진로03-04] 졸업 이후의 진로 계획을 수립하고 자기관리 및 진로 준비 방법을 알아보고 실천한다. [교사 재구성 성취기준] 앙트십을 내면화하여 평생학습자로서의 자기주도적 진로개발 역량을 갖는다.

- IB 학습자상과 2022 개정 교육과정에서 추구하는 인간상의 공통점, IB MYP의 8개 교과군에 진로과 매칭이 어려움 → 평생학습자로서 역량 함양을 위한 진로 교과의 역할 및 방향 추출
- 2022 성취기준에 '창업가정신' 용어 등장, IB MYP 프레임워크에 창업가정신 교육 모형 접목 → 프로그램 체계성 및 평가 타당도 확보
- IB MYP의 '주요(관련) 개념', '세계적 맥락'을 활용해 개념 기반 탐구학습을 위한 수업 주제 선정 → 성찰, 전이의 사고 과정 반복 연습을 위한 '4C 생각루틴 일지' 개발
- 핵심 아이디어에서 개념을 추출, 이를 활용한 탐구 질문으로 수업 도입
- ATL 기능을 메타인지 전략으로 활용 → 평가 준거 및 육각형 역량 설정
- 탐구 진술문 기반 성찰과 전이를 평가할 수 있는 총괄평가 제시
- 진로 교과에서 탐구한 학습 내용을 적용하여 주제 선택과 동아리 시간에는 학생들이 주도하는 IB MYP의 커뮤니티 프로젝트[7] 형태의 활동 기획

Tip
- IB 관련 학교가 아닌 일반학교에도 시도해 볼 수 있는 IB 프레임워크 활용 사례
- 백워드 기반 교육과정 설계로 교육과정-수업-평가-기록 체계화
- 나의 수업 철학을 담은 교사 교육과정 디자인
- 연구 단계마다 실천 후 나만의 인사이트를 요약 정리

2. 수업에 맥락과 서사를 담아라!

사실 진로 교과는 수업 진도나 성적 산출로부터 어느 정도 자유로운 편이라 다소 실험적인 교사 교육과정을 시도해 볼 여지가 크다. 처음 진로 교사로 발령받고 가장 경계했던 것이 휘발되어 버리는 일회성 체험 위주의 진로교육이었다. 학생들이 초등학교에서 이미 경험했던 비누 만들기, 바리스타 체험 등을 진로 수업이라 인식하지 않도록 역량 중심 교육과정을 위한 재구성이 필요했다.

이 프로그램은 총 17차시로 진로 교과 6차시, 동아리 5차시, 주제 선택 5차시가 이뤄진다. 각 차시 수업이 어떤 의미를 갖는지, 전체적으로는 어떻게 유기적으로 연결되는

---

[7] IB MYP의 마지막 단계로 지역사회의 개선과 발전에 기여할 수 있는 주제의 심층탐구 공동체 프로젝트

지를 설명해야 한다. 이를 한눈에 파악할 수 있도록 프로그램 개요를 제시하였다. 먼저 종으로는 3개의 프로젝트(이타적 아이디어 공모전, 지역축제 레벨업 기획단, 유기묘 공존 프로젝트) 별로 색깔을 달리하였다. 횡으로는 왼쪽에 각 앙트십 함양 단계와 IB ATL 스킬을 배치하였다. 그리고 오른쪽에 각 차시마다 도달해야 하는 역량을 넣고 가장 아래쪽에 총괄평가와 최종 목표인 '진로개발 역량'을 제시하였다. 글로 설명하면 다소 복잡해 보이나 한눈에 조망할 수 있도록 도식으로 만들어 정리하였다.

• 프로그램 개요 •

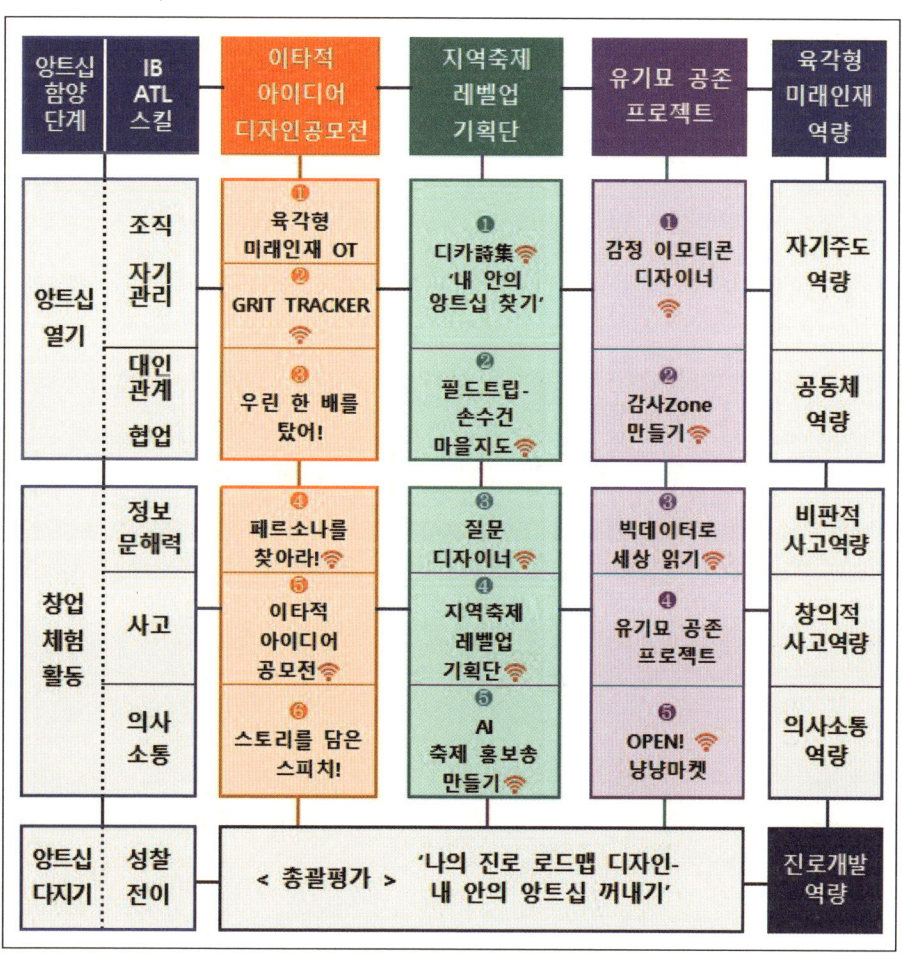

또 보고서의 제목만큼 각 차시 수업의 제목도 중요하다. 활동 주제를 요약하거나 호기심과 동기를 유발하는 적절한 네이밍이 필요하다. 예를 들어, 수업 주제 중 '우린 한 배를 탔어'는 공동체 역량을, '이타적 아이디어 공모전'은 창의적 사고 역량을 잘 드러낸다. 이 프로그램 개요는 첫 OT 시간 학생들에게도 제공되는데 '페르소나를 찾아라'에서 학생들의 질문을 유도하고 '필드트립-손수건 마을지도'나 'OPEN! 냥냥마켓'으로 참여 동기와 호기심을 자극할 수 있다.

프로젝트나 문제 기반 학습의 활동을 디자인할 때 가장 고려해야 할 것은 바로 학생들의 삶과 연결된 주제를 설정하는 것이다. 아래 3개의 프로젝트는 모두 나, 학교, 지역과 관련된 문제에서 출발하였다. '나도 10대 사장님이 될 수 있을까?' '학교에 버려진 유기묘 ○○이는 겨울을 어떻게 지낼까?' '우리 지역 축제는 왜 인기가 없을까?' 등의 흥미로운 문제를 발견하는 데 공을 들여야 한다. 그래야 이후 문제를 해결하기 위해 자신이 가진 창업가정신을 총동원하고 서로 협력 할 수 있는 동력이 되기 때문이다. 그리고 보고서에서 1쪽의 요약서를 요구하는데 전체 프로그램의 개요를 한눈에 조망할 수 있도록 제시하는 것이 중요하다.

이제 보고서의 본문에서 가장 많은 부분을 차지하는 각 차시 활동을 서술해야 한다. 단원명, 성취기준, 학습목표, 활동 내용, 학생 산출물, 성찰 내용, 평가 및 일반화 등 많은 내용을 담아야 하기에 보통 표를 많이 활용한다. 전체 프로그램 진행 흐름 안에서 각 수업을 파악할 수 있도록 제시하면서 간결하게 핵심 내용을 전달할 수 있는 나만의 틀을 만들었다. 그리고 반복적으로 등장하는 개념은 적절한 아이콘으로 편집하면 깔끔하게 정리할 수 있다. 다음은 매 차시 수업 활동을 정리한 틀이고, 특이한 점은 수업 성찰 일지를 각 프로젝트 활동의 마지막에 수업 전, 수업 중, 수업 후의 단계로 나눠 제시했다는 것이다.

• 각 차시 수업 활동을 정리한 틀 •

	⑤ 이타적 아이디어 공모전		창의적사고역량
학습 목표	모의 창업활동을 통해 창업가정신을 함양하고 이를 진로개발역량으로 발전시킬 수 있다.	ATL기반 평가준거	B iii. 창의적 문제해결
탐구 질문	다른 사람들을 위한 아이디어가 나에게는 어떤 이로움을 줄까?	IB 관련개념	창의성, 가치
창업 체험 활동	활동 내용	■ 페르소나 설정 -고객카드+욕구카드 랜덤으로 뽑아 강제결합 -'페르소나의 하루'에서 불편한 점, 문제점 찾기 ■ 아이디어 구상하기 -문제정의 및 구체화 'OO의 OO문제를 해결하기 위한 OO아이디어' -SCAMPER 기법으로 아이템 구체화 ■ 아이템 제안서 작성하기(📱패들렛, 캔바)	▲고객카드, 욕구카드 랜덤뽑기
	4C 생각 루틴	노인들의 하루를 생각해 보니 불편한 점이 많았고 친구들과 계속 질문을 주고받으면서 점점 더 아이디어가 발전하였던 것 같다.	
	일반화 Tip	'이타적'의 개념을 어려워하는데 '이기적'의 반대말로 설명하니 쉽게 이해. 이타적 아이디어로 타인에 대한 공감, 배려 등 사회정서적 교육가능	▲아이디어 발산회의

교사성찰(수업일지)

수업 전	수업 중	수업 후
☑ 전체 차시의 수업주제 목록을 사전에 공개하여 학생 실태분석, 흥미유발에 활용 ☑ 교구와 학습자료를 적절히 사용하여 직관적 이해 유도 ☑ 프로젝트 전 과정의 활동지 워크북 디자인➡수업 흐름을 이해 용이, 분실방지용 ☑ 팀구성 리크루팅 활동에서 소외 학생 발생 우려➡학습목표 반복 주지시킴, 사전 리더 지원자에게 부탁하는 작업 필요	☑ 무임승차 학생-개인의 경험과 연결할 수 있는 발문 고민 ☑ 수행속도의 차이발생➡학생을 '보조교사'로 활용 ☑ 페르소나별 불편한 점 찾는 활동에서 브레인 스토밍이 한정적➡와디즈 사이트 참고, 기존 아이템 변형하도록 안내 ☑ 게이미피케이션 요소(팀빌딩 게임), 챌린지와 보상 ☑ 생소한 용어➡쉬운 용어로 바꿔 설명 후 스타트업계 용어 계속 사용	☑ 매차시 주제와 육각형역량 주지시킴 ('이 활동이 왜 필요한가?'로 발문) ☑ '4C 생각루틴' 일지 작성시 탐구질문 강조, 성찰과 전이유도 ☑ 경청하는 태도는 점점 발전, 건설적인 피드백 과정에서 개별 역량 차이가 큼➡교사반응을 모델링할 기회 ☑ 총괄평가의 목적강조, 앙트십을 자기주도적 진로개발역량으로 전이 유도

> **Tip**
> • 내(교사)가 가장 잘할 수 있는 분야에 집중하기
> • 각 차시별 수업 주제를 도달해야 할 학습목표(역량)와 연결하여 네이밍
> • 학생들의 실제 삶에서 찾은 수업 주제로 동기 유발과 참여도 높이기
> • 전체를 조망할 수 있는 프로그램 개요 디자인 제시하기
> • 각 차시 활동을 핵심적으로 전달할 수 있는 틀(표) 만들기

3. 매력적인 역량을 설정하라!

연구보고서 제목의 종속변인에는 보통 연구 결과에 해당하는 역량이나 인재상 등을 설정해야 한다. 보통 '~핵심역량 기르기', '~민주시민 되기' 등이다. 이 프로그램의 목표이자 기대되는 연구 결과를 상징적으로 나타내고자 '성장하는 육각형 미래인재' 라고 정하였다. 그런 다음 육각형 미래인재 역량을 어떻게 측정할 것인지에 대한 검사 도구가 필요하였다. 2015와 2022 개정 교육과정의 6가지 핵심역량은 모두 앙트십(창업가정신) 역량과 공통 지점이 존재한다. 이에 앙트십 역량[8]에 IB ATL 학습 접근법을 접목하여 5가지(자기 주도, 공동체, 비판적 사고, 창의적 사고, 의사소통) 역량으로 재구성하였다. 그리고 연구의 최종 목표인 진로개발 역량[9]을 추가하여 총 6개(30문항)의 '육각형 미래인재 역량'이라는 측정 도구를 설정하였다. 기존 이론인 IB ATL 학습 접근법과 공식적으로 활용되고 있는 앙트십 검사 도구를 합해 새로이 재구성하고 명명한 것이다. 그리고 이를 표로 제시할 때 하위 역량을 나열하여 두 영역 간의 관련성을 파악할 수 있도록 제시하였다.

---

[8] YEEP 온라인 창업체험교육플랫폼(https://yeep.go.kr/)의 창업가적 핵심역량진단 도구
[9] 커리어넷(https://www.career.go.kr/) 진로개발역량 검사 도구

• 육각형 미래인재 역량 •

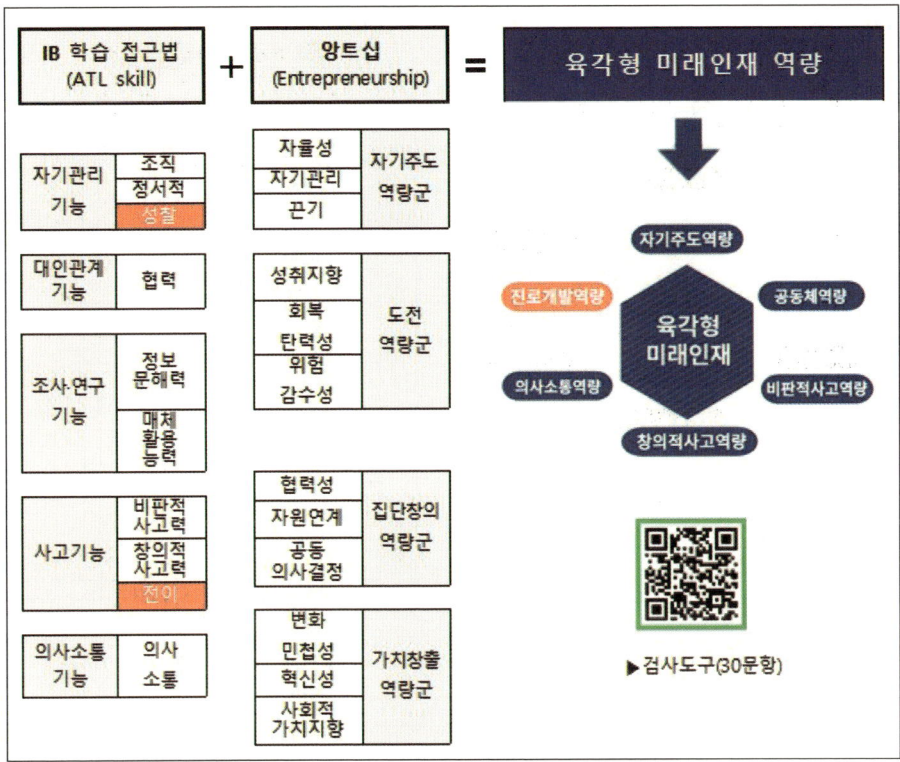

또 중요한 포인트는 학생별 사전·사후 검사 결과를 스스로 활동지에 누적하여 그려 보게 함으로써 좀 더 직관적으로 본인의 성장도를 성찰할 수 있도록 했다. 구체적으로 어떠한 역량이 얼마나 성장했는지를 비교해 보는 과정이 자기평가의 기회로 작용하는 것이다. 단순히 교사의 연구 결과 분석용으로 끝날 수 있는 과정에 학생들을 참여시킴 으로써 자기 주도 역량을 한 번 더 강조할 수 있다. 이후에도 학생들은 각 역량에 대해 깊이 이해하고 다른 활동에서 자기평가에 활용하기도 하는 의미 있는 지점들이 관찰 되었다.

• 육각형 미래인재 역량 검사 •

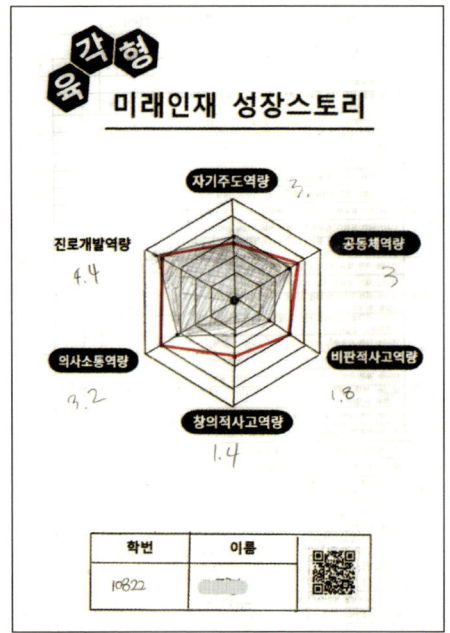

> **Tip**
> - 과정을 누적하여 성찰할 수 있는 활동지 디자인
> - 학생 스스로 도달해야 할 목표(역량)를 정확히 인식하도록 활동지 디자인

4. 입체적인 평가를 설계하라!

2022 개정 교육과정에서 강조하는 역량의 함양을 위해 이해 중심, 학문 중심 교육과정이 더욱 주목되면서 평가에 대한 관심도 커지고 있다. 지금까지 특색 있는 학생 참여형 활동이 많이 기획·운영되고 있지만 이것이 단순히 활동에 그치고 만다면 학습목표의 달성과 교육적 효과를 거둘 수 없다. 그래서 학습 과정에서의 역량 성장도를 평가하고 적절한 피드백을 제공할 수 있는 평가 또는 루브릭에 대한 고민이 더 깊어지고 있다. 백워드 설계(Wiggins&McTighe, 1998)의 원리를 반영한 IB 프로그램의 평가 설계 방식에 근거해 형성평가와 총괄평가를 적절히 활용한 과정중심평가 개요를 구성했다.

가. 4C 생각루틴 일지

형성평가의 목적은 학습 과정에서 학생의 이해도를 확인하고 즉각적인 피드백을 제공하기 위함이다. 2022 개정 교육과정에서 강조하는 과정중심평가의 실천이며 보고서 심사 기준 항목에서도 이 부분을 강조하고 있다. 개념 기반 탐구학습을 기반으로 나만의 사고 체계를 루틴화시키고, 그 과정에서 성찰 및 전이의 경험까지 담아낼 수 있는 연습이 필요하였다. 이와 관련한 아이디어를 '하버드 프로젝트 제로'의 사례를 소개한『생각이 보이는 교실[10]』에서 얻었다. 책에서는 사고의 과정을 가시화하여 학생 스스로가 질문하고 탐구하도록 유도하는 사고 루틴을 소개하고 있다. 그중 한 가지 방법을 변형하여 '4C 생각루틴 일지'라는 학생용 수업 성찰 일지를 구성하였다. 탐구 질문으로 수업의 도입부를 열고, 매 차시 정리 단계에서 학습 내용(Contents)-개념(Concept)-도전(Challenge)-변화(Change)의 4단계에 거친 반복된 루틴으로 수업 성찰 일지를 작성하도록 했다.

첫 단계인 학습 내용 부분에서는 수업 내용을 구조화하거나 키워드로 정리한다. 두 번째 개념 단계에서는 수업 내용을 포괄할 수 있는 상위 개념을 찾아낸다. 추상적인 개념들이라 학생들이 처음에는 다소 어려워하여 미리 예시 개념들을 제시해 주고 찾도록 한다. 하지만 이 단계를 반복할수록 학생들은 상위 개념을 잘 찾을 수 있게 된다. 세 번째는 앞 단계의 개념과 관련하여 수업 안과 밖에서 있었던 나의 도전 경험을 떠올리도록 한다. 이 부분은 정답이 없으며 모든 사례가 답이 될 수 있다고 강조한다. 그리고 마지막 단계는 이 차시의 수업을 통해 나타난 변화, 즉 가치, 태도 등에 대해 성찰하도록 한다. 이상의 4C에 해당하는 단계를 반복하면서 학생들은 자연스레 개념 기반 탐구학습을 통해 전이 단계까지 경험하게 된다. 여기서 포인트는 꼭 서로 공유하도록 하고 적절한 교사의 피드백을 제시하는 것이다.

---

[10] 론 리치하트 외(2023), 생각이 보이는 교실, 최재경 역, 사회평론아카데미

• 4C 생각루틴 일지 실제 •

나. 학습으로의 평가

진로 교과 시간에 전체 1학년을 대상으로 6차시에 걸친 긴 호흡의 '이타적 아이디어 공모전'이라는 프로젝트를 진행하였다. 자유학기 진로탐색 활동으로 편성된 교과 수업으로 학기말에 학교생활기록부 특기사항을 기록해야 하는 만큼 평소에 교사의 관찰 평가를 누적시켜 놓을 필요가 있었다. 그래서 과정중심평가의 취지를 반영하여 매 차시에 도달해야 할 목표 역량과 평가 준거(평가 장면), 평가 대상을 설정했다. 특히 변별보다는 개별 학생의 성장에 초점을 맞추어 교사의 관찰 내용을 작성하였고 재평가의 기회를 담아 '학습으로의 평가'[11] 루브릭을 디자인하였다.

---

[11] 이형빈(2023), 성장중심평가의 취지에 따른 평가 루브릭 개발 가능성 탐구, 한국교육과정평가원

• '학습으로의 평가' 루브릭 실제 •

다. 총괄평가

 연구 결과 검증 및 분석은 결론 중에서도 가장 중요한 부분이다. 하지만 대부분은 사후 검증 결과를 분석해 보고서에 싣고 교사의 제언이나 소감 등으로 끝이 난다. 이 부분에서 학생 참여형 수업의 주인공이었던 학생들의 자기평가 부분을 좀 더 심도 있게 다뤄 보고 싶었다. 그래서 서·논술형 평가를 구상했다. 3개의 프로젝트가 모두 끝난 후 마지막 차시에 '나의 진로 로드맵 디자인'이라는 주제를 총괄평가 형태로 제시하였다. 총괄평가는 학생들이 자신의 학습 과정 전반을 성찰하고 수업에서 내면화한 '역량'에 대한 개념을 삶의 맥락이나 새로운 문제 상황에 전이시킬 수 있는가를 평가하는 데 목적이 있다. 즉, 정답을 찾는 것이 아닌 자신의 생각을 끄집어내어 논리적으로 표현하도록 하는 데 주안점을 두었다.

• 서·논술형 총괄평가 문항 예시 •

▶ 총괄평가 과제 개요

「나의 진로 로드맵 디자인」

- 학습 과정의 성찰을 통해 자신의 강점을 파악하고 나의 진로 로드맵에서 각 시기별 목표, 진로 장벽, 극복 방안을 제시할 수 있다.
- 실패에 대한 자신만의 관점을 정리함으로써 앙트십을 평생학습자로서의 자질로 전이시킨다.

▶ 총괄평가 과제와 탐구 진술문과의 관계

학생들은 학습 과정의 성찰을 통해 자신의 특성과 육각형 미래인재 역량의 성장도를 파악한다. 이 과정에서 앙트십의 가치를 이해하고, 이를 발휘하여 자신의 진로 로드맵을 디자인해 봄으로써 평생학습자로서의 주도성을 내면화한다. 즉, 나의 경험과 배움이 진로와 연계될 수 있음을 인식시킨다.

Tip

- 총괄평가로서 서·논술형 구성
- 학생 스스로 도달해야 할 목표(역량)를 정확히 인식하도록 활동지 디자인

5. 다양한 장(場)을 적극 활용하라!

연구의 일반화 및 확장 부분은 중요한 심사 기준이나 백화점식 나열의 내용 전개로 그칠 수 있다. 연구의 적용 범위를 나의 수업(동아리, 창체 등) 외에 타 교과나 학년, 학교 교육과정 전반으로 확장시켜 일반화할 수 있는가 살펴보아야 한다. 학교 밖의 연구회, 수업 사례 나눔 및 공개수업, 강의나 연수 등 나의 연구를 일반화시킬 수 있는 다양한 장(場)을 찾을 수 있다.

마침 교육부의 진로교육 활성화 방안으로 '창업가정신 교육 생태계 조성' 거점 기관을 모집하는 공문이 왔다. 연구 주제와 관련된 사업이라 이를 활용해 연구의 일반화 및 확장을 시도했다. 내실 있는 자유학기제 운영의 노하우가 축적되어 있던 본교에서 1학년의 각 교과에서 이미 다양한 형태의 학생 참여형 수업(과학과의 발명교육, 정보과의 메이커 활동, 도덕·미술과의 프로젝트)이 계획되어 있었다. 이 수업도 결국 '육각형 미래인재 역량'의 함양과 관련지을 수 있을 것 같았다.

먼저 각 교과의 성취기준을 분석해 '창업가정신' 또는 '진로개발 역량'과의 연결 지점들을 찾아냈다. 그리고 '창업가정신 함양교육 생태계 조성'이라는 주제로 진로 연계 학년 교육과정을 구성했다. 이는 각 교과별 학생 참여형 수업이 단순히 활동에 그치지 않고 학생이 자신의 역량 성장도를 스스로 성찰하고 자기 주도적인 진로개발 역량으로 전이시키도록 하기 위함이었다. 실제 각 교과에서 우선 '앙트십 열기-창업 체험활동' 단계에 해당하는 활동을 한 후 마지막 '앙트십 다지기' 단계에서 진로 교과와 연계한 총괄평가를 실시하는 것이었다. 나아가 지역사회 청소년 축제나 외부 대회 참가 등 다양한 교내외 실천 활동으로 확장시켰다. 이를 통해 자연스레 학년 단위의 '진로 연계 교과융합 교육과정'이 운영될 수 있었다. 연구대회 수상 이후에도 교내 '수업 talk talk 수업 나눔', 관내 '수업 나눔 한마당', 도단위 연구회의 '프로젝트 사례 나눔' 등 다양한 경로에서 수업을 공유하고 나누면서 연구 설계를 발전시키고 교사 역량도 함께 성장할 수 있었다.

• 본교 2024 창업가정신 교육 생태계 함양 운영 계획서 中 일부 •

대상	1학년 8개 학급	기간	2024. 4. ~ 12. 20.
교과	성취기준		
과학	[9과07-02] 현대사회의 다양한 직업이 과학과 어떤 관련성이 있는지 예를 들어 설명하고, 미래 사회에서의 직업의 변화를 토의할 수 있다. [9과24-02] 과학을 활용하여 우리 생활을 보다 편리하게 만드는 방안을 고안하고 그 유용성에 대해 토론할 수 있다.		
정보	[9정01-01] 정보기술의 발달과 소프트웨어가 개인의 삶과 사회에 미친 영향을 분석하고 그에 따른 직업의 특성을 이해하여 자신의 적성에 맞는 진로를 탐색한다. [9정03-03] 논리적인 문제해결 절차인 알고리즘의 의미와 중요성을 이해하고 실생활 문제의 해결 과정을 알고리즘으로 구상한다.		
도덕	[9도01-04] 본래적 가치에 근거한 삶의 목적 추구가 도덕적으로 정당화될 수 있음을 이해하고, 자신의 삶의 목적을 도덕적 이야기로 구성할 수 있다. [9도03-03] 지구 공동체에서 일어나는 다양한 도덕 문제를 인식하며, 개선하려는 참여적 태도를 가지는 등 세계시민 윤리의식을 함양할 수 있다.		
미술	[9미01-05] 미술과 관련된 다양한 직업의 종류와 특징을 이해할 수 있다. [9미01-04] 미술과 다양한 분야의 융합 방안을 모색할 수 있다.		

• 관내 수업 나눔 한마당 •

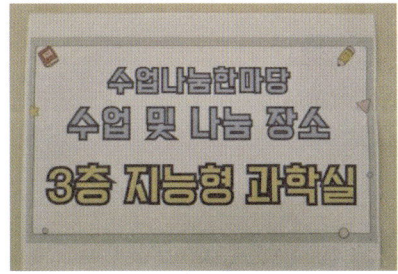

> **Tip**
> - IB MYP의 주요 개념, 관련 개념, 세계적 맥락 활용 → 학기초 평가 계획 수립 시 각 교과의 성취기준을 분석하여 학년 교육과정의 융합 주제 선정
> - '교과융합 교육과정' 템플릿 활용
> - 적극적인 수업 사례 나눔과 피드백으로 일반화

◆ 전국 1등급이 본 1등급 POINT

POINT 1. 미래 교육 방향을 적용한 연구 주제의 참신성

IB MYP 프로그램과 창업가정신을 융합하여 재구성한 'IB 기반 앙트십 프로그램'이라는 특색 있는 연구 주제가 돋보인다. 미래 교육의 핵심 방향을 잘 반영하고 있으며, 미래 인재로서의 탐구 역량을 길러 주는 교육을 제안하고 있어 현장 적용 가능성과 교육적 기여 또한 기대할 만하다. 급변하는 미래 사회에서 창의적이고 비판적인 사고력을 키우는 교육에 대한 사회적 요구를 반영하고 있고, 교사의 다양한 실천 노력이 보인다. 일반학교에서 IB 프로그램을 활용해 2022 개정 교육과정의 실천을 위해 노력한 점, 진로 연계 교육에 대한 새로운 대안을 제시한 점이 미래형 교육 혁신의 사례가 될 것이다.

• 교사 교육과정 설계를 위한 함수 •

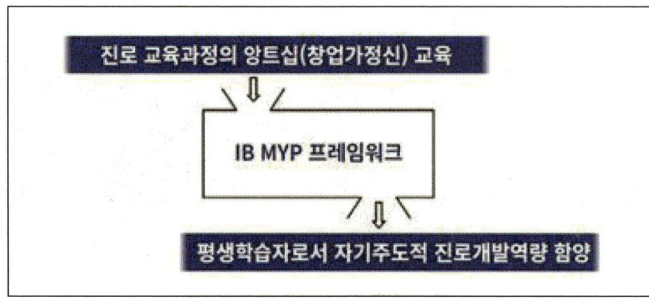

POINT 2. 2022 개정 교육과정의 '깊이 있는 학습' 구현

유기묘와의 공존, 사회적 약자, 지역 축제 활성화 등 우리 주변에서 문제를 발견하고 수업 안으로 끌어온 것이 흥미로웠다. 학생의 삶과 연계한 학습이 지속적으로 이루어질 수 있도록 진로, 동아리, 주제 선택 시간을 넘나드는 활동이 주제 중심 융합 교육과정으로 운영되었다. 또한 '4C 생각루틴 일지'를 통해 학습 과정에 대한 성찰을 강조한 점이 특징적이다. 각 프로젝트가 탐구–실행–성찰의 큰 틀 안에서 2022 개정 교육과정에서 강조하고 있는 깊이 있는 학습을 충실히 구현하고 있다.

POINT 3. 체계적인 프로젝트 설계 및 수업의 구조화 그리고 실천

직접 고안한 'IB 기반 앙트십 프로그램'을 통해 흥미로운 3가지 네이밍의 이타적 아이디어 공모전, 지역 축제 레벨업 기획단, 유기묘 공존 프로젝트를 설계하고, 적절한 에듀테크 도구를 활용한 학생 주도 참여형 활동으로 수업을 구조화하여 연구 과정이 체계적이다. 무엇보다 프로그램을 교과 수업–학년 교육과정–지역사회로 확장시키는 과정에서 학생과 교사의 실천과 성장이 돋보인다.

◆ 연구 소감

제주에는 '물벗'이라는 단어가 있다. '물'은 바다를 의미하고 '벗'은 친구나 동료를 뜻하는데, 바로 위험한 작업 환경에서 서로 의지하고 협력하는 관계를 나타내는 독특한 해녀 문화를 말한다. 예측 불가능한 망망대해에 뛰어들어 물질을 할 때 서로를 지켜보며 위험을 감지해 주는 것이다. 또한 '물벗'은 세대 간 기술 전수의 장이 되기도 하며, 개인적으로 조업하지만 수확물을 공유한다. 마지막으로 '물벗'은 서로를 지지하며 연대와 정서적 유대감을 가진다.

'물벗'이라는 개념은 우리 교사 공동체의 문화와도 겹쳐지는 부분이 많다. 연구하는 문화로 인한 경험과 지식의 공유는 결국 전체 교육의 질을 높인다. 협력과 공동 연구 과정은 학생과 교사 모두를 성장시킨다. 그리고 그 속에서 인간에 대한 신뢰와 존중이 싹트기도 한다.

개인적으로 17년 정도 역사 교과를 가르치다 진로 교과로의 전과는 큰 도전이자 교직에서의 터닝포인트였다. 학생들에게 "선생님은 사실 전과자야."라며 커밍아웃을 하기도 한다. 역사와 진로는 교과의 결이 다른데, 이미 일어난 과거 사실들이 기본 텍스트인 역사와는 달리 진로는 계속해서 사회 변화를 읽어 내고 수업에 반영해야 했다. 수업 내용이나 평가 방식에 있어서도 교사의 재량이 훨씬 더 발휘될 여지가 있다. 접근 방식에 따라 교사 교육과정을 실천할 수 있는 스펙트럼이 넓은 교과이기도 하다. 그래서 흥미 있는 연수를 찾아 듣고 각종 교사 네트워크 활동에 참여하면서 진로 교사로서 나만의 정체성을 가진 수업 브랜드를 만들고 싶었다. 그리고 그에 대한 증명으로 연구대회에 도전하게 되었다.

'엄마는 디즈니 공주가 아니라 지브리의 모험을 떠나는 주인공 같아.'

딸아이가 생일 카드에 적어준 문구이다. 늘 종종거리지만 뭔가 신나는 도전을 하고 있는 것처럼 비춰졌나 보다. 그런데 그 말이 참 좋아 사진으로도 남겨 두었다.

자발적으로 참여한 연구대회였지만 돌이켜 보면 그 과정은 녹록하지 않았다. 1년 내내 머릿속에 수업과 평가에 대한 구상과 편집 중인 보고서가 떠다녔다. 보고 듣고 느끼는 모든 것을 수업 아이디어와 연결시켰다. 매 수업마다 120% 준비하고 학생들의 미세한 반응을 읽어 내려 촉각을 곤두세웠다. 제출 마감을 앞두고 밤새 편집을 할 때는 고통스럽기까지 했다. 하지만 그럼에도 불구하고 자신 있게 참 가치 있는 경험이었다고 말할 수 있으며, 아끼는 동료 교사들에게 대회 참가를 적극 추천하고 다닌다. 고민했던 시간만큼 교사도 학생들도 분명 성장하고 변화하기 때문이다.

무엇보다 가장 큰 이유는 시상식과 해외 연수에 참여하면서 전국의 교사들과 이야기를 나누며 정말 다양하고 많은 경험을 공유할 수 있었다는 것이다. 5박 6일의 짧은 일정이었지만 우리는 서로가 훌륭한 '물벗'임을 알 수 있었다. 서로의 노력을 진심으로 존중하고 응원하는 것이 느껴졌다. 그리고 참 신기한 것은 동료 교사들이 하나같이 지브리의 모험을 떠나는 주인공 캐릭터를 닮았다는 것이다. 이상의 연구대회 참가 소감은 보고서의 마지막 문장으로 마무리한다.

"우리는 경험으로부터 배우는 것이 아니라, 경험에 대한 성찰로부터 배운다."

— 존 듀이(John Dewey)

5. 아이비(A.I.B.) 탐구생활로 핵심역량을 키우는 깊이 있는 수업

선생님 소개

성명(활동명)	이기현		
학교급	중학교	교과	과학
수업 철학	모든 학생이 참여하고 성장하는, 학생이 주도하는 수업! 살아 있는 수업은 교사도, 학생도 신나게 한다.		

활동 이력

- 2025 경기도교육청 중학교 교육과정 편성·운영 도움자료 개발위원
- 2025 경기도교육청 중등 논술형평가 길라잡이 개발위원
- 2024 전국 수업혁신사례연구대회 1등급
- 2024 경기도교육청 중등 교수학습 정책지원단
- 2024 경기도교육청 중등 논술형평가 핵심교원

2024 수업혁신사례연구대회 도전 계기

학교에서 주어진 수업과 업무 사이에서 고민하던 중, 두 가지를 포기하지 않고 함께할 방법을 찾다가 연구대회에 도전하게 되었다. 끝없는 고민 속에서 교사로서의 방향을 모색하던 나에게 이 대회는 스스로를 돌아보고, 미래를 그려 보는 소중한 계기가 되었다. 연구대회를 준비하면서 많은 시행착오를 겪으며 교사로서의 확신과 열정을 더욱 단단히 다질 수 있었고, 단순한 도전을 넘어 더 나은 수업을 위해 끊임없이 나아가게 하는 원동력이 되어 주었다.

수업혁신사례연구대회를 준비하는 교사들에게 한마디!

교사는 늘 수업에 진심입니다. 학교에서 지치고 힘든 순간이 있더라도, 학생들과 소통하며 만족스러운 수업을 만들어 갈 때 우리는 다시 한 걸음 나아갈 힘을 얻습니다. 수업혁신사례연구대회는 '수업'을 중심으로 교사로서 걸어온 발자취를 돌아보고, 앞으로의 방향을 고민하는 값진 기회를 선물해 줄 것입니다. 지금 바로 도전하세요!

◆ 연구 주제의 선정 이유

1. 연구 주제의 선정 이유 및 도전 계기

2022 개정 교육과정 적용에 앞서 깊이 있는 학습에 대한 교사 연수를 준비하면서 '사유하는 학생과 깊이 있는 수업'에 대한 고민을 하게 되었고, '질문하는 학교 선도학교' 운영 담당자로서 새로운 업무를 준비하면서 수업에 대한 고민은 더욱 커져 갔다. 학교에서 주어진 업무와 수업 모두를 포기하지 않고 함께할 방법을 찾다가 어차피 새로운 업무를 배워야 한다면 연구대회를 위한 새로운 주제를 생각하기보단 업무로 배운 것을 나의 수업에 먼저 적용해 보기로 마음먹었다.

2022 개정 교육과정 적용을 앞둔 시점에서, 이와 함께 시작된 교육부 선도학교 사업과 연관된 연구 주제를 선정한 부분은 결과적으로 큰 도움이 되었다.

연구 주제는 교과의 특색과 함께 교육의 새로운 패러다임과 방향을 고려하여 선정하는 것이 유리하다. 이는 미래 사회, 교육정책, 사회적 요구 등 다양한 변화 앞에서 일반화 및 확산을 고려하는 연구대회의 목적과도 같다. 또한, 수업을 설계하고 일반화하는 부분에서도 교육 현장에서 요구하는 분야를 접목하는 것이 연구를 이어 가는 데도 수월하다. 실제 심사 기준에서도 2022 개정 교육과정의 방향 및 미래형 수업 혁신에 대한 노력 반영 부분이 가장 높은 배점을 차지한다.

2. 연구 주제의 선정 과정

먼저, 2022 개정 교육과정과 교육청 기본계획을 읽어 보면서 키워드를 나열해 보았다. 그리고 이 중에서 학교 업무와 연관이 있어서 해야만 하고, 수업과 관련이 있어서 호기심을 자극하는 키워드를 선정하였다.

그다음 선정한 키워드를 현재 하고 있는 수업과 연결 지어 먼저 프로젝트를 설계해 보았다. 이때 프로젝트를 통해 구현하고 싶은 교육과 수업이 곧 연구의 목적이고, 프로젝트를 하고 싶은 이유가 연구의 필요성이 되며, 키워드를 찾은 자료 등이 연구의 이론적 배경이 된다. 프로젝트를 통해 구현하고 싶은 수업에 대한 궁금증과 호기심을 연구 주제로 선정하고 연구를 설계하였다. 프로젝트 수업 전과 후 학생들에게 어떠한 성장과 변화가 나타나기를 바라는지, 어떤 방법으로 어떤 도구를 사용하여 학생들과 수업하고 싶은지를 고민하면서 연구 주제를 명확히 하고, 이를 구현하기 위한 과정을 생각하면서 연구과제를 결정하게 된다.

- 질문하는 학교 : 질문, 토론, 탐구, 질문을 배우기–질문으로 배우기–질문하며 살기
- 2022 개정 교육과정 : 학습자 주도성, 핵심역량, 깊이 있는 학습(교과 간 연계와 통합, 삶과 연계한 학습, 학습과정에 대한 성찰)
- 경기도 기본계획 : AI·디지털 활용, 에듀테크, 지역 연계, 학생 맞춤형 피드백
- 중학교 교육과정 : 자유학기, 학교자율시간, 디지털 리터러시 → 학생 주도 질문 기반 탐구수업, AI·에듀테크를 활용한 디지털 기반 수업, 삶과 연계한 깊이 있는 수업, 핵심역량 함양

3. 연구 주제의 네이밍

연구 주제를 선정하고 난 후에는 연구의 핵심 주제가 잘 드러나도록 네이밍하는 것이 중요하다. 계획서 제출 이후 연구 주제를 변경할 수 없으므로 연구를 설계하는 과정에서 매우 중요한 단계라고 할 수 있다.

학생이 주도하여 질문하고, 탐구하고, 삶과 연계한 적용으로 학생들의 핵심역량을 키우고자 하였고, 이것이 곧 깊이 있는 학습이라고 생각했다. 무엇보다 질문–탐구–삶과의 연계가 단계적으로 이루어지는 과정이 프로젝트의 특색이자 연구의 핵심이라고 생각했다. 이에 따라 질문–탐구–삶과의 연계를 통한 프로젝트로 깊이 있는 수업을 구현하여 학생의 핵심역량을 키우는 연구의 목적을 확고히 하고 네이밍을 시작했다.

> **Tip** 네이밍 3단계
>
> - **1단계 연구의 핵심 개념 나열하기**
>
>   <u>질문하고 탐구하고 삶과 연계한 수업</u> → <u>깊이 있는 학습 → 학생의 핵심역량 함양</u>
>   (연구 내용)   (연구 결과)
>
> - **2단계 핵심 단어를 요리조리 아이디어 찾기**
>
>   질문하고 탐구하고 삶에 적용하는 수업
>
>   : Ask (묻고) - Investigate (탐구하고) - Bring into our life (우리의 삶으로 적용하는)
>
>   : AIB 탐구생활, AIB 사이언스 리그
>
>   → 아이비(A.I.B.) 탐구생활
>
> - **3단계 연결하기**
>
>   아이비(A.I.B.) 탐구생활, 깊이 있는 학습 실천하기, 핵심역량 키우기
>
>   → 아이비(A.I.B.) 탐구생활로 핵심역량을 키우는 깊이 있는 수업

◆ 연구 내용 소개

	요약서 아이비(A.I.B.) 탐구생활로 핵심역량을 키우는 깊이있는 수업
연구 필요성	① 학생 질문 교육의 필요성 ② AI·에듀테크 활용 등 미래형 교육환경의 변화 → ③ 사유하는 학생, 깊이있는 수업 구현 요구 학생주도 질문기반 탐구수업 AI·에듀테크를 활용한 디지털 기반 수업 삶과 연계한 깊이있는 수업
연구 목적	학생주도 질문기반 탐구수업과 AI·에듀테크를 활용한 디지털 기반 수업을 통해 깊이있는 학습을 구현하는 핵심역량 함양 수업모형 개발
용어 정리	**아이비 (A.I.B.) 탐구생활** Ask : 묻고 - Investigate : 탐구하고 - Bring into our life : 우리의 삶으로 적용시키는 탐구와 사고 과정을 통해 학습 내용을 자신의 것으로 만들고, 삶과 연계하여 유의미한 맥락 속에서 배운 내용을 적용할 수 있도록 돕는 **학생주도 탐구 중심 프로젝트** →  →  (묻고) (탐구하고) (삶과 연계한 성찰) **깊이 있는 수업** 삶과 연계한 학습, 교과간 연계와 통합, 학습 과정에 대한 성찰로 배운 내용을 새로운 상황에 적용하여 문제를 해결하는 깊이 있는 학습이 구현되는 수업	**삼색 또래토론** 자신의 의견을 검은색으로 적고, 그다음 친구의 의견을 경청하며 파란색으로 보완하고, 마지막으로 서로의 생각을 나누며 모둠의 생각을 빨간색으로 정리하는 토론
실태 분석	・다양한 학교자율과정 ・교사·학생의 높은 디지털 역량 ・협력적인 교사 문화 ・2022 개정 교육과정 적용 시점  ・질문이 어려운 수동적인 수업 분위기 ・자신의 학습 과정에 대한 성찰 부재 ・학생 맞춤형 피드백이 어려운 과밀학급 ・학생 간 큰 개인차 → ▣ 질문을 배우고, 질문으로 배우는 질문기반 탐구수업으로 학습자 주도성을 키우고, 삶과 연계한 학습으로 학생의 학습 과정과 삶에 대한 성찰이 필요하다. ▣ AI·에듀테크를 활용한 디지털 기반으로 한 학생 맞춤형 수업이 요구된다.
연구 과제	**연구과제1** 아이비(A.I.B.) 탐구생활을 위한 환경조성 ▶ 탐구생활을 위한 교사·학생 역량 강화 ▶ 함께 탐구하는 학교 문화 조성 ▶ AI·에듀테크 활용을 위한 환경 구축	**연구과제2** 질문과 탐구로 성찰하는 아이비(A.I.B.) 탐구생활 개발 ▶ 질문과 탐구로 성찰하는 아이비(A.I.B.) 탐구생활 수업 디자인 ▶ 아이비(A.I.B.) 탐구생활과 연계한 과정중심평가 및 피드백 고안	**연구과제3** 아이비(A.I.B.) 탐구생활로 핵심역량을 키우는 깊이 있는 학습 구현 ▶【과학교과】 탐구 질문으로 배우는 기체의 성질 ▶【교과융합】 우리 마을 환경 지킴이 프로젝트 ▶【자유학기】 우리 마을 넘나들기 프로젝트
연구 결과	하나! 학생주도 질문기반 수업과 AI·에듀테크를 활용한 디지털 기반 수업을 통해 학습자 주도성을 키우는 아이비(A.I.B) 탐구생활을 개발하였다. 둘! 아이비(A.I.B) 탐구생활은 삶과 연계한 학습, 교과간 연계와 통합, 학습 과정에 대한 성찰로 깊이 있는 수업을 구현한다. 셋! 아이비(A.I.B) 탐구생활을 통해 과학교과, 교과융합 프로젝트, 자유학기 주제선택활동에서 학생들의 6가지 핵심역량이 모두 향상되었다. → 아이비(A.I.B) 탐구생활은 교과수업, 교과융합 프로젝트, 자유학기 연계 활동 등 교육과정 전반에서 다양한 활동으로 깊이있는 수업을 구현하여 학생의 핵심역량을 함양할 수 있다.

◈ 전국 1등급 POINT

1. 성공적인 연구 설계를 위한 핵심 전략

연구대회를 준비하는 과정을 되돌아보았을 때 가장 다행이라고 여겨지는 부분은 바로 연구 주제 선정과 연구 설계 부분이다. 담당 업무와 연결 지어 시작했던 연구대회인 터라 2022 개정 교육과정의 방향이나 새로운 교육 트렌드에 맞는 연구 주제를 선정할 수 있었고, 이는 심사 기준과도 맞닿아 있었다. 또한 연구 주제를 토대로 연구를 설계하기 때문에 연구의 방향 또한 연구대회의 취지에 맞게 맞춰 나갈 수 있었다.

> **Tip** 연구 주제 선정 시 확인해야 하는 것!
> - 2022 개정 교육과정의 방향 또는 강조점과 연관되었는가?
>   핵심역량, 과정중심평가, 학생 참여형 프로젝트
> - 수업 혁신 : AI·에듀테크 활용 등 수업 혁신을 나타내고 있는가?
>   학생 맞춤형 피드백
> - 지속 가능성 : 현장에서 꾸준히 실천할 수 있는 것인가?
> - 확산 및 일반화 가능성 : 누구나 관심을 가질 만한 주제인가?
> - 차별성 : 나만의 교과 특색을 담고 있는가?

연구를 설계할 때 가장 중요한 것은 연구 주제에 맞게 수업을 연결 지어 프로젝트를 구상하고, 여기에 핵심 키워드를 설정하는 일이다. 연구 주제만을 위해 프로젝트를 설계하기보다 기존에 하고 있던 수업과 연결 지어 프로젝트를 구성하고, 여기에 핵심 키워드에 해당하는 수업 활동 및 도구를 활용하는 것이 좋다.

예를 들어, 2022 개정 교육과정에서 강조하고 있는 '학습 과정에서의 성찰'을 위해 수업 시간에 성찰 일지를 작성해 보는 활동을 추가하였다. 이는 학생들에게 학습 과정에 대한 성찰을 이끌어 낼 뿐만 아니라, 이를 활용한 동료평가, 교사 피드백까지 가능하게 하였다. 실제로 보고서를 작성할 때도 학생들이 작성한 성찰 일지는 매우 유용했다.

또 AI·에듀테크를 모든 수업 시간에 다양한 도구로 활용했다. AI 챗봇을 활용한 프로젝트를 통해 학생 맞춤형 수업을 시도했고, 패들렛과 구글 설문지는 학생들과 소통·공유하기 위한 도구로 활용하기도 하였다. 또한 캔바를 활용한 발표, 가상실험실을 활용한 탐구실험 등 기존 수업 방식을 AI·디지털을 활용하여 변화시키기도 하였다. 이렇게 기존에 해 오던 수업을 연구 주제에 맞게 조금씩 변화하는 시도를 해 나가면 연구를 진행하는 과정도 수월해지고, 연구대회의 심사 기준 또한 충족시킬 수 있다.

연구 주제를 선정하고 연구를 설계하는 과정에서 가장 중요한 것은 내가 하고 싶은 수업을 누구나 관심을 가지고 궁금하도록 설계하여 진정성을 가지고 실천해 보는 시도라고 생각한다.

• 연구의 목적 •

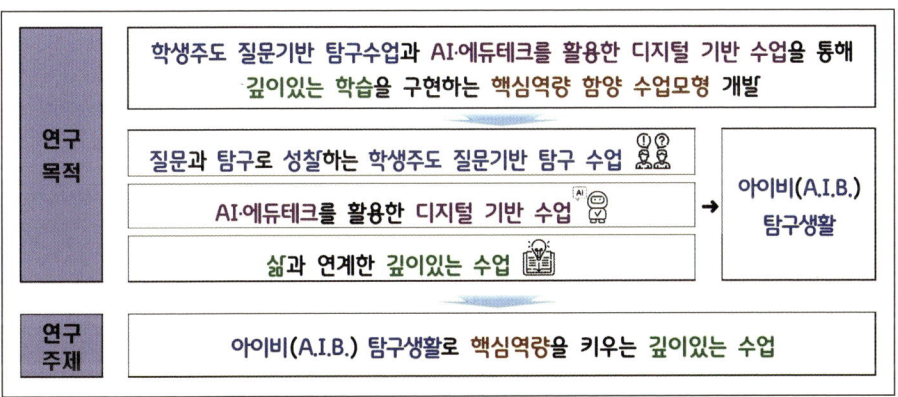

> **Tip** 연구 설계 및 프로젝트 구성 시 고려하면 좋은 것!
> - 교육과정과의 연계성: 교과 융합, 자유학기, 동아리, 학교자율시간과의 연계
> - 학생 주도 참여형 수업: 토론·토의, 실험·실습, 협력학습, 탐구학습 등 학생이 주도하는 참여형 활동으로 구성
> - 과정중심평가: 교-수-평-기 일체화, 수업과 평가의 연계성, 생각의 힘을 키우는 논술형 평가 담아내기
> - 학생 맞춤형 피드백: 학습자의 수준을 파악하고 이에 맞는 맞춤형 피드백을 제공하는 과정이 있는지, 학생 스스로 자신의 학습 과정을 되돌아보는 과정이 있는지 확인하기

2. 수월한 보고서 작성을 위한 팁!

연구대회에서 가장 중요한 것은 바로 연구보고서이다. 1차는 연구보고서 심사만으로 결정되므로 감점 항목에 해당되지 않도록 유의하면서 25쪽 분량에 딱 맞게 연구 내용을 담아내는 것이 가장 중요하다. 실제로 연구대회 입상작을 보면 한 공간도 허투루 쓰지 않고 자신의 연구 내용을 드러내고 있는 것을 볼 수 있다. 특히, 한눈에 연구의 흐름을 파악할 수 있도록 쉽고 간결하게 정리해 두었다. 필자 또한 보고서를 탁월하게 잘 쓰는 사람이라기보다는 체계적으로 구성하고 누구나 알아보기 쉽게 정리하는 것에 더 강하다. 이러한 장점이 보고서에 잘 반영되어 좋은 결과를 얻었다고 생각한다.

가. 연구보고서 작성은 목차와 요약서부터!

그렇다면 연구보고서를 작성할 때 제일 먼저 해야 하는 일은 무엇일까? 바로 목차를 정리하는 것이다. 보고서 분량은 총 25쪽 이내, 요약서 1쪽과 본문 및 부록으로 24쪽을 구성한다. 먼저 목차를 적고, 순서대로 분량을 나누고, 단계마다 세부 내용과 분량을 결정하는 것이 보고서 작성을 위해 보다 체계적인 접근 방법이다.

> **Tip 목차 구성하는 방법**
>
> • 목차 순서와 분량 → 세부 내용과 분량 순으로 구조화하기

(예시) [목차]	요약서(1p), 서론(4p), 본문(12p), 결론(2p), 부록(6p)

↓

요약서(1p)	연구의 필요성, 연구 목적, 용어 정리, 실태 분석, 연구과제, 연구 결과
서론(4p)	연구의 필요성, 연구의 목적(1p), 용어 정리, 이론적 배경(1p), 연구 설계, 실태 분석(1p), 연구과제 실천 로드맵(1p)
본론(12p)	환경 조성(1p), 프로젝트 설계(1p), 프로젝트 적용(10p)
결론(2p)	결과 분석(1p), 결론 및 제언, 참고문헌(1p)
부록(6p)	교수·학습 과정안(1)(2p), 교수·학습 지도안(2)(2p), 수업 나눔 및 수업 일지(1p), 교수·학습 활동 산출물(1p)

분량이 정해졌다면 제일 먼저 작성해야 하는 것은 바로 요약서이다. 요약서를 먼저 1쪽 분량으로 작성하면서 보고서 내용을 정리하게 되고, 이후 요약서를 토대로 보고서를 작성하면 전체적인 방향을 잃지 않고 보다 수월하게 작성할 수 있다. 특히, 요약서를 책상에 붙여 두면 연구하면서 지쳐 있던 스스로에게 연구의 핵심이 무엇이었는지 다시 상기시키는 효과가 있다.

나. 표와 이미지 활용하기

보고서의 내용을 구성할 때도 표를 사용하면 더욱 간결하게 필요한 내용을 담아내기 수월하다. 보고서 글자가 휴먼명조 12포인트로 정해져 있지만, 표 안에서는 자유로워서 표를 사용하면 글자 크기를 조정하여 더 많은 내용을 짜임새 있게 담아낼 수 있다. 또한 다양한 이미지를 활용하여 전달력도 높이고 보고서에 생기를 넣을 수 있다. 긴 보고서 작성이 막막하다면 먼저 표와 친해질 것을 추천한다.

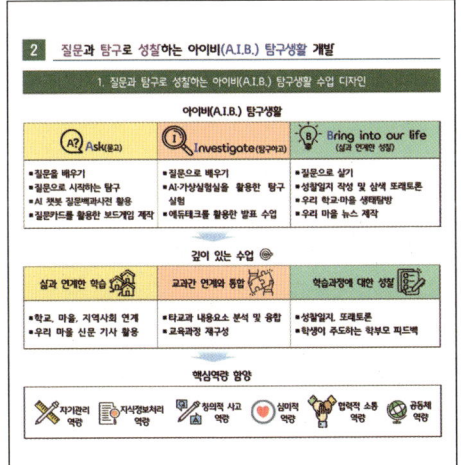

• 다양한 글자체 및 이미지 활용 •   • 글자 크기 조정으로 내용의 양 조정 •

다. 사진 촬영과 활용

보고서에서 꼭 필요한 부분 중 하나가 바로 사진이다. 학생들의 수업 활동 모습이나 학생의 결과물을 사진으로 담으면 내용을 전달하기도 수월하고, 연구과제의 실천에 대한 신뢰도 높일 수 있다. 또한 보고서를 작성할 때 프로젝트나 수업에서 단계별 활동을 자세히 소개하거나 학생 결과물을 담아내야 하는 부분이 있어 사진 기록을 생활화해 두면 보고서 작성이 훨씬 수월해진다.

사진을 찍을 때는 연구자나 학생의 정보가 노출되지 않도록 학생의 활동 내용 위주로 촬영하는 것이 좋다. 부득이하게 학생 정보가 노출되거나 담겨야 할 때는 모자이크 처리로 감점을 막을 수 있다.

학생들의 활동 결과물은 사진보단 스캔하여 전달하는 것이 흑백으로 출력하여도 더 선명하게 전달할 수 있다. 활동 후 학생들에게 나누어 줘야 할 때도 보고서를 위해 다시 걷을 수도 없는 노릇이라 곤란할 수 있다. 그래서 평소에 활동 후 결과물을 모아 스캔해 두는 것을 추천한다. 스캔하여 보관하면 관리하기도 용이하고, 보고서 작성 시 내용에 따라 수월하게 찾아서 활용할 수 있다.

• 구체적인 활동 내용을 찍을 때 •   • 전체적인 활동 모습을 찍을 때 •

3. 서툰 초보자가 미리 해두었더니 유용했던 실천 전략

우연히 준비해 두었거나 혹시나 해두었더니 보고서 작성할 때 매우 유용했던 것들이 있다. 의도하지 않았으나 오히려 연구의 신뢰를 높여 주고, 연구를 통해 내 수업을 성장시켜 주었던 일들이다. 미리 챙겨 두면 여러 가지로 유용한 습관을 챙겨 보자.

가. 학기초 학생 설문지부터 해두기

학기초가 되면 학생들과의 첫 시간에 서먹함을 풀고자 학생 설문지로 시작하곤 한다. 교과에 대해서도, 해보고 싶은 수업에 대해서도 다양한 질문을 넣어 학생들의 의견을 받아 두었더니 연구보고서를 작성할 때 유용하게 사용되었다.

연구를 시작하기 전, 미리 꼭 해두어야 하는 학생 설문지이다. 이 설문 결과를 통해 연구 시작 전 실태 분석 및 연구 방향을 설계하고, 연구가 끝난 후에는 사후 설문과 비교하여 결과 분석을 위해서도 학생 설문지는 꼭 필요하다. 또한 학교 차원에서 실시한 설문조사 결과도 모아 두면 유용하다. 실제로 질문하는 학교 선도학교에서 학기초에 학생들의 질문 역량에 관한 설문을 진행하여 실태 분석 과정에서 유용하게 사용했고, 연구를 위해 사후 설문까지 진행하여 유의미한 연구 결과를 증명하는 데 좋은 자료가 되었다. 자유학기 활동 운영을 위한 사전, 사후 설문 결과도 좋은 자료로 활용할 수 있었다. 학생들의 설문 결과가 있다면 일단 모아 두는 것을 추천한다.

> **Tip** 학기초 설문지로 연구 계획서와 보고서 모두 한 번에 도움받기!
> - 학기초 설문을 토대로 실태 분석 및 연구 방향 설정하기
> - 연구 계획서 작성 시 학기초 설문 결과 활용하기
> - 사후 설문과 비교하여 결과 분석에 활용하기

연구 전과 후 설문을 토대로 한 결과 분석은 필수이다. 이때 다양한 문항으로 설문을 해두면 연구 결과의 신뢰도를 높일 수 있고, 결과 분석도 수월해진다.

설문조사를 실시할 때는 형식적으로 하기보단 학생들에게 설문의 의도와 목적을 설명하고 주관식 문항을 포함하여 제작하면 다양한 학생들의 생각을 조금 더 자세히 알 수 있다. 연구의 목적과 내용 또한 학생들에게 공유하고, 설문 결과도 나누면서 수업에 반영하면 학생들도 수업에 더욱 적극적으로 참여하고, 어느새 연구의 동반자가 된다.

나. 학생은 온라인, 교사는 오프라인 수업 일지 작성하기

보고서 부록에 교사의 수업 일지를 담기도 하지만, 실제로 연구대회를 준비하면서 연구 과정에 수업 일지는 꼭 필요하다. 아무리 기억하려고 해도 학교에서 업무에 시달리다 보면 기억은 흐릿해지고 연구 추진도 버겁게만 느껴진다. 이때 거창하지 않아도 수업 일지를 꾸준히 작성하면 스스로에게도 유익하고, 보고서에도 담을 수 있어 일거양득 효과를 얻을 수 있다.

• 부록 : 수업 일지 •

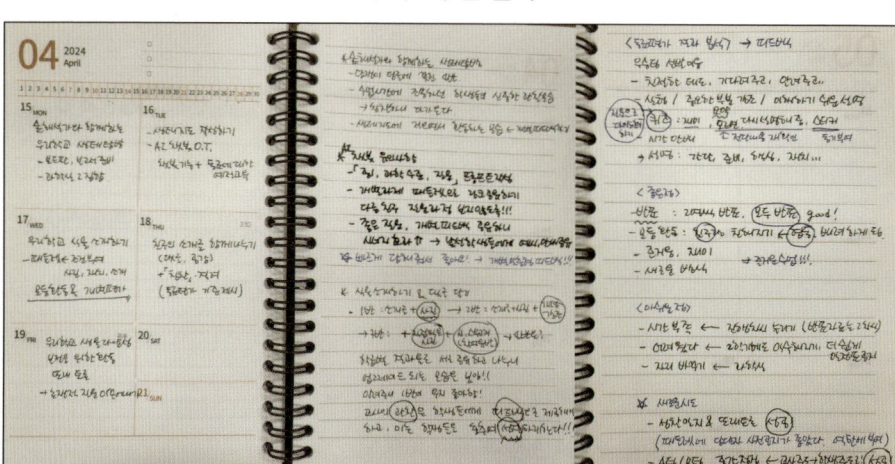

보고서를 작성하다 보면 학생들의 소감이나 성찰 과정도 필요하다. 이때 매번 활동지를 나눠 주고 걷기보단 온라인으로 작성하는 것을 추천한다. 패들렛을 활용하여 학생별로 꾸준히 성찰 일지를 작성하고, 동료평가 및 피드백을 공유하였다. 이는 포트폴리오로서 학생들에게는 자신의 학습 과정을 되돌아볼 기회를 제공하고, 교사에게는 바쁜 틈에도 학생들의 학습 수준을 파악하고, 보고서 작성 시 야무진 자료가 되어 주었다.

• 부록 : 학생 활동 결과 내용 •   • 부록 : 학생 수업 성찰 내용 •

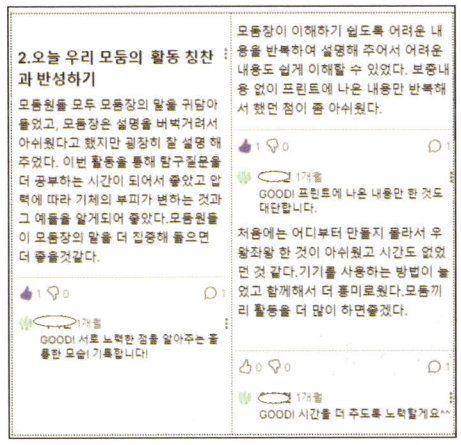
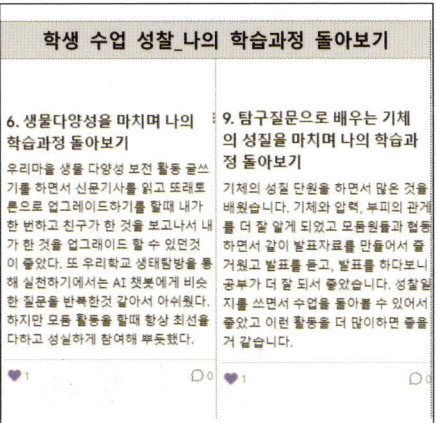

또한, 교사의 수업 일지와 학생 성찰 일지의 내용을 토대로 학생의 성장 과정과 교사의 성찰에 대한 고민을 보고서에 담을 수 있었다. 연구대회에서 가장 중요한 부분은 연구를 통해 교사가 성찰하고 성장하는 과정이다. 이때 학생들과 소통하며 수업을 개선해 나가는 과정을 가장 잘 보여 줄 수 있는 것이 바로 수업 일지이다. 실제로 연구대회를 계기로 꾸준히 수업 일지를 작성하게 되었고, 학생들의 성찰 일지도 지속해 나가고 있다.

다. 수업 공개, 협업의 힘으로 성장하기

연구대회 입상 후 가장 먼저 떠올랐던 사람들은 바로 수업을 함께 나눈 동료 교사들이었다. 모든 교사는 수업 전문가이다. 그들이 수업 참관록에 작성해 준 모든 내용은 수업에 반영하여 개선하였고, 이는 수업의 질을 높여 주었다.

연구대회에 제출하는 수업 영상을 촬영하기 전, 해당 학급보다 먼저 수업하게 되는 학급을 대상으로 동료 교사들에게 먼저 수업을 공개하였다. 참관록을 준비하여 수업 참관을 부탁드렸고, 흔쾌히 참석해 주었다. 참관해 준 교사들의 조언으로 프로젝트 수업의 특징상 프로젝트 전체를 영상에 담기 어려웠던 부분을 보완할 수 있었고, 실제 영상을 촬영하는 날에도 많은 도움을 받을 수 있었다. 실제로 촬영 당일 교실에 와서 학생들 이름이 적혀 있는 칠판도 지워 주고, 학생들의 자리를 정돈해 준 동료 교사들 덕분에 영상 편집 작업이 더 수월했다.

참관록도 미리 준비하여 비치해 두면 열심히 작성하여 돌려주신다. 이를 토대로 동료 교사들과 수업을 나누면서 일반화를 위한 준비를 시작한다.

• 부록 : 수업 나눔 •

4. AI 및 에듀테크 활용 노하우

연구대회 심사 기준에서 살펴봤듯이 수업혁신사례연구대회에서는 AI 및 에듀테크를 활용하는 것이 매우 중요하다. 필자는 오프라인으로 수업하고, 학생들과 직접 실험하고, 종이로 발표 자료를 제작하는 非에듀테크 수업을 하는 교사였다. 이번 연구대회를 계기로 AI 및 에듀테크와 친해지기로 마음먹고 하나씩 배워 나가면서 적용했고, 실제로 연구대회를 준비하며 가장 많이 배우고 익히게 된 부분이 AI 및 에듀테크이다.

가. AI 및 에듀테크 활용을 위한 준비

막상 AI 및 에듀테크를 활용하겠다고 마음먹었다 하더라도 그동안 에듀테크를 활용하지 않았던 필자에게는 막막하기만 했다. 그래서 교사, 학생, 학교에서 에듀테크를 활용할 수 있는 토대부터 마련하고자 하였고, 운영 중인 사업 예산을 통해 환경을 조성해 나갈 수 있었다. 또한 AI·에듀테크 활용을 위한 환경을 조성해 나가는 과정을 정리하여 보고서 한 쪽에 담기도 하였다.

(1) 교사를 위한 준비

요즘 디지털 관련 연수는 초보자가 따라 할 수 있을 만큼 쉽고 다양하다. 공문으로 오는 디지털 연수나 연수원에서 진행하는 무료 연수로도 도움을 받았다. 학교에서도 다양한 디지털 활용 수업을 하는 동료 교사가 많다. 교과별, 주제별, 학년별 다양한 전문적 학습공동체를 꾸려서 도움을 받을 수 있었다.

여기에 하나 더 하자면 업무로 인해 교육청 지원단 활동을 하게 되었고, 질문하는 학교 현장지원단 활동을 통해 AI 챗봇과 질문에 대해서 배웠던 것이 가장 큰 도움이 되었다. 연수를 통해 단순히 정보를 얻기보다는 실질적인 기술을 익히고, 업무와 연관하여 교육청 지원단 활동으로 여러 교사에게 전달하는 과정에서 AI·에듀테크와 더 가까워질 수 있었다.

(2) 학생을 위한 준비

AI·에듀테크를 알게 되었다고 바로 수업에 적용하기는 어렵다. 학생들에게도 AI·에듀테크를 익히고 배울 수 있는 시간이 필요하고, 이를 위해 미디어 교육과 연계하여 전문가 초청 연수를 진행하는 것도 도움이 된다. 학생들에게 학기초 크롬북 활용 및 사전 교육을 진행하고, 프로젝트에 따라 필요한 미디어 활용 교육과 디지털 리터러시, 에티켓 교육을 병행했던 부분이 유용했다.

(3) 학교 환경 조성

크롬북이나 태블릿 등 학교에서도 1인 1기기를 보유하고 있는 요즘은 AI·에듀테크 활용을 위한 환경 조성이 용이하다. 특히 동료 교사들과 함께 AI·에듀테크 활용 수업을 시작하면 기반을 조성하는 데 큰 도움이 된다. 실제로 과학 시간에 캔바를 활용하기 전에 영어 교과에서 캔바를 활용한 수행평가를 진행하여 캔바에 대한 사전 교육 없이 프로젝트를 시작할 수 있었고, 발표 자료를 제작하는 과정에서 학생들이 익숙하게 캔바의 다양한 기능을 활용하는 모습을 볼 수 있었다.

• 연구과제를 위한 환경 조성 •

1-1. 탐구생활을 위한 교사 역량 강화

AI·에듀테크 직무연수 이수	교과 교육과정 직무연수 이수	교외 활동
▸인공지능 활용 수업역량 강화 직무연수 ▸에듀테크 활용 교실 속 블렌디드 수업 역량 강화 직무연수 ▸유튜브 활용 원격직무연수	▸2024 깊이 있는 수업 전문성 신장 직무연수 ▸2024 중등 과학교사 직무연수 ▸2024학년도 2022개정 교육과정 역량 강화 직무연수	▸2024 중등 논술형 평가 핵심 교원 ▸2024 중등 교수학습 정책지원단 ▸2024 질문하는 학교 중등 전문교사 현장지원단 ▸2024 중학교 교육과정 현장지원단

1-2. 탐구생활을 위한 학생 역량 강화

크롬북 활용 및 사전 교육	미디어 리터러시 교육	미디어 제작·편집 교육
▸학기 초 크롬북 활용 오리엔테이션 기간 운영 ▸크롬북 사용법 및 AI 챗봇, Canva 등 에듀테크 활용 안내 교육 실시	▸디지털 윤리 의식 및 디지털 소양 교육 실시 ▸디지털 에티켓 교육 실시	▸영상 제작 시 유의할 저작권 교육, 영상 촬영 기법 및 편집 앱 사용법 교육 실시

2. 함께 탐구하는 학교 문화 조성

전문적 학습공동체 활성화	전문가 초청 연수 운영	스몰스쿨 공동체 구축
▸질문하는 교사 전문적 학습공동체 ▸과학 교과 전문성 강화 학습공동체	▸AI 시대, 질문으로 함께 성장하는 교실 (AI·에듀테크 역량 강화 연수) ▸평가, 함께 토론하며 성장하다 (평가 역량 강화 연수)	▸집중 학년 중심 「경기 탐구수업공동체 교사단」운영 ▸학년별 스몰스쿨 공동체 소통 강화

3. AI·에듀테크 활용을 위한 환경 구축

크롬북 및 주변기기 구비	구글 클래스룸 운영	AI·에듀테크 활용 기반 조성
▸1인 1대 크롬북 구비 ▸마우스, 이어폰 등 주변기기 구비	▸학년별·학급별 구글클래스룸 개설·운영 ▸교과별 맞춤형 수업방 운영 활성화	▸미리캔버스, 패들렛, 캔바, 미조우, 티처메이드 등 AI·에듀테크 툴 지원

나. AI 및 에듀테크를 활용한 수업 설계하기

새로운 AI 및 에듀테크를 배웠다고 수업에 무조건 활용하려고 하면 낯설고 서툴기만 할 뿐이다. 이때 기존에 해 오던 수업 활동을 디지털 기반으로 운영하기 위해 오프라인 활동을 하나씩 AI 및 에듀테크를 활용하는 온라인 활동으로 전환하는 방식으로 접근하였다.

예를 들어, 학생들이 종이에 만들던 발표 자료는 캔바와 패들렛을 활용하여 제작하니 협업의 기능까지 더해져 수월하게 제작하고 발표까지 진행할 수 있었다. 과학실에서 하던 실험도 가상실험실을 활용하여 탐구활동을 진행하였다. 종이 설문지로 하던 동료평가 및 자기평가도 구글 설문지를 활용하니 일일이 확인하던 교사의 수고를 덜어내고, 학생들에게 맞춤형 피드백까지 제공할 수 있는 장점이 있었다.

AI 및 에듀테크	활용 방법	장점
Canva	모둠별 발표 자료 제작	• 협업 활성화 • 다양한 자료 활용 가능
과학 가상실험실	과학실에서의 탐구실험	• 탐구실험 내용 다양화 • 실험 결과 분석 및 자료 해석 과정 수월
MIZOU	질문을 통한 자료 조사	• 학생 주도 참여 유도 • 학습자와 AI 챗봇과의 대화를 토대로 학습자 수준 파악 용이 • 학생 맞춤형 피드백 제공
패들렛	또래 토론 자료 공유 교사 공지 사항 전달	• 상호 피드백을 통한 소통 • 교사 전달 사항 및 개별 피드백 제공
Google Forms	동료평가 및 상호 피드백 공유	• 동료평가 결과 활용도 향상 • 학생 간 상호 피드백 공유 • 교사 업무 경감
TEACHERMADE	형성평가	• 학생별 맞춤형 피드백 제공 • 교사 업무 경감
KINEMASTER / CapCut	마을 뉴스 제작	• 스마트폰, 크롬북을 활용한 다양한 영상 제작 가능

다. AI 및 에듀테크를 수업 도구로 적용하기

연구과제에서 AI·에듀테크를 활용한 디지털 기반 수업을 전제로 하였고, 프로젝트마다 다음과 같이 AI·에듀테크를 활용하였다.

• AI·에듀테크 활용 •

AI·에듀테크 활용	• 가상실험실을 활용한 탐구실험 • 캔바(Canva)를 활용한 모둠 발표자료 제작 • AI 챗봇 「기체의 성질 질문사전」을 활용한 자료조사 및 Q&A • 패들렛(Padlet)을 활용한 또래토론 & 자료공유, 상호 피드백 나눔 • 구글설문지(Google Forms)를 통한 동료평가 참여 및 상호 피드백 공유 • 티처메이드(Teachermade)를 활용한 형성평가 및 개별 피드백 제공

AI·에듀테크 활용	• AI 챗봇 「우리 마을 생태 백과사전」을 활용한 동·식물에 대한 정보 조사 • Kine Master, CapCut 등을 이용한 마을 뉴스 영상 편집 • 패들렛(Padlet)을 활용한 모둠 미션 결과 공유 및 자료 공유 • 구글설문지(Google Forms)를 통한 동료평가 참여 및 피드백 제공

가장 추천하고 싶은 AI 및 디지털 활용 도구는 AI 챗봇이다. AI 챗봇을 활용한 수업을 통해 질문을 배우고, 질문과 대화를 통해 학생 스스로 자신에게 필요한 정보를 주도적으로 찾아가는 모습을 보였다. 이 과정에서 교사는 학생이 하는 질문을 통해 학생의 학습 수준을 점검하고, 학생에게 맞는 맞춤형 피드백을 제공할 수 있다.

AI 및 에듀테크를 활용한 디지털 기반 수업은 학생 맞춤형 수업, 학생 주도 참여형 수업, 과정중심평가를 가능하게 하여 연구대회에서 좋은 결과를 가져오게 되었다고 생각한다. 실제로 이 부분이 보고서에도 부각되도록 이미지와 함께 서술하였다.

또한 활동 사진 및 결과물 사진을 통해 AI 및 에듀테크를 수업 도구로 활용하여 수업을 개선해 나간 점을 보고서 전반에 나타낼 수 있다.

• 학생들이 AI·디지털 도구를 다양하게 활용하는 모습 •

▶ **영상 편집**
- Kine Master, CapCut 등을 이용한 마을 뉴스 영상 편집
- 영상 제작 시 유의할 저작권 교육 및 미디어 교육을 창체와 연계하여 진행

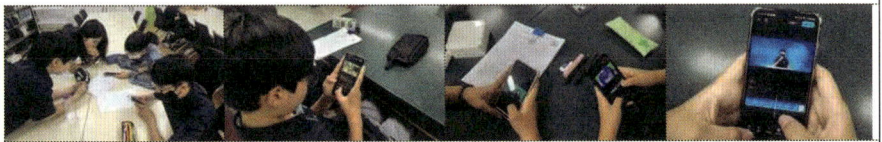

▶ **뉴스 상영회**
- 모둠별 작품 발표 및 소감 나누기, 동료평가 진행

• AI·디지털 도구를 활용하여 협업하는 모습 •

▶ **다른 모둠과 배움을 나누기 위한 준비_1단계 「발표자료 제작하기」**
- 우리 모둠의 탐구 질문을 이해하고, 이에 대한 탐구보고서 작성을 돕기 위한 발표 자료 제작하기
- Canva(캔바)를 활용하여 발표 슬라이드 제작
- 모둠원이 역할을 나누어 모두 제작과정에 참여
▶ 성찰일지 작성 및 또래토론 (주제 : 우리 모둠의 오늘 활동 칭찬과 반성하기)

| 발표자료 제작 | 역할을 나누어 모두 발표자료 제작 참여 | 또래토론 결과 공유 |

• 학생들이 AI·디지털 도구를 활용하여 소통하는 모습 •

▶ **친구의 식물 소개 함께 나누기**
- 다른 모둠의 식물 소개 글을 읽고, 댓글로 피드백 공유하기

| 동료평가 하는 모습 | 댓글 피드백 내용 |

5. 수업의 일반화 및 확장 노하우

연구대회의 목적은 수업 혁신 사례를 발굴하여 이를 일반화 및 확산하는 것이다. 특히, 수업혁신사례연구대회의 추진 목적은 미래형 교육 환경에 적합한 교수·학습 모델을 발굴하고 확산하는 것이다. 또한 미래형 교육과정의 변화에 대응한 우수 교수·학습 모델을 발굴·확산하고 현장의 수업 나눔을 활성화하기 위해 심사 기준 및 배점을 변경하였다. 이에 따라 연구 주제에 따른 연구과제를 수립할 때 수업의 일반화 및 확산까지 고려하는 것이 좋다

가. 수업의 일반화

연구를 통해 교수·학습 모델을 개발·적용하는 과정에서 수업의 일반화를 위해 교육과정을 연계하여 진행하였다. 각 프로젝트를 중학교 1학년 1학기의 자유학기 주제선택활동, 2022 개정 교육과정으로 새로 적용되는 학교자율시간, 깊이 있는 학습에서 강조하는 교과 내·교과 간 융합과 연계하여 수업을 일반화하고자 하는 노력을 부각하였다.

• 연구과제의 일반화를 위한 노력 •

일반화	◆보드게임 제작, 뉴스 제작 활동은 어느 교과, 어느 주제라도 접목할 수 있다. 특히, 학생주도 협동학습, 문제해결 중심 프로젝트 학습과 연계하면 학생주도의 깊이 있는 학습을 유도할 수 있다. ◆아이비(A.I.B) 탐구생활은 다양한 체험활동을 중심으로 한 학생 참여형 수업이 이루어져야 하는 자유학기 주제선택활동에도 적합한 수업모형이다.
일반화	◆AI 챗봇을 활용한 자료조사 활동은 학생의 주도성을 높이고, 학습 과정에 대한 개인별 피드백 제공 및 개별 평가도 가능하여 다양한 활동에 적용하기 쉽다. ◆학생의 수준 및 과제의 특성에 따라 프롬프트를 작성하여 맞춤형 AI 챗봇을 생성할 수 있어 활용 분야가 폭넓고 다양하다. ◆아이비(A.I.B) 탐구생활은 다교과 융합 수업 및 학기말 프로젝트에 적합하여 교육과정 재구성을 토대로 한 다양한 학교자율과정에도 적용될 수 있다.
일반화	◆보드게임 제작, 뉴스 제작 활동은 어느 교과, 어느 주제라도 접목할 수 있다. 특히, 학생주도 협동학습, 문제해결 중심 프로젝트 학습과 연계하면 학생주도의 깊이 있는 학습을 유도할 수 있다. ◆아이비(A.I.B) 탐구생활은 다양한 체험활동을 중심으로 한 학생 참여형 수업이 이루어져야 하는 자유학기 주제선택활동에도 적합한 수업모형이다.

나. 수업의 확산

수업혁신사례연구대회는 현장에서의 수업 나눔을 활성화하고자 한다. 연구대회만을 위해 수업 나눔을 진행하고자 한다면 교사 자신에게도, 동료 교사에게도 추가적인 업무만 생길 뿐이라고 생각한다. 그래서 교내에서는 전문적 학습공동체와 공개수업을 적극 활용하였다. 학부모를 대상으로 공개수업을 진행할 때 동 교과 및 전문적 학습공동체에서도 수업 나눔을 진행했고, 동료 교사와의 수업 나눔 협의를 통해 미처 알지 못했던 부분을 개선하거나 수업의 장점을 강화할 수 있었다. 교외에서는 지역교육청 단위의 수업 한마당이나 도교육청 단위의 사례 나눔에 참여하여 수업을 나눌 수 있었고, 이는 보고서에서도 부각하여 다룰 수 있었다.

• 수업 사례 나눔 발표에 참여하는 모습 •

◈ 전국 1등급이 본 1등급 POINT

POINT 1. 학생 주도 질문 기반 탐구수업의 실현

학생들이 스스로 질문을 생성하고 탐구하는 방식인 A.I.B. 탐구생활(Ask-묻고, Investigate-탐구하고, Bring into our life-삶과 연계)을 도입하여 학습자 주도성을 극대화하였다. 또한, 학생들이 질문을 학습의 도구로 활용하도록 유도하고, 이를 통해 깊이 있는 학습을 가능하게 하는 교육 방식을 체계적으로 설계하여 질문하는 문화를 조성하였다. 더불어, 과정중심평가를 활용하여 질문을 통한 학습 과정이 지속적으로 반영되도록 하였으며, 이를 통해 학생들의 사고 확장과 자기 주도적 학습이 이루어질 수 있도록 하였다.

POINT 2. 연구의 체계적인 구성 및 논리적 전개

보고서는 명확한 연구 필요성에서 시작하여 목적, 연구 방법, 실천 과정, 결과 분석, 결론 및 제언의 흐름을 따라 체계적으로 전개되었다. 특히, 연구의 배경과 필요성이 2022 개정 교육과정, AI·에듀테크 도입 등 교육 패러다임의 변화와 연결되어 설득력을 높였으며, 단순한 수업 개선이 아닌 핵심역량 함양을 위한 수업 모형 개발을 목표로 설정하여 연구의 방향성을 더욱 명확히 하였다.

POINT 3. 보고서의 가독성 및 시각적 구성

보고서는 논리적으로 정리된 목차와 연구 흐름을 통해 독자가 쉽게 이해할 수 있도록 구성되었으며, 표, 도표, 설문 분석 자료를 활용하여 연구 결과를 한눈에 파악할 수 있도록 체계적으로 제시하였다. 또한, A.I.B. 탐구생활, 삼색 또래 토론, AI·에듀테크 활용 등 핵심 개념을 명확하게 정의하고 강조하여 보고서 전반의 일관성을 유지하였다.

◆ 연구 소감

연구대회를 준비하는 과정이 결코 쉽지만은 않았다. 바쁘게 돌아가는 학교 업무 속에서 수많은 시행착오를 겪으며 포기하고 싶은 순간이 한두 번이 아니었다. 학교에서 주어진 수업과 업무 사이에서 두 가지 모두 포기하지 않고 싶어 연구대회를 준비하게 되었으나, 두 마리 토끼는 역시 혼자서는 잡을 수 없는 것이었다. 만약 함께하는 동료 교사가 없었다면, 믿고 응원해 주는 선후배 교사가 없었다면, 수업의 동반자가 되어 적극적으로 따라와 주는 학생들이 없었다면 지금 이 순간도 없었을 것이다. 연구대회를 통한 도전은 교사로서의 방향을 모색하던 필자에게 스스로를 돌아보고, 미래를 그려 보는 소중한 계기가 되어 주었고, 이를 통해 교사로서의 확신과 열정을 더욱 단단히 다질 수 있었다. 결국, 연구대회는 단순한 도전을 넘어 더 나은 수업을 위해 끊임없이 나아가게 하는 원동력이 되어 주었다.

올해 가장 잘한 일을 고른다면 그건 수업혁신사례연구대회에 참가한 일이다. 학교에서 바쁜 업무로 지치고 힘든 순간이 있더라도 포기하지 않고 연구대회를 준비한 것은 수업에 대한 자신감을 갖게 해 주었다. 교사에게 중요한 수업에 자신감을 갖게 되니 더 성장하고 나아가고자 하는 마음이 커진다. 연구대회 입상을 통해 수업뿐만 아니라 학교 업무에서도 그 무엇이든 즐겁게 받아들이는 여유를 갖게 되었다.

여기에 작년부터 우수 입상자에게 주어지는 해외 연수는 필자를 더욱 성장하게 해 주었다. 연구대회 입상 후 많은 곳에서 강의나 사례 나눔의 요청이 들어오고, 교육청에서 발간하는 자료집 등에 개발위원으로 참여하거나 수업 사례가 실리는 영광도 누리게 되었다. 하지만 바쁘게 돌아가는 업무 속에서 이 또한 버거운 일로 여겨지기도 했다. 그런 와중에 우수 입상자 대상 해외 연수를 가게 되었고, 이곳에서 만난 교사들과의 인연은 모든 걸 극복하게 해 주었다.

어떠한 상황에도 긍정적으로 최선을 다하고, 매 순간 열정적으로 성장해 나가는 교사들과의 소중한 만남은 그만 멈춰야 하는 건 아닌지 망설이고 있는 필자에게 큰 위로와 격려를 해 주는 선물 같았다. 해외 연수를 통해 만난 교사들과 함께 Learn&Done을 하면서 배우고 실천해 나갈 앞으로가 기대된다. 그리고 이 책을 읽는 모든 교사들과도 소중한 경험을 함께 나누고 싶다.

6. HELP 수업을 통한 뻔한 실습수업 FUN하게 설계 역량 기르기

선생님 소개

성명(활동명)	오유득		
학교급	고등학교	교과	전기·전자
수업 철학	수업의 주인공은 언제나 학생! 수업에서 가장 중요한 존재는 언제나 학생이다. 학생 중심의 수업이 이루어질 때, 학습 효과가 극대화된다.		

활동 이력

- 2024 전국 수업혁신사례연구대회 1등급
- 2024 경상북도 수업전문가 - 선도교사 인증
- 2018 전국 특성화고·마이스터고 교수·학습 연구대회 1등급
- 2017 경북 특성화고·마이스터고 교수·학습 연구대회 1등급

2024 수업혁신사례연구대회 도전 계기

매너리즘을 깨고, 수업 혁신의 길로!

교직 경력이 쌓이면서 행정적 업무와 학교 운영에 대한 책임이 커졌고, 이에 따라 매너리즘을 느끼게 되었다. 이러한 상황에서 교직의 본질을 되새기고자 AI와 에듀테크 기반의 교육 트렌드에 관심을 가지게 되었고, 2024년 도교육청 수업전문가로 신청하여 연구와 실천 활동을 진행하며 수업 혁신의 필요성을 깨달았다. 이를 바탕으로 수업 개선과 교수 전문성 향상을 위한 연구로 수업혁신사례연구대회에 참가하게 되었다.

수업혁신사례연구대회를 준비하는 교사들에게 한마디!

불광불급(不狂不及), '미치지 않으면 미치지 못한다'는 말처럼 깊이 몰입하고 열정을 다할 때 비로소 의미 있는 결과를 얻을 수 있다. 최선을 다한 노력은 후회를 남기지 않는다. 온 힘을 다해 탐구하지 않는다면 후회가 돌아와 또다시 연구대회에 도전하는 또 한 번의 여정을 맞이하게 될지도 모른다.

◆ 연구 주제의 선정 이유

1. 연구 주제 선정 방법

HELP수업을 통한 뻔한 실습수업 FUN하게 설계 역량 기르기
독립변인(수업방법) ／ 구체적으로 어떻게 ／ 종속변인(수업결과)

① 연구 주제는 새로운 교수·학습 모형(방법)을 창안하는 것이 아니라, 기존 연구에서 검증된 교수·학습 모형을 수업 환경에 맞게 적절히 적용하여 수업의 문제점을 해결하고, 성취하고자 하는 수업 목표 달성 여부를 탐구하는 방향으로 선정한다.
② 일반적으로 연구 주제는 앞부분에 수업 방법이나 수업 전략을 제시하고, 뒷부분에 연구를 통해 얻고자 하는 목표(수업 결과)를 작성한다.
③ 연구 주제는 타당성 있고 참신하며 구체적으로 작성해야 한다.

> **Tip**
> 종속변인(수업 결과)은 모호하거나 광범위한 표현이 아니라, 구체적이고 명확한 목표로 설정하여 연구보고서의 결과 부분에서 연구 목표 달성 여부를 명확히 증명할 수 있도록 해야 한다.

2. 연구 주제 선정 이유

① 본 연구에서는 기존의 교사 중심 수업을 지양하고, 다양한 에듀테크를 활용한 학생 중심 수업을 설계하여 학생들의 흥미를 유발하고 능동적인 참여를 이끌어 냈다.
② 수업 방법 : 거시적 교수·학습 모형으로는 또래 교수법(H)을 사용하였으며, 구체적인 활동으로는 학습 내용 설명하기(E), 전시 학습과 본시 학습을 연결하는 학습 연결 활동(L), 학생들의 흥미를 유발하는 놀이 활동(P)을 포함하여, 이를 'HELP'

로 함축적으로 표현하였다.

③ 수업 결과 : 궁극적 목표는 설계 역량을 기르는 것이지만, 그 과정에서 모든 학생이 목표를 달성(Fulfill)하고, 학습 자신감과 역량을 향상(Up)시키며, 끝까지 포기하지 않고 과제를 완수(Nonstop)하도록 하는 것을 강조하기 위해 'FUN'이라는 문구를 추가하였다. 이를 통해 연구 주제의 목표를 더욱 가시적으로 표현하였다.

> **Tip**
> 연구보고서는 누가 읽어도 쉽게 이해할 수 있도록 작성해야 하며, 연구 주제의 영어 약자나 용어를 알기 쉬운 단어를 사용하여 명확하게 의도를 전달하는 것이 중요하다.

◆ 연구 내용 소개

연구 요약서 | 수업을 통한 뻔한 실습수업 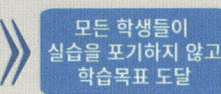하게 설계 역량 기르기

❶ 연구의 필요성 및 목적

연구 필요성	
새로운 교육방법이 필요	4차 산업혁명 시대 단순 지식교육은 무의미 해짐
교사 중심 실습수업의 한계	개별화 교수가 불가능, 학습 동기 저하, 수업 참여율 저조
개별 맞춤형 수업 필요	학생들이 과제를 회피하고 쉽게 포기, 학습 격차 더욱 심화

연구 목적: 학습자 중심 개별 맞춤형 수업 제공 ▶ 모든 학생들이 실습을 포기하지 않고 학습목표 도달 ▶ 설계 역량, 학습 자신감, 협업 능력, 창의적 문제해결력 UP

❷ 용어의 정의

분류	약자	단어	구체적 내용
수업 활동 (방법)	H	Helper 또래교수	또래 도우미와 배우미가 서로 가르치고 배우는 과정, 협업 과정, 역할전환, 학습 내용 강화 활동
	E	Explain 설명하기	메타인지를 활용한 학습 내용을 구두로 설명하고, 교사와 동료 학생들로부터 피드백을 받는 활동
	L	Link 학습연결	실습 순서와 학습 내용을 도식화하는 활동을 통해 이전 학습 내용과 새로운 학습 내용을 연결하고, 학습 지식을 체계적으로 구조화하는 활동
	P	Play 놀이학습	게임형 수업, 다양한 AI 및 에듀테크를 활용한 학습 동기 유발 활동
수업 목표 (결과)	F	Fulfill 달성하다	(가득 채우다) 모든 학생들이 학습목표를 달성하는 것
	U	Up 올리다	설계 역량, 학습 자신감, 협업 능력, 창의적 문제해결력을 끌어 올림
	N	Nonstop 멈추지않는	실습 과제를 중도에 포기하지 않고 끝까지 수행하는 것

❸ 실천과제 설정

[실천과제1] 수업 환경 조성
- 교수학습 환경 조성
- 교사 역량 강화
- 학생 역량 강화

[실천과제2] 수업 설계
- 교육과정 재구성
- 과정 중심 평가 설계 (교수평기 일체화)

[실천과제3] 수업 적용
- H (또래교수학습)
- E (설명하기)
- L (학습연결)
- P (놀이학습)

❹ 실천과제 실행

H [또래교수학습]	E [설명하기]	L [학습연결]	P [놀이학습]
도우미활동	실습과정 설명	개념 도식화	온라인 퀴즈
역할전환	모둠 토론	워드클라우드	릴레이 실습

❺ 결론

결론 ▶ HELP 수업을 통해 학생 중심의 **개별 맞춤형 수업모형**이 효과적으로 **구현**되었고, **설계 역량, 학습 자신감, 협업 능력, 창의적 문제해결력이 크게 향상**되었음을 확인할 수 있었다. 이러한 결과는 HELP 수업이 학생들의 학습 효과를 극대화하고, 설계 실습 과정을 더 효과적으로 이해하고 수행하도록 돕는 매우 효과적인 방법임을 보여준다.

◆ 전국 1등급 POINT

전국대회 1등급 연구보고서를 작성하려면 체계적인 접근이 필수적이다. 먼저, 보고서 작성 전에 연구 방향을 설정하고 충분한 자료를 수집해야 한다. 작성 과정에서는 논리적인 구성과 명확한 표현을 바탕으로 연구의 차별성과 완성도를 높이는 것이 중요하다. 작성 후에는 철저한 검토와 피드백을 통해 수정·보완하여 최종 완성도를 극대화해야 한다. 여기에서는 이를 위한 핵심 포인트를 단계별로 정리하여 효과적인 보고서 작성을 돕고자 한다.

1. 연구보고서 작성 전

가. 연구대회 보고서 특징 이해하기

연구대회 보고서는 일반 논문과 달리 새로운 이론을 정립하거나 검증하는 것이 아니라, 교사가 수업 환경에서 문제점을 발견하고 이를 해결하기 위한 노력과 성찰을 담아내는 글이다. 특히, 그 과정에서 AI와 에듀테크를 어떻게 활용했는지, 이를 통해 학생들에게 어떤 변화를 가져왔는지를 논리적으로 정리하는 것이 중요하다.

> **Tip**
> 연구보고서의 구성은 명확하고 읽기 쉬운 보고서 형식이어야 한다.

나. 내 수업 분석(SWOT 분석 추천)

수업 연구보고서를 작성하기 전에 현재 수업을 객관적으로 분석하는 과정이 필요하다. 이를 통해 수업의 문제점과 개선 방향을 명확히 하고, 연구의 방향성을 설정할 수 있다. 효과적인 분석 방법으로 SWOT 분석을 추천한다.

> **Tip**
> SWOT 분석을 통해 수업의 방향성을 더욱 명확히 할 수 있다.

(1) 강점(Strengths)

현재 수업에서 효과적으로 운영되는 요소를 파악한다. 예를 들어, 학생 참여도가 높은 활동, 우수한 교수 자료, 창의적인 수업 방식 등이 해당된다.

(2) 약점(Weaknesses)

개선이 필요한 요소를 분석한다. 학생 집중력 부족, 수업 목표 미달성, 교수법의 한계 등을 점검하고 보완책을 마련해야 한다.

(3) 기회(Opportunities)

교육정책 변화, 디지털 도구 활용, 학생들의 학습 방식 변화 등 외부 환경에서 수업 개선의 기회를 찾는다.

(4) 위협(Threats)

교육과정 개편, 학습 동기 저하 등 수업 운영에 어려움을 줄 수 있는 요소를 파악하고 대응 전략을 마련한다.

이러한 SWOT 분석을 통해 수업의 강점은 강화하고, 약점은 개선하며, 외부 기회는 활용하고, 위협 요인에는 대비할 수 있다. 이를 토대로 연구 주제를 선정하고 효과적인 연구 계획을 수립하는 것이 중요하다.

다. 학생 활동 중심 교수·학습 방법(전략) 구상

연구 목적에 맞는 교수·학습 방법을 선정하고, 학생 참여를 극대화하는 수업을 설계해야 한다. 협력학습, 문제 기반 학습(PBL), 프로젝트 기반 학습 등 다양한 전략을 활용하여 학생들의 탐구와 협력을 촉진한다. 수업 목표에 따라 개별 학습과 모둠 활동을 적절히 배치하고, 디지털 도구 및 토론을 적극 활용하여 학습 효과를 높인다. 또한, 평가 방식을 과정 중심으로 설계하여 학생들의 사고력과 문제해결력을 강화할 수 있도록 한다.

라. 최근 전국 1등급 연구보고서 분석

최근 전국 1등급 연구보고서 중에서 가독성이 높고 체계적으로 작성된 5~8개를 1차로 선정한 후, 그중에서 가장 우수한 1~2개를 2차로 선정하여 전체적인 디자인과 구성을 참고하여 작성한다. 또한, 1차 선정한 보고서에서 각 목차별로 뛰어난 사례를 분석하고, 이를 반영하여 자신만의 보고서를 체계적으로 구성한다.

마. 전체 일정 계획

교수·학습 및 에듀테크 연수 신청, 수업 동영상 촬영, 보고서 작성 일정을 미리 계획하는 것이 중요하다. 일부 교사들은 보고서를 초반부터 조금씩 작성하기도 하지만, 제출 약 한 달 전부터 본격적으로 작성하는 경우가 많다. 이는 수업을 진행하는 과정에서 계획이 수정되거나, 활동 내용과 첨부할 자료가 변화할 가능성이 높기 때문이다. 따라서 일정 계획을 세울 때는 유연성을 확보하면서도 보고서 작성에 충분한 시간을 확보할 수 있도록 조정하는 것이 필요하다.

바. 목차 파트별 분량 계산

연구대회 보고서는 정해진 분량이 있기 때문에, 각 부분에 할당할 분량을 미리 계획하는 것이 중요하다. 초기에 적절한 분량을 정하지 않으면 작성 후 부족한 내용을 억지로 늘려 글이 지루해지거나, 반대로 초과된 분량을 줄이는 과정에서 핵심 내용이 삭제되어 보고서의 목적이 제대로 전달되지 않을 수 있다. 따라서 전체 페이지 수를 고려하여 목차별 적절한 분량을 배분하고, 균형 있는 구성으로 완성도를 높이는 것이 필요하다.

사. 사진 및 자료 폴더별 정리

어느 파트에 어떤 사진과 자료를 첨부할지 미리 폴더별로 정리해 두면 보고서 작성 시 효율적으로 자료를 활용할 수 있다. 또한, 사진이나 자료가 중복 삽입되는 것을 방지하여 보고서의 신뢰성을 유지하고, 불필요한 내용 추가로 인해 활동이 과장되어 보이는 위험을 줄일 수 있다.

2. 연구 요약서

연구 요약서는 연구보고서에서 가장 중요한 요소이며, 입상자라면 그 중요성에 대해 공감할 것이다. 연구 요약서는 보고서의 전체 내용을 한눈에 파악할 수 있도록 논리적으로 구성해야 하며, 핵심 내용을 효과적으로 전달하는 것이 중요하다. 특히, 제한된 분량 내에서 내용을 명확히 전달하기 위해 글보다는 그림이나 도표를 활용하여 연구의 진행 단계와 핵심 내용을 시각적으로 제시하는 것이 중요하다. 이를 통해 평가자가 연구의 흐름을 직관적으로 이해할 수 있도록 해야 한다.

• 요약서 디자인 예시 •

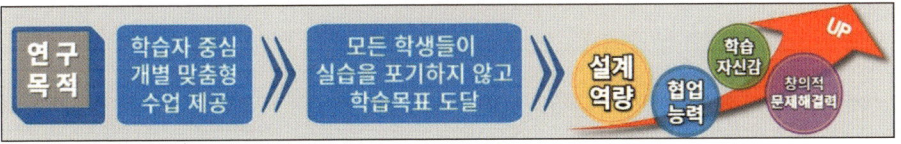

3. 연구의 필요성

기존 수업에서 나타난 문제점을 분석하고, 이를 개선하기 위한 방향을 제시하는 것은 효과적인 보고서 작성을 위해 필수적이다. 수업 내 문제, 사회적 변화, 교육과정의 변화 등 다양한 측면에서 개선이 필요한 요소를 구체적으로 제시한다. 이를 보다 명확하게 전달하기 위해 문제점을 주제별로 정리하고, 한눈에 이해할 수 있도록 시각 자료를 활용하는 것이 효과적이다.

> **Tip**
> 이미지 사용 시 저작권 문제가 발생할 수 있으므로 AI를 활용하여 생성하거나 직접 제작하는 방식을 권장한다.

4. 연구의 목적

연구의 필요성에서 제기된 문제점과 개선점을 해결하기 위해 궁극적으로 달성하고자 하는 목표를 명확하게 기술한다. 즉, 연구를 통해 어떤 결과를 얻고자 하는지를 구체적으로 서술해야 한다. 연구 문제 해결, 기대되는 효과, 교육 현장에 실제적인 적용 가능성을 언급하면 좋다.

> **Tip**
> 연구 목적은 연구의 필요성과 밀접하게 연계되어야 하며, 연구가 끝난 후 도출될 연구 결과의 내용과 일치해야 한다.

5. 이론적 배경 및 선행 연구 분석

최근 연구대회의 보고서 분량이 축소됨에 따라, 일부 보고서에서는 이론적 배경 및 선행 연구 분석을 간략하게 작성하거나 생략하는 경우도 있다. 그러나 연구의 신뢰성과 공신력을 높이기 위해서는 다음과 같은 내용을 포함하는 것이 좋다(심사 기준을 반영).

① 2022 개정 교육과정(또는 2015 개정 교육과정)에서 제시하는 핵심역량을 함양하는 데 초점을 두고, 핵심역량을 길러 주기 위해 어떤 방식으로 연구에 적용했는지 구체적으로 작성한다. (※ 교육과정 핵심역량뿐만 아니라, 교과별 핵심역량도 있으니 이를 참고한다.)

② 연구에서 적용한 교수·학습 모형을 소개하고, 이를 연구에 어떻게 활용하였는지 서술한다. 단순히 교수·학습 모형을 나열하는 것이 아니라, 연구 주제와의 연관성을 중심으로 설명하고, 실질적인 적용 방법을 구체적으로 제시하는 것이 중요하다.

③ 연구 주제와 관련된 선행 연구 분석을 포함하여 연구의 타당성을 강화한다. 관련 논문, 연구보고서, 뉴스 등의 자료를 조사하고, 연구 주제와 가장 밀접한 자료를

선별하여 그 분석 결과를 제시한다.

• 선행 연구 분석 예시 •

4 선행연구 분석

분류	연구자	연구 주제	연구 분석
또래 교수학습	현수경 (2015)	또래 상호작용 학습을 통한 특성화고 학생의 사례연구. 국민대학교	학생들 간의 상호작용을 촉진하는 학습 환경이 학습 동기를 높이고, 학습 성취도를 향상시키는 데 중요한 역할을 함.
	손주민 김판욱 (2006)	공업계 고등학교 실기 교육에서 동료지도법을 적용한 협동학습 수업 전략. 공업교육학회	동료 지도법이 공업계 고등학교 학생들의 인지적, 정의적, 기능적 수업 목표를 효과적으로 달성하는 것을 확인.

> **Tip**
> • ChatGPT 등 생성형 AI를 활용하면 관련 문헌과 자료를 보다 신속하게 탐색하고 분석할 수 있어 연구의 기반을 더욱 폭넓고 신뢰도 높게 마련할 수 있다.
> • 보고서 심사 기준에 포함된 내용은 반드시 한 곳 이상에 명확하게 서술해야 하며, 이를 연구에 어떻게 적용하였는지 구체적으로 기술하는 것이 중요하다.

6. 용어의 정의

용어를 정의하는 이유는 연구 주제에서 사용된 영어 약어의 의미를 명확히 하고, 연구 내용의 주요 용어를 독자가 쉽게 이해할 수 있도록 돕기 위함이다. 또한, 용어의 해석을 통일하여 연구의 일관성을 유지하고 신뢰성을 높이는 데도 필요하다.

따라서 용어는 간결하고 명확하게 설명하되, 기존 연구와의 연계성을 고려하여 정의를 제시하는 것이 중요하다. 특히, 자주 사용되는 약어나 전문 용어는 초기에 명확히 설명하여 이후 연구 내용의 가독성을 높이고, 필요에 따라 표나 다이어그램을 활용하여 이해를 돕는다.

7. 실태 분석

가. 실태 분석 방법

실태 분석은 연구의 필요성과 문제점을 객관적으로 파악하여 연구의 방향을 설정하고, 그 타당성과 실효성을 확보하기 위한 과정이다. 또한, 실천 과제 적용 전후의 분석 자료를 비교함으로써 연구 주제의 효과성을 검증하는 데 활용된다. 일반적으로 실태 분석은 양적 분석과 질적 분석으로 나누어지며 다음과 같은 특징이 있다.

방법	종류	TIP
양적 분석 (정량적)	• 연구 관련 표준화 검사 • 논문, 보고서에 사용된 검사 • 자체 제작 설문조사	연구의 공신력을 높이기 위해 가급적 신뢰성이 검증된 표준화 검사를 활용하는 것이 좋다. 그러나 표준화된 검사를 찾기 어려운 경우, 관련 논문에서 사용된 설문이나 검사 도구를 직접 활용하거나 이를 보완하여 제작하는 것이 효과적이다. 또한, 신뢰성을 확보하기 위해 출처를 명확히 기재(페이지까지 포함)하는 것이 중요하다. 검사 결과는 그래프, 도표를 활용하여 한눈에 볼 수 있도록 시각화하고, 분석 결과를 간결하고 명확하게 정리한다. (※ 구글폼과 같은 설문 프로그램을 활용하면 결과 분석이 편리하다.)
질적 분석 (정성적)	• 면담, 인터뷰 • 관찰 • 학습지 등 수업 결과물	면담, 인터뷰, 수업 관찰 자료, 학습 결과물 등을 활용할 수 있다. 면담과 인터뷰는 핵심 내용을 요약하고, 수업 결과물이나 사진 등을 첨부하여 시각적으로 정리하면 효과적이다. 분석 결과는 간략하면서도 연구의 목적과 연결될 수 있도록 정리하는 것이 중요하다.

> **Tip**
> 실태 분석 방법이나 설문 내용을 선택할 때는 실천 과제 적용 후의 분석 방법과 일치하도록 설계하는 것이 중요하며, 이는 실천 효과를 더욱 명확하게 부각시키는 데 도움이 된다.

• 실태 분석 예시 •

설문 대상		○○고등학교		2학년 63명 (N=63)	
조사 방법		내용			시 기
양적 검증	설문조사	• 교수학습 사례연구 검사 문항을 참고하여 자체 제작[1]			2024. 4. 2.
질적 검증	관찰평가 체크리스트	• 교사 관찰평가, 학생 평가(느낀 점), 수업일지 • 실습 참여도 체크리스트			연중 수시
설 문 문 항		매우 그렇다	그렇다	보통이다	그렇지 않다	매우 그렇지 않다	시 사 점
		5	8	20	25	5	

나. SWOT 분석

SWOT 분석은 연구 주제를 체계적으로 분석하고 효과적인 전략을 수립하는 데 중요한 역할을 한다. 이를 통해 연구보고서를 논리적으로 구성할 수 있으며, 연구 수행 과정에서 강점과 약점을 명확히 파악하여 개선 방안을 도출할 수 있다.

결국, SWOT 분석은 연구 주제의 타당성을 검토하고 연구 방법의 효과성을 극대화하는 데 기여하는 중요한 도구로 활용될 뿐만 아니라, 수업 전략을 체계적으로 계획하는 데도 효과적이다.

8. 연구과제(실천 과제) 설정

연구과제는 실태 분석을 통해 발견된 문제점을 해결하고 연구 주제의 내용을 실천하기 위한 활동을 과제별로 정리하는 과정이다. 이는 수업 활동별로 구분하거나 수업을 구성하는 다양한 요소를 기준으로 나눌 수도 있다.

본 연구에서는 수업 모형을 기반으로 '수업 환경 조성-수업 설계-수업 적용'의 단계를 설정하여, 거시적 요소에서 미시적 요소로 연구과제를 보다 체계적으로 정리하였다. 이를 통해 연구의 방향성을 명확히 하고, 실천 가능한 해결 방안을 효과적으로 제시하고자 하였다.

> **Tip**
> 실천 과제에는 연구 목적을 달성하기 위해 교사가 구체적으로 수행한 노력이 명확하게 드러나야 하며, 심사 기준에 제시된 핵심 요소들이 포함되어야 한다. 예를 들어, 교육과정 분석 및 재구성, 학생 중심 수업 설계, 과정중심평가 설계, 교-수-평-기의 일체화, 그리고 수업 환경에 적합한 AI 및 에듀테크의 효과적인 활용 등이 구체적으로 표현되어야 한다.

• 실천 과제 작성 예시 •

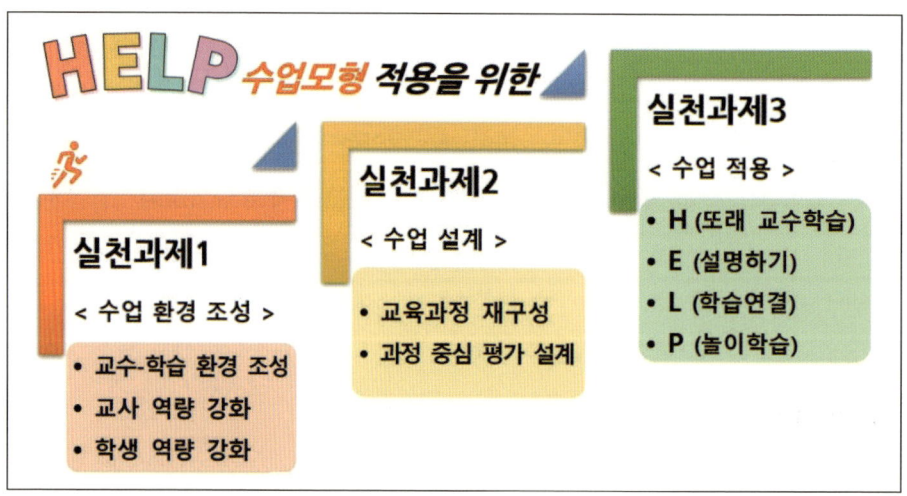

9. 연구 결과 분석 및 작성

가. 연구 결과 분석

연구 활동을 통해 나타난 연구 결과의 유의미한 변화를 구체적이고 객관적으로 제시해야 한다. 이를 위해, 앞서 실태 분석에 사용된 검사 방법을 동일하게 적용하여 정량적 변화를 측정하고, 그래프나 도표를 활용하여 시각적으로 변화를 비교할 수 있도록 자료를 구성한다.

또한, 정량적 분석뿐만 아니라 정성적 분석도 함께 제시하면 연구의 신뢰성을 높일 수 있다. 예를 들어, 학생들이 작성한 수업 후 소감, 피드백, 학습 결과물 등을 사진 자료와 함께 제시하면 연구의 타당성과 효과성을 보다 명확하게 전달할 수 있다.

더 나아가, 공신력 있는 결과가 포함된다면 연구의 신뢰성을 더욱 강화할 수 있다. 예를 들어, 뉴스 보도 자료, 연구 관련 공식 검사 결과, 자격증 취득 현황, 대회 수상 실적 등이 연구 결과와 함께 제시된다면 연구의 영향력을 더욱 돋보이게 할 수 있다.

나. 결론 작성

연구의 필요성에서 제기된 문제점을 해결하고, 연구를 통해 나타난 학생들의 구체적인 긍정적 변화를 논리적으로 제시해야 한다. 이를 위해 연구의 목표와 주요 실천 과제를 간략히 정리하고, 연구 결과를 바탕으로 학생들에게 나타난 변화를 객관적이고 체계적으로 분석하는 것이 중요하다. 마지막으로, 연구를 통해 얻은 교육적 시사점을 정리하고, 연구 결과가 수업 개선과 학생들의 학습 향상에 기여할 수 있음을 강조해야 한다.

10. 부록

가. 교수·학습 과정안

교수·학습 과정안은 세안으로 작성하며, 연구 실천 과제의 핵심 내용을 함축적으로 담아야 한다. 또한, 교육과정-수업-평가-기록의 일체화를 고려하여 구성하고, 심사기준에 포함된 요소를 충실히 반영하는 것이 중요하다. 구체적으로 교육과정 재구성 내용, 교육과정의 핵심역량, 성취기준, 수업 전략 및 의도, 그리고 수업 시간 활용한 AI 및 에듀테크 도구를 체계적으로 서술해야 한다. 아울러, 성취기준 및 학습목표와 연계한 평가 계획을 포함하여 교수·학습 과정안이 교육적 타당성을 갖출 수 있도록 구성해야 한다.

나. 수업 일지

수업 일지는 연구과제의 실천 과정과 성과를 객관적으로 평가하고, 교사의 성찰을 통해 개선점을 찾기 위한 중요한 도구이다. 단순한 기록을 넘어 수업의 질을 향상시키고, 학생 개별 맞춤 지도를 지원하며, 연구의 신뢰성을 높이는 역할을 한다. 실제 수업 활동 사진이나 학습 결과물 사진을 함께 첨부하면 신뢰성을 더욱 높일 수 있다.

11. 연구보고서 작성 후

가. 인쇄본(책자) 제작을 고려한 페이지 구성

보고서를 책자로 제작할 때는 펼쳤을 때 같은 주제의 내용이 한눈에 들어오도록 좌우 페이지를 연계해 구성하는 것이 좋다. 보고서 맨 앞에 간지(빈 종이)를 삽입하면 문서의 완성도를 높이고 가독성을 향상시킬 수 있다.

• 한눈에 들어오는 페이지 구성 •

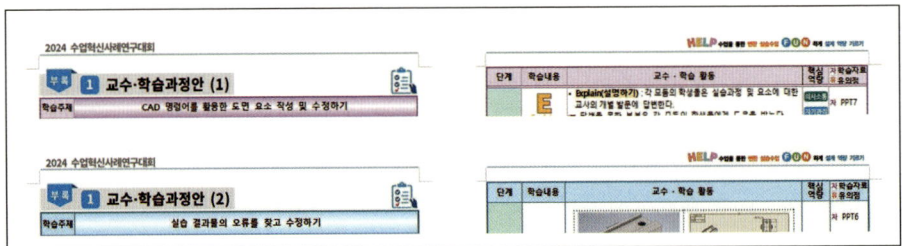

나. 다른 교사에게 피드백 받기

보고서의 명확성과 효과성을 높이기 위해서는 타인의 피드백을 받는 과정이 필수적이다. 이에 따라 보고서 초안을 작성한 후 연구 내용과 무관한 교사에게 추가적인 설명 없이 먼저 공유하고, 보고서의 내용이 쉽게 이해되는지를 확인하는 것이 중요하다. 이를 통해 독자의 이해도를 객관적으로 파악하고, 피드백을 반영하여 내용을 보다 명확하게 수정할 수 있다.

이후, 여러 차례 검토를 거친 후 동일 교과를 담당하는 교사에게 추가적인 피드백을 요청한다. 동 교과 교사는 연구 주제에 대한 이해도가 높기 때문에 연구 내용을 실제로 적용하였을 때 나타날 수 있는 효과에 대한 의견을 제공할 수 있으며, 추가적으로 보완할 만한 활동이나 요소에 대한 조언도 받을 수 있다. 이러한 과정을 거쳐 보고서를 수정함으로써 보다 완성도 높은 연구보고서를 작성할 수 있다.

다. 학습 결과물은 QR코드로 첨부하기

예전 연구대회에서는 부록을 별도로 제출했지만, 이제는 부록을 포함하여 제출해야 하므로 학생들의 학습 결과물을 보고서에 직접 넣기가 쉽지 않다. 이럴 경우 패들렛, 노션, 홈페이지, 블로그, 유튜브 채널 등을 활용하여 학습 결과물을 정리한 뒤 QR코드를 생성해 부록에 첨부하는 것도 효과적인 방법이다.

> **Tip**
> QR코드를 통해 보고서 결과물을 제공할 경우, 전체 공개된 자료는 표절률에 포함될 수 있으므로 표절 검사 시 일시적으로 비공개로 설정하는 것이 바람직하다. 또한, 첨부 자료의 개인정보 및 학교 정보는 모자이크 또는 블랭크 처리로 보호해야 한다.

12. 수업(동영상) 촬영

가. 학생 중심 활동이 돋보이게 하자!

전국 수업혁신사례연구대회 1등급 입상을 위한 가장 중요한 요소는 학생 중심 활동이 돋보이는 수업 영상 촬영이다. 이는 단순히 교사의 설명이 강조된 영상이 아니라, 학생들이 주체적으로 학습에 참여하는 모습이 생동감 있게 담겨야 함을 의미한다.

특히 모둠 활동, 프로젝트 활동, 발표, 질문과 답변, 교사의 발문과 피드백, 학생 평가 및 동료평가와 같은 학습자 중심의 요소들이 명확하게 드러나야 한다. 예를 들어, 학생들이 사고하고 토론하며 협력하는 장면을 효과적으로 촬영함으로써 수업의 역동성과 학습 효과를 강조할 수 있다.

또한, 카메라 앵글과 편집 방식도 중요하다. 학생들의 표정, 행동, 토론 과정, 발표 태도 등이 자연스럽게 담길 수 있는 구도를 활용하는 것이 바람직하다. 결국, 학생 중심 활동이 돋보이는 촬영 방식은 단순한 기록을 넘어 수업의 질과 혁신성을 평가받는 중요한 기준이 된다. 학생들이 적극적으로 학습에 참여하고 있는 모습을 효과적으로 담아낼 수 있도록 전략적으로 촬영 기법을 활용하는 것이 필수적이다.

나. 수업 전략은 치밀하게 계획하기

효과적인 수업을 위해서는 교수·학습 과정안의 내용이 수업 영상에서 그대로 재현될 수 있도록 철저히 검토하고, 수업의 흐름과 평가 기준을 치밀하게 계획하는 것이 필수적이다.

먼저, 평가 기준의 모든 항목이 교수·학습 과정안에 반영되었는지 꼼꼼히 확인해야 한다. 또한, 수업 순서, 시간 배분, 활용 도구, 발문, 평가 방법이 실제 수업에서 계획대로 실행될 수 있도록 면밀히 준비해야 한다. 특히, 발문의 시점과 내용을 신중하게 구성하여 학생들의 사고를 확장하고 적극적인 참여를 유도하는 것이 중요하다. 또한, 평가 방식은 단순한 형식에 그치지 않고, 학습목표의 달성 여부를 정확히 측정할 수 있도록 타당하면서도 창의적인 방법으로 계획해야 한다.

결국, 치밀한 수업 전략은 단순한 계획이 아닌, 실제 실행 가능한 준비 과정이 되어야 하며, 이를 통해 완성도 높은 수업을 운영할 수 있다.

다. 돌발 상황 대비 및 플랜B 준비

수업 중 예기치 않은 돌발 상황이나 학생들의 예상치 못한 행동은 자연스럽게 발생할 수 있다. 중요한 것은 수업이 완벽하고 매끄럽게 진행되는 것보다, 교사가 이러한 상황을 어떻게 창의적이고 적절하게 대처하는지를 보여 주는 것이다.

(1) 학생이 발문에 제대로 답하지 못하는 경우
① 교사는 힌트를 제공하거나 단계적인 질문(비계)을 통해 정답을 유도해야 한다.
② 다른 학생들의 의견을 듣게 하여 자연스럽게 사고를 확장할 수 있도록 유도한다.
③ 답을 모르는 학생이 위축되지 않도록 긍정적인 피드백을 제공하며 격려하는 것이 중요하다.

(2) 수업 활동이 예상보다 더디거나 기대한 결과물이 나오지 않는 경우
① 학생들이 해결 방법을 찾을 수 있도록 추가적인 설명이나 예시를 제공한다.
② 난이도를 조정하거나 더 쉬운 단계로 내려가 문제를 해결할 기회를 제공한다.
③ 학생들이 포기하지 않도록 동기 부여하는 말을 건네며 적극적인 개입을 한다.

(3) 학생들이 예기치 않은 질문을 하거나 수업과 관련 없는 질문을 던지는 경우
① 질문의 의도를 파악하고, 학습목표와 연결할 수 있는 방법을 모색한다.
② 질문이 수업의 흐름을 지나치게 벗어나지 않도록 부드럽게 정리하면서도 학생의

사고를 존중한다.

③ "좋은 질문이네요! 이 부분은 다음 활동에서 다뤄 볼까요?"와 같이 긍정적으로 반응하면서도 수업을 이어 나가는 전략을 활용한다.

(4) 학생이 엉뚱한 행동을 하거나 집중력이 흐트러지는 경우
① 주의를 환기할 수 있는 간단한 질문을 던져 참여를 유도한다.
② 해당 학생뿐만 아니라 전체 학생이 함께 집중할 수 있도록 자연스럽게 활동을 전환한다.
③ 필요할 경우 조용히 다가가 개별적으로 지도하며 수업 분위기를 유지한다.

(5) 조별 활동 중 일부 학생이 소극적이거나 역할을 수행하지 않는 경우
① 둠별로 역할을 재조정하거나 소극적인 학생이 참여할 수 있도록 개입한다.
② 참여율을 높일 수 있도록 추가적인 질문이나 활동을 제시한다.
③ 다른 조와의 비교를 통해 경쟁심을 자극하며 흥미를 유발할 수도 있다.

(6) 시간이 부족하거나 반대로 예상보다 시간이 남는 경우
① 시간이 부족할 경우 : 핵심 내용을 빠르게 정리하고, 다음 시간에 보충할 부분을 안내한다.
② 시간이 남을 경우 : 학습 정리 활동, 추가 질문하기, 수업 소감 발표 등 학생들의 발표 및 피드백 시간을 늘려 유익하게 활용한다.
③ 상황에 맞는 보완 활동(퀴즈, 미니 토론, 개별 과제)을 즉석에서 제안할 수 있도록 준비해 둔다.

이처럼 다양한 돌발 상황을 대비하고, 유연하고 창의적으로 대처하는 교사의 모습은 수업 영상에서 중요한 평가 요소가 될 수 있다. 따라서 미리 예상 가능한 변수들을 고려하여 플랜B를 준비하고, 수업의 흐름을 조절하는 전략을 갖추는 것이 필수적이다.

라. 수업 영상 촬영 전 확인해야 할 사항

수업 영상 촬영의 완성도를 높이기 위해서는 교수·학습 과정안 외에도 촬영 전 미리 점검해야 할 요소들이 많다. 원활한 진행을 위해 다음 사항을 철저히 준비해야 한다.

(1) 수업 준비 점검
① 수업에 활용할 기자재(빔프로젝터, 태블릿, 전자칠판 등), 학습지, 평가지, 필기구 등이 학생들에게 충분히 제공되었는지 확인한다.
② 모든 도구가 정상적으로 작동하는지 미리 테스트하고, 필요할 경우 예비 도구를 준비해 둔다.
③ 학생들에게 수업 자료를 어떻게 활용할지 사전에 안내하여 원활한 진행이 가능하도록 한다.

(2) 개인정보보호 및 보안 강화
① 촬영 중 학생들의 개인정보(이름)나 학교 정보(학교 명칭, 교실 내 게시물 등)가 노출되지 않도록 사전에 철저히 안내한다.
② 학생들에게 촬영 시 주의해야 할 사항을 미리 교육하여 불필요한 개인정보 노출을 방지한다.
③ 필요할 경우 촬영 범위를 조정하거나, 학생 및 보호자의 촬영 동의 여부를 확인한다.

(3) 자연스러운 수업 분위기 조성
① 학생들이 카메라를 의식하거나 응시하지 않고 평소처럼 수업에 집중할 수 있도록 미리 안내한다.
② 촬영 장비가 부담이 되지 않도록 교실 배치를 조정하고, 수업 진행에 방해가 되지 않도록 촬영 위치를 신중히 선정한다.

(4) 카메라 구도 및 촬영 환경 고려
① 평소 수업에 능동적으로 참여하는 학생들이 화면에 자연스럽게 담길 수 있도록 좌석을 배치한다.
② 조별 활동이 있을 경우, 각 조의 활동이 잘 보이도록 카메라 앵글을 조정한다.
③ 교사의 동선이 원활하도록 촬영 위치를 설정하고, 칠판이나 화면이 잘 보이는지 확인한다.
④ 교실 내 배경(게시물, 창문, 조명 등)이 촬영에 방해되지 않도록 미리 정리한다.

(5) 테스트 촬영 및 기술 점검
① 촬영 전 마이크(음질 체크), 조명(밝기 조정), 카메라 앵글(화면 구도) 등을 점검하여 원활한 촬영이 가능하도록 사전 테스트를 진행한다.
② 외부 소음이 녹음되지 않도록 환경을 조성하고, 필요하면 무선 마이크나 추가 조명을 활용한다.
③ 촬영 중 예상치 못한 기술적 문제(카메라 배터리 부족, 저장 공간 부족 등)를 대비해 보조 장비를 준비한다.

13. AI 및 에듀테크 활용
가. 직무연수(집합연수)를 적극 활용하기

교육청에서 지원하는 AI 및 에듀테크 관련 유료 연수비 지원은 공문을 통해 종종 안내되며, 이를 적극 활용하면 효과적인 교수·학습 방법을 익히는 데 큰 도움이 된다. 또한, 학교 자체 예산이나 진행 중인 사업에서 연수비를 지원받을 수 있는 경우도 있으므로, 연구부나 정보부에 문의하여 지원 가능 여부를 확인한 후 신청하는 것이 좋다. 이러한 연수는 높은 수준의 강의와 실습을 제공하며, 실제 교육 현장에서 바로 적용할 수 있는 실용적인 방법을 배울 수 있다는 장점이 있다.

> **Tip**
> 개인적으로 ○○○○캠퍼스에서 운영하는 '생성형 AI와 미래교육과정' 1박 2일 집합연수를 이수했으며, 그 과정에 대해 만족스러웠다. 여러 직무연수를 경험하다 보면 연수 내용이 대체로 유사하다는 점을 알 수 있다. 중요한 것은 특정 연수의 내용보다는 자신에게 맞는 AI 및 에듀테크 도구를 선택하여 활용하는 것이다. 각자의 수업 방식과 환경에 맞춰 적절한 도구를 선택하면 보다 효과적인 교육이 가능하다.

나. 교과목별 최적화된 AI와 에듀테크 프로그램의 선택
① 교과목마다 효과적으로 활용할 수 있는 에듀테크 도구가 다르므로, 최신 트렌드를 반영한 프로그램을 찾아 활용하는 것이 중요하다.
② 학교 내 동 교과 교사, 수석교사, 연수에서 만난 교사들과의 정보 교류를 통해 검증된 프로그램을 추천받아 사용하면 더욱 효과적이다.

다. 1등급 보고서 분석을 통한 프로그램 선택
① 전년도 1등급 보고서를 살펴보면 수업 시간 사용된 AI 및 에듀테크 프로그램을 확인할 수 있다(※ 에듀넷 참고).
② 동 교과 및 유사 교과 교사들이 주로 사용하는 프로그램을 비교·분석하고, 연구 목적과 활용 편의성을 고려하여 적절한 도구를 선택하는 것이 좋다.
③ 교육청, 학교에서 지원되는 예산으로 프로그램 구매한다. 교육청과 각급 학교에서는 AI 및 에듀테크 프로그램 구매를 지원하는 다양한 사업을 운영하고 있다. 이를 적극 활용하면 유료 프로그램을 비용 부담 없이 체험할 수 있으며, 나아가 교육 현장에서 보다 효과적으로 적용할 수 있다.

> **Tip**
> 학교 계정을 통해 공용으로 사용하는 것보다 개인 계정으로 프로그램을 구매하는 것을 추천한다. 개인 계정을 활용하면 설정과 데이터가 유지되며, 연구 및 수업 설계에 맞춰 자유롭게 활용할 수 있기 때문이다.

라. 수업 전 프로그램 테스트하기

① 태블릿, 스마트폰을 활용한 수업의 경우, 수업 전 쉬는 시간에 사용할 기기를 미리 배포하고, 프로그램 접속이 원활한지 반드시 확인해야 한다. 예상치 못한 기술적 문제가 발생할 수 있으므로, 사전에 점검하여 원활한 수업 진행을 돕는 것이 중요하다.

② 생성형 AI를 비롯한 일부 프로그램은 구글 계정이나 회원가입이 필요하며, 특히 학생들은 휴대폰 인증이나 이메일 인증 과정에서 예상보다 많은 시간이 소요될 수 있다. 따라서 원활한 수업 진행을 위해 학생들이 수업 전에 미리 프로그램에 접속할 수 있도록 사전에 안내하는 것이 중요하다.

> **Tip**
> 대부분의 프로그램이 구글 계정과 연동되므로, 학생들이 수업 전에 미리 구글 계정에 가입할 수 있도록 사전에 안내한다.

마. AI, 에듀테크 수업 후 학생들의 피드백 반영하기

에듀테크의 주요 목적은 학생들의 능동적 수업 참여를 촉진하고 학습 동기를 유발하는 데 있다. 따라서 수업 후 학생들의 피드백을 적극적으로 수렴하여 에듀테크 활용 방법을 더욱 효과적으로 개선할 필요가 있다. 학생들이 불편함을 느끼거나 어려움을 겪은 부분이 있다면 이를 보완하고, 긍정적인 요소는 더욱 강화하여 수업의 질을 높일 수 있도록 한다. (※문제점 및 개선점은 메모한 후 수업 일지에 작성)

> **Tip**
>
> 주요 프로그램은 다음과 같다. 다양한 프로그램을 경험해 본 뒤, 자신에게 가장 적합하고 편리한 것을 선택하여 활용하는 것이 중요하다. 아무리 뛰어난 기능을 갖춘 프로그램이라도 사용이 번거롭거나 익숙하지 않다면 실효성이 떨어질 수 있다. 따라서 기능이 중복되는 프로그램이 있다면, 그중 한 가지를 선택해 집중적으로 활용하는 것이 더욱 효과적이다.
>
> | 프로그램 | 사용 목적 | 특징 |
> |---|---|---|
> | 패들렛 | 수업 결과물 게시, 피드백, 협업보드 | 무료 버전은 게시판 개수 제한 |
> | 구글폼 | 학생 설문조사 실시 | 데이터 정리가 용이함. |
> | Gamma | AI 기반 PPT 제작 | 학생 발표 자료 제작에 활용 |
> | 워드클라우드 | 전시학습 확인, 학습 정리 | 모둠 활동 도구로 활용 가능 |
> | Canva | PPT, 수업 자료 제작 | 교사용 계정 신청하면 무료 이용 |
> | 미리캔버스 | PPT, 수업 자료 제작 | 아이콘, 이미지 자료 대부분 유료 |
> | ChatGPT | 생성형 AI 활용 (자료 분석, 이미지 제작) | 유료 사용 권장 |
> | Claude | 생성형 AI 활용 (자료 분석, 이미지 제작) | 한글 답변에 좀 더 최적화 |
> | 퀴즈앤 | 온라인 퀴즈 프로그램 | Kahoot!과 유사한 한국어 프로그램 무료 버전은 참여 인원 제한 |
> | 띵커벨 | 온라인 퀴즈 프로그램, 게시판 기능 | 한국어 지원, 다양한 게임 방식 |

◆ 본 연구 내용 소개

1. 교육과정

가. 2015(또는 2022) 개정 교육과정 핵심역량 및 교과별 핵심역량 반영

• 2015 개정 교육과정 핵심역량 •

본 연구에서는 2015 개정 교육과정을 기반으로 교과별 핵심역량을 함양할 수 있는 수업 내용을 계획하였다. 구체적으로는 이론적 배경에서 교과에서 함양할 수 있는 역량을 교수·학습 목표에 연계하여 제시하였으며, 실천 과제에서는 성취기준별로 중점을 둔 교육과정의 핵심역량을 서술하였다. 또한, 교수·학습 과정안에서도 해당 차시에서 길러야 할 핵심역량을 명확히 반영하여 교육과정의 방향성과 일관성을 유지하였다.

나. 교육과정 재구성, 성취기준에 따른 목표 설정

2015 개정 교육과정의 방향에 맞춰 교과 내용을 재구성하고, 성취기준을 기반으로 구체적인 교수·학습 목표를 설정하였다. 이를 통해 교육과정의 핵심역량을 효과적으로 반영하고자 하였으며, 실천 과제와 교수·학습 지도안에서도 일관된 목표와 방향성을 유지하였다. 특히, 실천 과제에서는 성취기준을 반영하여 재구성한 수업 주제와 학습 내용을 제시함으로써 그 연계성을 강조하였다.

2. 학생 중심 수업 설계

본 연구보고서는 교사 중심의 수업을 최소화하고 학생 중심 수업 설계를 기반으로 작성하였으며, 특히 또래 교수법과 개별화 교수를 중심으로 한 학습 모델을 적용하였다. 학생들이 자기 주도적으로 학습할 수 있도록 수업을 구성하고, 학습 수준과 필요에 맞춘 개별화 교수 전략을 활용하여 학습 격차를 최소화하고자 하였다. 또한, 또래 교수법을 통해 학생들이 서로 가르치고 배우는 과정에서 협업 능력과 학습 자신감을 높일 수 있도록 설계하였다. 이를 통해 모든 학생이 능동적으로 참여하며, 수업 목표를 효과적으로 달성할 수 있도록 연구를 진행하였다.

> **Tip**
> 보고서에 첨부된 사진 자료, 수업 동영상, 부록의 자료 역시 학생 중심의 학습 활동을 강조하여 구성하였다. 특히, 학생들이 주도적으로 참여하는 장면과 또래 교수법 및 개별화 교수 전략이 적용된 학습 과정이 잘 드러나도록 구성하였다.

3. 실천 계획의 수정 및 보완

가. 학생들의 피드백 적극 반영

매시간 학생들의 형성평가 결과와 피드백을 반영하여 수업 계획을 지속적으로 수정 및 보완하였다. 수업 종료 후 학생들의 이해도와 어려운 점을 점검하고, 필요에 따라 차시 수업의 내용, 지도 방식, 모둠 구성 등을 조정하였다. 특히, 또래 교수법과 개별화 교수 전략이 효과적으로 작동하는지 확인하며, 과제 난이도 조정 및 개별 피드백을 제공하여 학습 격차를 줄였다. 이를 통해 학생 맞춤형 학습 환경을 조성하고, 수업의 완성도를 높이도록 하였다.

나. 수업 일지를 활용한 수업 개선

수업 일지를 적극 활용하여 수업의 완성도를 높였다. 매시간 관찰 평가(체크리스트), 학생들의 학습 결과물, 형성평가 결과 등을 기록·분석하여 차시 수업에 반영하였다. 특히, 학생들의 어려움을 파악하고 보완이 필요한 부분을 조정하여 교수·학습 방법을 개선하고, 학습 과제의 난이도와 진행 방식을 유동적으로 조절하였다. 또한, 목표로 한 또래 교수법과 개별화 교수 전략이 효과적으로 적용되는지 점검하며, 모둠 구성과 피드백 방식을 최적화하여 학습 효과를 극대화하였다. 이를 통해 학생 중심의 맞춤형 학습 환경을 조성하고, 보다 완성도 높은 수업 운영을 실현할 수 있었다.

다. 동료 교원과의 수업 나눔 및 학습공동체 활동

도 단위 수업 전문가·선도교사 활동, 수업 나눔 축제 대표 수업 시연, 동료 교원 멘토링, 학습공동체 참여 등 다양한 수업 나눔 활동에 적극적으로 참여하였다. 또한, 도 단위 공개수업 및 타 교과 수업 참관을 통해 다양한 교수·학습 방법을 공유하고 적용하며 수업의 질을 더욱 향상시키고자 노력하였다. 이러한 활동을 통해 교사 간 협업을 강화하고, 효과적인 교육 방안을 탐색하며 보다 완성도 높은 수업 운영을 실현할 수 있었다.

라. 지속적으로 실천할 수 있는 수업 계획

일회성 수업이 아닌 지속적으로 실천 가능한 수업 설계에 초점을 맞추었다. 형성평가, 관찰평가(체크리스트), 학습 결과물 분석을 통해 수업 효과를 점검하고, 필요에 따라 수업 방식, 과제 난이도, 모둠 구성 등을 조정하였다. 또한, 또래 교수법과 개별화 교수 전략을 지속적으로 적용하여 학생들의 능동적인 학습을 유도하고, 수업 일지와 피드백을 반영하여 지속 가능한 교육 모델을 구축하였다.

4. 수업의 일반화 및 확장

가. 교사들이 쉽게 활용할 수 있는 또래 교수·학습 적용

본 연구에서는 수업의 일반화 가능성을 높이기 위해, 많은 교사들이 익숙하게 활용할 수 있는 '또래 교수·학습' 방식을 적극적으로 적용하였다. 또래 교수·학습은 학생들 간의 협력을 통해 학습 내용을 효과적으로 내재화할 수 있도록 돕는 방법으로, 교사의 일방적인 지도에서 벗어나 학생 중심의 학습이 이루어질 수 있도록 설계되었다. 이러한 접근 방식은 특정 학년이나 교과에 국한되지 않고, 다양한 교육 환경에서 쉽게 활용할 수 있는 장점이 있다.

나. 팬데믹 이후 학습 격차 해소를 위한 개별화 교수 전략 적용

팬데믹 이후 학생 간 학습 격차가 심화됨에 따라 개별화 교수의 중요성이 더욱 강조되고 있다. 이에 본 연구에서는 또래 교수·학습과 개별화 교수 전략을 병행하여 학생 개개인의 수준과 학습 속도에 맞춘 맞춤형 학습 환경을 조성하는 데 중점을 두었다. 이를 위해 실습 체크리스트, 형성평가, 학생 피드백 등을 활용하여 학습 상태를 지속적으로 점검하고, 필요에 따라 실습 난이도, 모둠 구성, 교수 전략 등을 유동적으로 조정하는 방식을 적용하였다.

다. 다양한 교과 및 학년에서 적용할 수 있도록 수업 설계

본 연구에서 활용한 HELP 수업 모형(또래 교수, 설명하기, 학습 연결, 놀이 학습)은 특정 교과에 한정되지 않고 실습수업 뿐만 아니라 과학, 수학, 사회 등 다양한 교과에서도 적용할 수 있도록 설계되었다. 특히, 교과 간 융합과 확장 가능성을 고려하여 학습 결과물 공유, 과정중심평가, 협업 학습 환경 조성 등을 포함함으로써 다른 교사들도 손쉽게 활용할 수 있는 체계적인 수업 모델을 제시하였다.

라. 학생 중심 학습 환경 조성을 통한 지속 가능한 교육 모델 구축

이러한 교수·학습 방법을 통해 교사 중심이 아닌 학생 중심의 학습 환경을 구축하고, 학생들이 자기 주도적으로 학습하며 협력적으로 문제를 해결할 수 있도록 지원하였다. 또한, 단순한 일회성 수업이 아닌 지속적으로 발전할 수 있는 수업 모델을 설계하여 다양한 학년과 교과에서도 효과적으로 적용될 수 있도록 확장 가능성을 고려하였다.

결과적으로, 학생들의 학습 격차를 줄이고 자기 주도적 학습 역량을 강화하는 데 기여할 뿐만 아니라, 다양한 교과에서 활용할 수 있는 보편적인 교수·학습 모형을 제시함으로써 수업의 일반화와 확장 가능성을 높이는 데 중점을 두었다.

◆ 전국 1등급이 본 1등급 POINT

POINT 1. 제목 네이밍과 연구의 배경, 연구의 목적, 수업 방법의 일관성

'HELP 수업'이라는 명칭은 2022 개정 교육과정 총론에서 강조하는 협력적 소통 역량을 직관적으로 떠올리게 한다. 더 깊이 탐색해 보면 이는 메타인지, 주도성, 도움을 요청할 수 있는 능력과 연결되며, 창의적 사고력 함양과도 맞닿아 있다.

특히, 연구보고서 Ⅰ장의 '수업 혁신의 첫걸음'을 살펴보면 연구의 배경, 연구의 목적 그리고 수업 방법이 자기주도성, 또래 교수법, 메타인지, 첨단 기술과의 협력이라는 핵심 키워드와 일관성을 유지하며 서술되어 있다.

뿐만 아니라, 본 연구는 5개 이상의 다양한 에듀테크를 활용하여 미래형 수업 혁신 방법을 구현하고 있으며, 메타인지 향상을 위한 또래 교수, 체크리스트, 토의 등의 자기평가 장치를 곳곳에 예시로 배치해 그 효과성을 더욱 강조하고 있다. 이러한 점에서 연구의 목적과 수업 방법이 유기적으로 연결된 점이 인상적이다.

POINT 2. 심사위원을 고려한 깔끔한 보고서 작성 및 편집

보고서 틀을 작성하는 스킬이 굉장히 깔끔하다. 형태가 딱 맞춰져 있는데, 부드럽게 읽힌다. 그 이유는 표의 딱딱한 직사각형이 아닌 그림의 둥근 테두리를 사용했기 때문이다. 또한 연구대회 제목에서 'HELP'라는 용어에 디자인을 입혀 쪽의 머리말에 달았기에 수업 활동이 더욱 생동감 있게 읽힌다.

또한 제한된 분량 내에서 많은 내용을 효과적으로 전달해야 하는 특성이 있다. 이를 고려하여 본 보고서에서는 사진 위에 핵심 키워드를 삽입하여 중요한 내용을 강조하였다. 이러한 구성은 심사 기준을 명확히 부각시키는 동시에 가독성을 높이는 역할을 하였다. 결과적으로, 보고서는 논리적이고 체계적인 구조를 갖추어 심사에서 높은 평가를 받을 수밖에 없는 구성을 갖추고 있다.

POINT 3. 우수한 현장 적합성 및 타 교과에 대한 높은 확장 가능성

특성화고 학생을 대상으로 연구 활동을 진행하면서 취업 분야를 고려해야 하는 어려움이 있었을 것이다. 그러나 이 보고서는 학생들이 요구하는 자격증과 실무 중심 교육을 놓치지 않았다. 따라서 수업 혁신과 융합된 미래형 수업 혁신 사례로 주목받을 만하다.

뿐만 아니라, HELP 수업 활동마다 발생한 문제점을 구체적으로 서술하고 해결책을 제시한 수업 성찰 부분이 포함되어 있다. AI, 발명, 과학 등에 관심이 있는 교사들이 이 보고서의 세부 수업 활동을 모델 삼아 교육 현장에 적용하기에 매우 적합해 보인다.

◈ 연구 소감

1. 불광불급(不狂不及), 미치지 않으면 미치지 못한다

인생 처음 연구대회에 도전할 때, 컨설턴트가 해 준 이 한마디가 머릿속에 깊이 남았다. 연구를 진행하는 동안 수없이 고민하고 수정하는 과정 속에서 이 말은 스스로에게 던지는 다짐이자 원동력이 되었다. 단순한 참여가 아니라 내가 할 수 있는 최선을 다해 완성도를 높이는 것에 집중했고, 끊임없는 수정과 보완 끝에 좋은 결과를 얻을 수 있었다.

이제 필자는 '불광불급'이라는 말을 단순한 문장이 아닌, 진정한 배움과 성장을 위한 자세로 받아들이고자 한다. 앞으로도 연구뿐만 아니라 교육 현장에서 몰입하고 도전하는 태도로 끊임없이 발전해 나갈 것이다.

2. 내 수업에 대한 성찰

연구대회에 참여하면서 내 수업을 더욱 깊이 성찰할 기회를 얻었다. 기존의 교수법이 학생들의 학습 참여와 성취에 어떤 영향을 미치는지 점검할 수 있었고, 보다 효과적인 교수·학습 방법을 고민하는 계기가 되었다.

특히, 연구 과정에서 학생 중심 수업이 단순한 이론이 아니라 실제 수업에 적용될 때 얼마나 큰 변화를 가져오는지 직접 경험할 수 있었다. 이를 통해 수업 설계와 운영 방식에 대한 새로운 시각을 갖게 되었으며, 앞으로도 학생 참여를 극대화하는 방향으로 지속적으로 발전시키고자 한다.

3. 수업에서 교사의 역할 변화

이번 연구를 통해 단순히 수업을 준비하는 교사가 아니라, 학생들이 적극적으로 학습에 참여할 수 있도록 돕는 조력자로서의 역할이 더욱 중요하다는 것을 깨닫게 되었다. 연구 과정에서 다양한 교수법을 탐색하고 적용하면서 나의 수업이 보다 발전할 수 있는 방향을 찾을 수 있었고, 이를 통해 수업 전문가로서 한 걸음 더 성장할 수 있는 계기가 되었다. 앞으로도 이러한 성찰을 바탕으로 학생들의 학습 효과를 극대화할 수 있는 교수법을 지속적으로 연구하고 발전시켜 나가고자 한다.

4. 새로운 AI, 에듀테크 사용에 대한 자신감

새로운 AI와 에듀테크를 수업에 활용하는 것에 대한 두려움이 있었지만, 연수 참여와 실제 적용을 통해 점차 자신감을 얻었다. 이를 활용하면서 학습 결과물이 체계적으로 관리되고, 학생들의 수업 참여가 향상되는 과정을 직접 경험하며 그 효과를 실감했다. AI와 에듀테크는 단순한 학습 보조 도구가 아니라 학생들의 학습 효과를 극대화하고 교사의 교수 활동을 더욱 효율적으로 지원하는 강력한 수단임을 깨달았으며, 앞으로도 적극적으로 활용하고 발전시켜 나가고자 한다.

7. 지속 가능한 지구 M·A·K·E UP 클래스
: 위기를 우리의 L.I.G.H.T.로 밝히자!

선생님 소개				
	성명(활동명)	임대옥 (OK과학쌤)		
	학교급	중학교	교과	과학(생명과학)
	수업 철학	학생들에게 꿈과 희망을 선물로 주는 산타클로스 같은 교사가 되자.		

활동 이력
• 2025 교육과정-수업-평가 현장지원단 • 2024 전국 수업혁신사례연구대회 1등급 • 2024 맞춤형 학업성취도 자율평가 결과의 단위학교 활용 모델 연구(연구책임자) • 2023 융합교육 교육감 표창 • 2023 STEAM 교사연구회 운영(연구책임자)

2024 수업혁신사례연구대회 도전 계기
연구대회에 도전하면 활동을 정리하고 보고서를 정리 및 편집하는 기술을 익힐 수 있다는 생각에 마음이 끌렸다. 그 중 수업혁신사례연구대회로 선택한 이유는 에듀테크를 잘 활용할 수 있다고 생각했기 때문이다. 따라서 교육에 디지털 기술을 적절히 활용했을 때의 장점과 한계점, 교사로서 어려운 점을 명확히 파악하고, 미래 교육이 나아가야 할 방향에 대해 직접 체감하고 연구하고 싶은 마음이 컸다.

수업혁신사례연구대회를 준비하는 교사들에게 한마디!
몰입해서 몰두하면 분명히 입상할 수 있다!

◈ 연구 주제의 선정 이유

1. 학생의 요구

학생들은 도시개발이 많이 이루어지는 곳에 있는 학교에 다니고 있다. 그러다 보니 다양한 생물이 서식하는 산을 깎거나 철새와 두꺼비들이 서식하는 못을 메우고 도로를 건설하는 경우를 오며가며 자주 목격했다. 이러한 상황에 한 학생이 찾아와 "우리는 우리 동네에서 일어나는 환경 파괴 상황에 대해 문제의식을 가질 필요가 있어요."라고 말하면서 관련된 교육을 해 주길 원했다. 동시에 전 세계적으로 어떤 문제보다도 기후위기를 가장 심각한 문제로 인식하고 있었기에 교사로서 책임감을 느끼고 전 세계의 문제해결에 기여하고자 하는 마음이 생겼다.

2. 단원 선정

마침 중학교 1학년 과학 교과에 '생물의 다양성' 단원이 있었고, 환경과 관련된 프로젝트를 실행하기에 유용해 보였다. 대학교 때 배웠던 전공과도 같아 괜한 자신감이 생겼고, 에듀테크를 더한다면 더욱더 전문적인 맞춤형 교육과정으로 설계할 수 있겠다는 확신이 들었다. 따라서 한 단원의 전체 내용을 재구성하여 지속 가능한 지구를 위한 프로그램을 개발하기로 했다.

3. 역량 선정

지속 가능한 미래를 만들기 위해 학생들은 교육부가 발표한 '혁신적 포용 인재'의 역량을 갖추는 것이 중요했다. 그 세부적인 요소를 ①배려와 포용 ②창의, 혁신 ③문제해결 융합 ④주도성과 책임감이라고 파악했다. 따라서 학생들을 향상시킬 핵심역량을 포용성, 창의성, 비판성, 시민성으로 정했다.

◆ 연구 내용 소개

지속가능한 지구 M-A-K-E UP 클래스
- 위기를 우리의 L.I.G.H.T.로 밝히자! -

대상 기간	◆ 연구 대상	◆ 연구 기간
	○○중학교 1학년 7개 학급 (남녀혼반, 193명)	2024. 3. ~ 2025. 2.

연구의 필요성

사회의 변화	학생의 반응	교사의 도전
기후 위기	저랑은 상관없어요	프로젝트 수업
디지털 전환	AI가 다 알려줘요	에듀테크 활용 수업
인구 구조 변화	수업이 안 맞아요	맞춤형 교육과정 설계

용어의 정의

지속가능한 지구 M-A-K-E UP 클래스

나와 너, 모든 생명체가 더불어 살 수 있는 **지속가능한 지구**가 되도록 지구의 환경을 메이크업(M-A-K-E UP)하는 **학생 참여형 맞춤형 교육과정**을 통해 **핵심 역량(포용성, 창의성, 비판성, 시민성)**을 키울 수 있는 프로젝트 수업

우리의 L.I.G.H.T.

맞춤형 진로 모둠		
모둠명	의미	관심 분야
L	Lifelog	건강과 복지
I	Innovation	첨단 과학 기술
G	Growth	사업과 투자
H	Harmony	문화와 예술
T	Treat	행정과 안정

수업 모형 설계

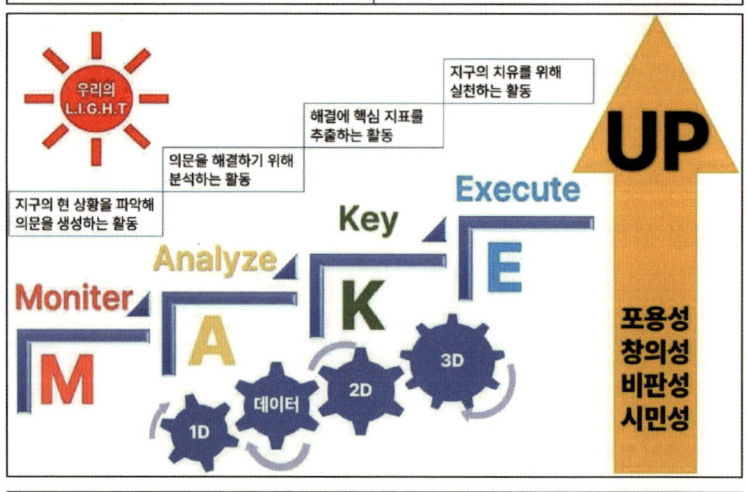

결론
1. 삶과 연계된 프로젝트 수업을 통해 **협력과 공동체 역량**을 함양함.
2. 에듀테크를 활용한 단계별 'M-A-K-E UP 클래스'를 통해 급변하는 미래 사회에서 필요한 **핵심 역량(포용성, 창의성, 비판성, 시민성)**을 신장시킴.
3. 진로별 L.I.G.H.T. 모둠 활동으로 자신의 꿈을 설계하는 **진로 역량**을 향상시킴.

◈ 전국 1등급 POINT

1. 내 것인 듯 내 것 아닌 내 것 같은 연구대회 보고서

보고서를 쓰다 보면 모두 이런 생각을 한다. '나 1등급 받을 것 같은데?' 필자 역시 1등급을 받을 만한 보고서라고 생각했다. 감히 이렇게 생각한 이유가 있다. 필자의 연구대회 보고서는 '혼자만의 생각과 주장'으로 설계된 독창적인 수업 혁신 활동이 아니었기 때문이다. 다시 말하면, 연구의 시작에서부터 학생들의 요구 및 참여가 있었고, 연구대회 보고서를 설계할 때는 동료 및 부장 교사, 관리자에게 숱하게 의견을 구해 반영했다. 여기서 포인트는 연구자로서 유연한 자세를 지니고 연구대회의 전체 과정에 대해 개방하면서 타인의 피드백을 즉각 반영해 발전시킨 점이다. 타인의 입장에서 필자의 연구 과정 중 이해가 어려운 부분을 파악하고 부족한 논리성을 갖추기 위해 보완했다.

특히 설계 초기부터 수시로 조언을 구한 것이 신의 한 수였다. 초기였기 때문에 끊임없이 피드백 내용을 곱씹으면서 즉각 활동으로 드러내 반영할 수 있었다.

> **Tip**
> 컨설팅받을 때는 유연하고 개방적인 자세를 가져야 한다. 컨설팅을 요청할 때는 해당 전문성을 지닌 사람에게 최대한 의견을 많이 구해야 한다. 보고서 작성 진행 여부와 상관없이 가능한 한 빨리 조언을 구하는 것이 좋다.

다음은 다른 교사의 컨설팅을 통해 점차 변해 가는 보고서의 이력을 공개하면서 그 속에 담겨 있던 숨은 팁을 공유하고자 한다.

가. 보고서 제목에 대한 컨설팅

(1) 직관적인 매력 찾기

처음에는 다음과 같은 연구 제목을 고민했다. 'High 공감, ESG의 IB 리포트', 'High 어s, ESG의 IB 프로젝트', 'High 語s, ESG의 IB 키우기', 'High 語s, ESG의 IB 향상 프

로그램'. 많은 자료를 조사하고 교육계에서 유행하는 용어를 조합한 것이다.

그 중 많은 의미를 내포하고 있는 'High 語s, ESG의 IB 프로그램'이라는 제목이 좋다고 생각했다. 각각의 단어를 설명해 보겠다. 'High 語s'는 '하이 어스'로 읽게 되므로 ①'안녕(hi), 우리의(us) 지구(earth)'라는 뜻을 내포하게 된다고 생각했다. 그러면서도 일부러 'High'로 표기하길 원했는데, 그 이유는 ②HTHT(하이터치하이테크)의 의미가 떠올려지길 바랐기 때문이다. '語s'는 '어스'로 읽게 되므로 ①지구(earth)를 뜻하지만, '語(말씀 어)+s'로 표기하여 ②문해력에 대해 단계별로 다뤄 보고자 하는 마음을 암시했다. 또한 'ESG'는 사회과에서 사용되는 ①지속 가능 경영과 관련된 용어였으므로, 사회과와의 ②융합 교육과정의 수업 설계임을 암시하고 싶었다. 마지막으로 'IB'는 ①IB(국제 바칼로레아)를 뜻하지만 ②학생들에게 강조할 역량 2개의 앞 문자를 딴 줄임말이었다. 의미를 꽉꽉 눌러 담으며 3개의 언어(한글+영어+한자)를 사용한 보고서 제목을 짓고 싶었던 것이다.

이렇듯 많은 고민 끝에 결정 내렸던 연구 제목이라 그럴듯한 제목이라고 생각했고, 이 근사한 제목을 가지고 국어 선생님에게 가서 여쭤보았다. 국어 선생님은 제목을 보고선 고개를 갸우뚱하였다. '제목을 어떻게 읽어야 하지?'라는 당황스러운 표정과 함께 "제목에서 이건 무슨 뜻이고 저건 무슨 뜻이에요?"라는 질문을 받으며 부연 설명이 필요한 대화가 오갔다.

그 당시 인정하기 힘들었지만 결국 욕심이 과했다는 것을 깨닫고 필자의 제목이 매력적이지 않다는 것을 이해하게 되었다. 3개의 언어가 모두 들어가다 보니 정신없게 보였고, 최근 유행하는 단어를 모두 넣었더니 보고서의 의도와 목적은 보이지 않았다. 또한 많은 내용을 함축하다 보니 제목부터 부연 설명이 필요한 이상한 상황이 되어 버렸다. 그때서야 보고서 제목은 명확하게 보여야 함을 알게 되었다.

• 컨설팅받기 전 보고서 제목 •   • 컨설팅받기 전 수업 단계 •

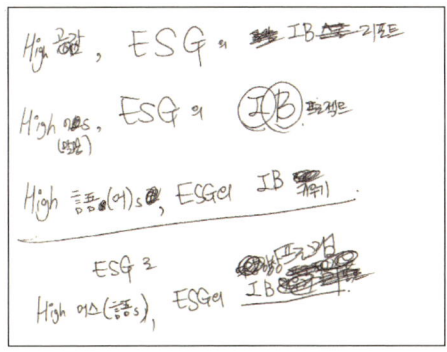
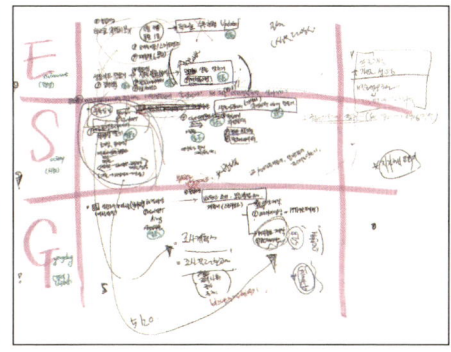

(2) 의미를 찾아 주는 비서 활용하기

제목에 쓰인 수업 설계 단계명를 바꾸기로 겨우 마음을 먹었다. 연구 단원이 생물의 다양성(생물, 환경) 분야였으므로, '행동하고 만들어 보자' 라는 의미를 가진 영어 동사 Make를 활용해 수업 단계를 M-A-K-E 단계로 바꾸기로 했다. 그런데 각 단계에 어떤 의미를 새로 부여해야 할지 정말 막막했다. 이때 AI 비서인 ChatGPT의 도움을 받았다. ChatGPT를 활용해 M단계는 진단(Moniter), A단계는 분석(Analyze), K단계는 핵심(Key), E단계는 평가(Evaulate)의 의미를 갖는 것으로 더욱 수월하게 확정 지을 수 있었다.

• 보고서 제목이 정해지는 과정 •   • 보고서 제목이 정해지는 과정 •

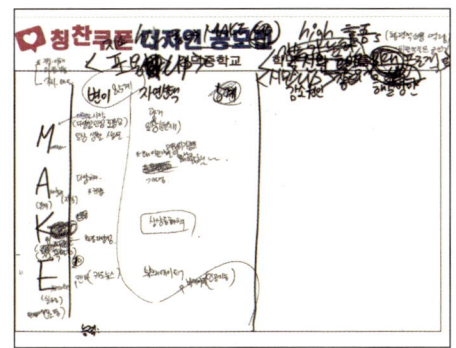
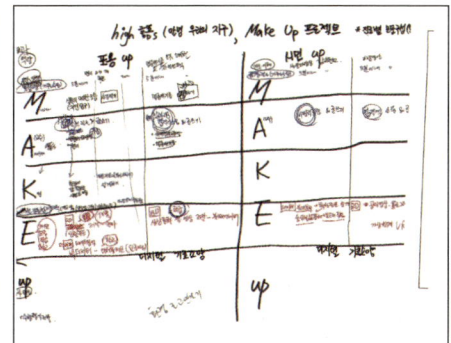

(3) 재량휴업일 노리기

'High 語s(안녕, 우리의 지구), MAKE UP 프로젝트'로 정한 뒤 교장선생님에게 컨설팅을 받고 싶었다. 캔바를 이용해 연구 활동의 소개 자료를 만들어 학교 재량휴업일에 무작정 출근했다.

3월 초 연구대회 계획서를 제출할 때 학교장 승인이 필요하다 보니, 그때부터 교장선생님과 약간의 교류가 있던 상태였다. 재량휴업일이라 학교가 한적하다 보니 2시간가량 컨설팅을 받을 수 있었다. 최근 학생들의 꿈이 불확실하니 '진로' 요소를 고려하고, 학생 수가 줄어들 예정이니 단 한 명의 학생도 놓치지 않아야 하는 '학생 맞춤 수업'을 설계해야 하며, 코로나19 이후 문해력, 기초학력 문제가 대두되고 있으니 '기초역량'을 고려할 필요가 있다는 거시적인 안목을 얻게 되었다. 소중한 시간이었기에 이를 되새기며 연구 제목과 활동에 최대한 담으려고 했다.

> **Tip**
> 관리자에게 깊은 컨설팅을 받기 위해 한적한 재량휴업일에 약속을 잡는 것이 좋다.

• 교장선생님에게 찾아갔을 때 들고 간 자료 •

High 語s M-A-K-E UP 클래스
자신의 아이디어를 구현하는 메이킹 활동
(직접적인 조작 활동을 통해 지식 습득)

[L.I.G.H.T.] : 진로별 모둠 구성
Lifelog(재생 및 치유)
Innovation(혁신 및 기술)
Growth(사업, 심리)
Hazard control(안내 및 안정)
Harmonious(조화)

[MAKE UP 활동]
거꾸로 수업(지식, 이해 & 기능)
→ Moniter(환경 직면하기)
→ Analyze(분석)
→ Key(핵심 요소 파악하기)
→ Execute(개인, 모둠, 학급, 학교 차원에서 실행하기)
→ UP (포용성, 시민성)

[MAKE 활동]
• 1D(자료조사, 보고서)
• 2D(생물카드, 상상동화책 출판 및 영상)
• 3D(3D 디자인, AR 홀로그램, VR 가상세계)
• 데이터 분석(머신러닝, 빅데이터 분석)
• 발명(팅거캐드)

교장선생님의 의견으로 '지속 가능한 지구'라는 용어와 '클래스' 용어를 덧붙이기로 했다. '지속 가능한 지구'라는 용어는 모든 사회 분야에서 고루 사용하고 있는 용어였다. 어떻게 보면 지루하다고 느껴지기도 했지만, 반대로 생각하면 그만큼 어떤 의도를 가지고 수업 연구 활동을 하고 있는지 직관적으로 느껴지기도 했다. '클래스'라는 용어는 수업 설계 단계인 메이크(M-A-K-E)와 연관을 지어 '메이크업 클래스'로 부르기로 했다. 그리고 지구 환경을 메이크업하는 부서로서 진로 관련 활동을 진행해 보라는 아이디어까지 받았다.

최종적으로 보고서 제목을 '지속 가능한 지구 M-A-K-E UP 클래스 – 위기를 우리의 L.I.G.H.T.로 밝히자!'로 바꾸게 되었다. '지속 가능한 지구 M-A-K-E UP 클래스'는 나와 너, 모든 생명체가 더불어 살 수 있는 지속 가능한 지구가 되도록 학생들이 지구의 환경을 메이크업(M-A-K-E UP)하는 학생 참여형 교육과정이라는 뜻이다. 보통 부제목을 쓰지 않는 걸 알았지만 '위기를 우리의 L.I.G.H.T.로 밝히자!'를 부제목으로 덧붙였다. 그 이유로는 수업 활동별로 맞춤형 진로 모둠을 운영하면서 학생들을 꿈과 진로에 한 발짝 더 가까워지게 만들었다는 강조점을 부각시켜 연구를 차별화하고 싶었기 때문이다.

나. 세부 활동에 대한 컨설팅

또 다른 학교의 관리자였던 교장선생님(사회)의 컨설팅을 통해 가독성을 고려한 다양한 글자 편집 방법(자간, 장평 등)이 있다는 것을 깨달았다. 또한 보고서의 마지막에 실리는 부록 편집에 대한 피드백을 받은 후 보고서 끝까지 힘을 다해야 한다고 깨닫게 되었다.

> **Tip**
> - 빼곡한 문장은 글자 편집으로 가독성을 높여야 한다.
> - 심사위원에게 보고서의 마무리까지 무리 없이 읽혀야 한다.

국어 선생님의 컨설팅으로 수업 설계 단계(M-A-K-E)별 세부 수업 활동이 본래의 의도가 잘 드러나게 연관성 있는 진술로 읽히는지 확인하게 되었다. 또한 클래스별 세부 수업 단계가 일관성 있게 통일된 양식으로 기술되어 있으면서도 수평적으로 확장이 되는지 분석적으로 보게 되었다. 이러한 조언 덕분에 '주변 환경 둘러보기(클래스 1의 M단계) – 일상에 대해 말하기(클래스 2의 M단계) – 신문 읽기(클래스 3의 M단계) – 도서 읽기(클래스 4의 M단계)'는 각 클래스의 M단계로서 '상황 파악'이라는 공통된 일관성을 가지면서도, 세부 활동만 비교하면 점차 심화되도록 단계별 설계를 했다. 또한 언어적으로 세부 활동명이 세간의 부정적인 이슈와 겹치는지 검토할 필요가 있음을 알게 되었다. 예를 들어, '배움의 방'이라는 용어는 특정 부정적인 사건(N번방 등)을 떠오르게 하므로 교육부가 활성화하고 있는 '수업의 숲' 플랫폼의 작명을 활용한 '배움의 숲'으로 변경했다.

> **Tip**
> 수업 설계 단계에서 연관성 있는 세부 수업 활동명을 확인해야 한다. 수업 설계 단계에서 일관성을 지켜야 하는 부분, 심화(확장)하여야 하는 부분을 구분하여 설계해야 한다.

연구부장이었던 영어 선생님의 컨설팅은 심사위원의 시선에서 보는 보고서 틀 형식으로 이루어졌다. 심사위원이 글을 읽을 때의 시선 처리 방법을 일치시키는 것이 좋다고 새롭게 조언을 받았다. 시선 처리를 위에서 아래인지, 왼쪽에서 오른쪽인지 통일하는 것이 옳다는 이야기였다. 또한 표 내에 있는 문장은 왼쪽 정렬이 아닌 양쪽 정렬이어야 한다고 조언을 받고 그 미묘한 차이까지 편집했다. 그리고 수업 설계 모형을 문장보다는 가독성이 높은 표를 활용하는 것이 좋다고 조언을 받아 다양한 방법을 통해 수정했다.

에듀테크 업무 역량이 탁월한 수학 선생님은 office365, 노션 등을 추천해 주어 이를 활용해 효율적으로 보고서 작성을 하게 되었고, 편집 감각이 있는 미술 선생님에게는 불필요한 아이콘을 굳이 사용하지 않는 것이 좋다는 조언을 받았다. 정보 선생님에게는 정보 리터러시에 대한 범위와 하드웨어와 소프트웨어의 명확한 기준을 들었고, 평소 에듀테크를 수업에 활용하던 음악 선생님은 캔바와 메타버스를 함께 배워 보자고 제안하며 함께 연구했다. 무엇보다 학년부 교무실 선생님들에게 프로젝트를 진행하기에 모자라던 교과 시간을 넉넉하게 빌렸고, 융합 교과 내용을 위해 교과서도 빌렸다.

이 밖에도 조언을 부탁해 도움을 주신 고마운 선생님들이 많았다. 다양한 연구회와 연수에 출석하며 대화를 통해 얻게 되는 영감, 그 모든 것 말이다. 본인 교과로 출품하는 연구대회 보고서이지만, 융합 교과의 특성이 반영되고 자신이 보지 못한 부분을 다른 선생님들은 볼 수 있어서 그들의 의견을 적극적으로 반영하여 수정할 필요가 있다. 부끄러워하지 말고 용기를 가지면서도 조심스럽게 요청해야 한다. 그리고 넘치는 감사 표현으로 돌려드릴 필요가 있다.

만약 도움을 받을 수 없는 상황이라면 지식샘터, 교육청의 각종 연수 등 다양한 교사들과 실시간 대화를 할 수 있는 기회를 통해 영감을 받아도 좋다. 가장 중요한 것은 연구자 자신의 수용적인 열린 마음이기 때문이다.

2. 고전적인 보고서 틀

전국대회 입상작을 살펴보면 전국 1등급의 공통된 포인트는 짜임새 있는 프로그램이라고 생각한다. 심사 기준을 보면 최근 대두되고 있는 교육과정을 반영해 새로운 에듀테크를 더한 수업 혁신 활동을 만들고, 제한된 보고서 내에 가독성 있게 담아내야 했다. 그 방법이 무척이나 고민되었다. 체계가 없다면 백화점식 나열처럼 보일 수 있겠다고 생각했다. 그리하여 단계적으로 진행되는 짜임새 있는 프로그램으로 설계하게 되었다.

가. 이전 입상작 분석

수업혁신사례연구대회 참여를 다짐한 순간부터 작년의 입상작을 분석했다. 작년 입상작을 압축본으로 내려받았고 빠르게 훑어 마음에 들어온 보고서를 골랐다. 또한 수업혁신사례연구대회 운영 계획 안내 공문을 출력해 입상자가 심사 기준을 어떻게 반영했는지 가독성이 있는 표현 방식을 분석했다. 한글의 메모 기능을 적극적으로 활용해 확신이 드는 부분을 정리해 내게 맞는 보고서 구성 형태를 완성했다.

> **Tip**
> 작년 입상작 중 자신에게 맞는 우수 입상작을 골라 가독성이 있는 표현 방식을 찾아 정리한다.

나. 짜임새 있는 수업 설계 모형 구성

작년 입상자의 보고서 중 가장 마음에 드는 보고서 2~3개를 두고 수업 설계 모형의 요소를 분석했다. 하나의 교육과정에 의해 운영되는 몇 개의 프로젝트가 있었고, 프로젝트 안에 하위 수업 활동이 있었다. 필자는 수업 설계 단계에 맞추어 진행되는 수업 활동을 하고 싶었다. 4개의 클래스 안에 각각 수업 설계 단계에 의해 진행되는 4개의 활동(8개의 세부 활동)을 두게 되었다.

(1) 규칙적인 수업 활동명 설정하기

일관성을 보여 주기 위해 수업 활동명을 최대한 규칙적으로 설정했다. 세부 활동명을 설계할 때도 수업 설계 단계명과의 연계성이 명확히 드러날 수 있도록 노력했다.

수업 모형	단계명	활동명
M (Moniter)	상황 파악 및 의문 생성 단계	'~탐색 및 ~ 의문 생성'
A (Analyze)	자료 분석 단계	'~ 분석 및 ~ 메시지 설정'
K (Key)	핵심 지표 추출 단계	'~설계(제작) 및 평가'
E (Execute)	실행 및 실천 단계	'~출간(작업) 및 발표'

• 짜임새 있는 수업 설계 모형 •

지속가능한 지구 M-A-K-E UP 클래스
- 위기를 우리의 L.I.G.H.T.로 밝히자! -

5 연구 과제 설정

연구 비전	모든 학생이 개인과 사회의 문제를 과학적이고 창의적으로 해결할 수 있는 과학적 소양을 기르는 교육
연구 주제	지속가능한 지구 M-A-K-E UP 클래스 - 위기를 우리의 L.I.G.H.T.로 밝히자! -
핵심 과제 1	학습 환경 준비하기
핵심 과제 2	개발 및 적용하기

	포용성 UP 클래스	창의성 UP 클래스	비판성 UP 클래스	시민성 UP 클래스
M 상황 파악 및 의문 생성	현장 조사를 통한 생물 데이터 탐색 및 사실적 의문 생성	환경 변화에 대한 경험 데이터 탐색 및 귀추적 의문 생성	지역 신문 읽기로 사건 데이터 탐색 및 인과적 의문 생성	과학 저널 읽기로 보전 데이터 탐색 및 적용적 의문 생성
A 자료 분석	주변 생물의 규칙성 분석 및 분류 메시지 설정	환경과 생물의 상호작용 분석 및 공감 메시지 설정	환경과 생물의 연관성 분석 및 주장 메시지 설정	개인·사회·환경적 지속가능성 분석 및 가치 메시지 설정
K 핵심 지표 추출	이미지 활용 머신러닝 모델 설계 및 평가	과거-현재 상상 만화 스토리보드 설계 및 평가	맞춤형 AI 활용한 보고서 제작 및 평가	UN-SDGs 활용한 공익영상 제작 및 평가
E 실행 및 실천	생물 카드 전자책 출간 및 발표	협동 상상 동화 애니메이션 작업 및 발표	메타버스 배움의 숲 개설 및 발표	가상현실 전시회 개최 및 발표

핵심 과제 3	확장 및 일반화하기

(2) 범위와 복잡성, 전문성이 확장되는 활동 설계하기

단원 내 이루어지는 4개의 클래스는 수업 단계가 진행될수록 수업 활동도 심층적으로 진행되도록 했다. 즉 같은 수업 단계에 속하더라도 클래스가 높아졌을 경우 수업 활동도 고차원이 되도록 설계했다. 예를 들어, 같은 M단계(상황 파악 및 의문 생성 단계)이지만 높은 클래스로 진행될수록 '현장 조사 → 일상 경험 → 지역 신문 읽기 → 과학 저널 읽기'로 정보의 범위가 개인에서 지역, 학문적 세계로 넓어지도록 단계별 수업 활동을 구성했다. A단계(자료 분석 단계) 수업 활동도 클래스가 진행될수록 '주변 생물의 규칙성 → 환경과 생물의 상호작용 → 환경과 생물의 연관성 → 개인·사회·환경적 지속 가능성 분석'으로 점차 관찰 대상의 범위가 단순 개별 생물에서 생태계 전체로의 거시적인 분석이 이루어지도록 설계했다. K단계(핵심 지표 추출 단계)에서는 표현 방식을 점차 복합적이고 영향력을 발휘시킬 수 있도록 수업 활동을 설계했다. 즉 '이미지 활용 모델 설계 → 만화 스토리보드 설계 → 보고서 제작 → 공익영상 제작'으로 점차 논리적이고 대중적인 메시지가 진행되도록 했다. E단계(실행 및 실천 단계)에서는 클래스가 진행될수록 학생들의 경험 방식이 확장되도록 했다. 점차 몰입하고 상호작용적으로 될 수 있도록 '생물 카드 전자책 → 동화 애니메이션 → 메타버스 퀴즈 → 가상현실 전시회' 활동으로 구성했다.

에듀테크 활용 부분에서는 초기 에듀테크 활동으로 학생들을 캔바 그룹으로 묶어 초대하고 캔바의 기본적인 기능을 습득하게 했다. 이후 학생들이 기본적인 디지털 도구를 사용해 주어진 정보를 검색해 과제를 제출하는 기본적인 활동을 완수하게 해 성취감을 주는 활동으로 구성했다. 단계별 확장을 위해 활용하는 기술의 복잡성을 높이거나 학생이 주도적으로 학습할 수 있는 환경을 마련했다. 점차 협업형 학습(캔바의 애니메이션 기능)을 하도록 설계하고, AI와 데이터를 기술을 사용해 학습하게 하는 방법(데이터 분석 프로그램, 생성형 AI 챗봇)을 적용해 학생들을 적절히 데이터를 활용할 수 있는 학습자로 성장시켰다.

최종적으로 가상현실 기반의 기술을 습득할 수 있는 수업 활동(메타버스, 영상 편집, 가상현실 전시회 제작)을 기획하면서 창작물을 통해 새로운 경험을 제공할 수 있는 설계자로 변모시켜 학생들이 4차 산업혁명에 걸맞은 인재가 될 수 있도록 기여했다.

3. 심사위원 입장에서 한 끗을 완성한다

가. 수업 연구 활동의 전문성이 필요하다

심사위원은 심사 경력도 길고 많은 출장을 통해 다양한 최신 연수를 먼저 접하는 경우가 많다. 다시 말해, 연구대회 수업 활동에 적용되는 에듀테크를 어떤 의도로 적절하게 접목했는지를 잘 알고 있다. 예시로 충북 연구대회에서 1등급 입상 후 전국대회 출품을 위해 교육청 컨설팅 위원에게 조언받은 이야기를 해보겠다.

도대회 수업혁신사례연구대회 보고서의 세부 수업 활동 중에 '감마 사이트를 이용해 AI PPT 제작하기'가 있었다. 컨설팅 자문으로 '수업 활동에 활용되는 에듀테크 수준의 적절성'이 아쉽다는 의견을 받았다. 다시 말해 감마를 이용한 활동은 수업 목적에 맞지 않게 난이도가 매우 쉽다는 것이 짐작된다는 조언을 받고, 보다 수준을 높이고 전문성을 더한 메타버스 활동으로 변경하게 되었다.

나. 정갈한 형식을 갖춘다

미래 교육에 대해 관심이 있다는 인상을 주기 위해 교육부의 공문, 한국교육과정평가원과 KERIS, KEDI의 연구보고서에서 사용하는 틀이나 용어를 빌렸다. 예를 들어, 표의 형태를 유사하게 맞추기 위해서 노력하였고, 소제목의 디자인 요소를 넣을 때도 유사하게 하고자 노력하였다.

다. 심사 기준을 강조한다

'수업혁신사례연구대회 운영 계획 안내' 공문의 연구보고서 심사 기준 및 평가 내용을 출력하여 언제나 가지고 다니며 중심을 잡았다. 또한 '여기 심사 기준이 잘 보이네요! 채점해 주세요!' 라는 인상을 주기 위해 핵심 단어를 한 번 더 문장 앞에 써두거나 진하게 표시하여 수업의 차별성이 잘 드러나는 부분을 강조했다.

• 핵심 단어를 강조한 부분 •

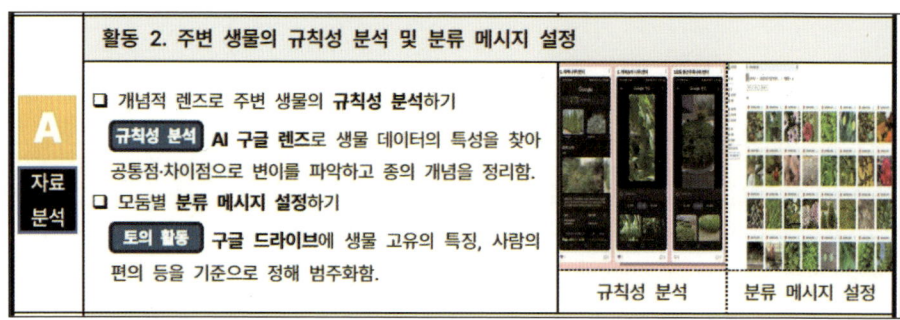

라. 읽는 사람을 배려한 구성을 만든다

보고서 내용에 대한 전체적인 서술을 완성했다면 표로 전환해 구조화할 필요가 있다. 교사로서 수행평가 채점이 얼마나 곤란하고 어려운지 알 것이다. 그러니 심사위원들이 심사에 피로감을 느끼지 않도록 염두에 두며 보고서를 작성할 때부터 배려해야 한다. 다음은 도대회에 출품한 보고서이다. 심사 기준이 명확하게 보이기는 하지만 구조화되어 보이지 않는 아쉬움이 있다. 그러나 전국대회에 출품한 보고서는 구체적인 기준(과정중심평가, 교사 피드백, 소감문, 기록, 진로 직업 정보 등)을 두고 여러 활동을 한꺼번에 묶어 표로 구조화했기 때문에 한눈에 파악하기 쉽다.

• 도대회 출품 보고서 •　　　　• 전국대회 출품 보고서 •

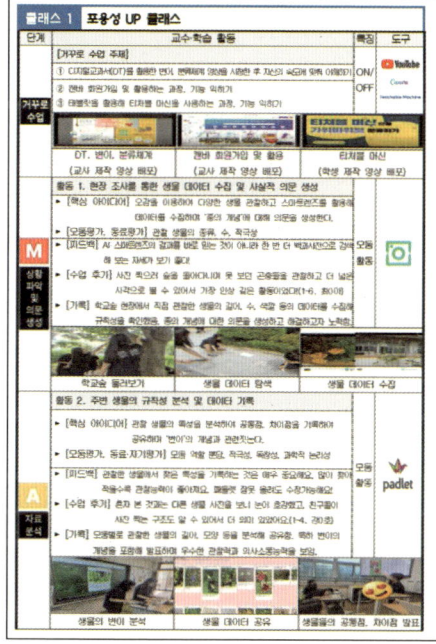 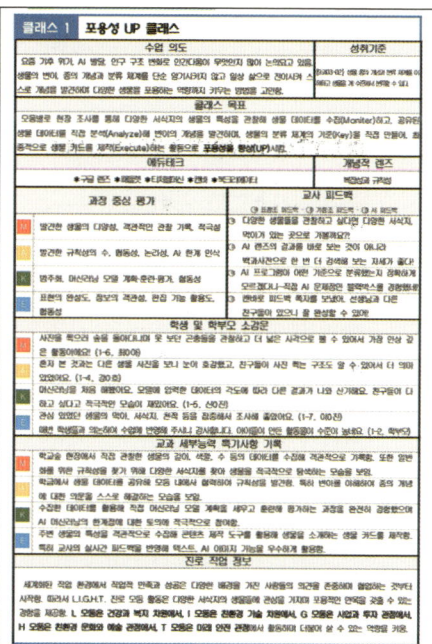

또한 깔끔하게 페이지 테두리 디자인을 맞출 필요가 있다. 예를 들어, 심사위원은 제본이 된 책을 양쪽으로 펼쳐서 심사할 것이기 때문에, 페이지 아랫선을 일치시켜 최대한 깔끔하게 보여야 한다. 이를 위해 표 공간의 여백이나 빈 공간을 수시로 맞추면서 작업했다.

• 페이지 아래 마지막 선이 일치하지 않는 옳지 않은 예시 •

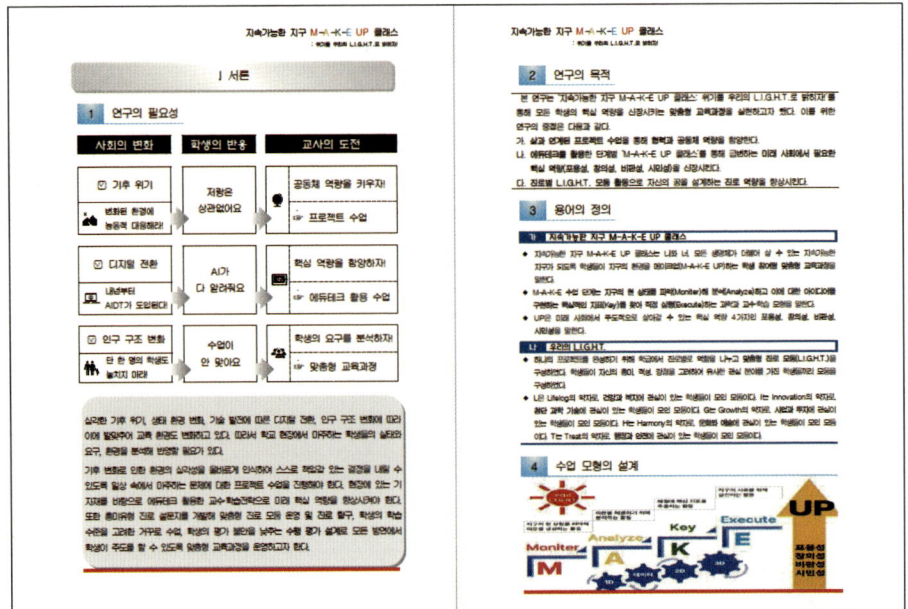

마. 최종의 보고서로 제출한다

기본 중에서 기본인 맞춤법을 확인하며 한 번 더 마지막으로 심사 기준이 잘 반영되었는지 검토해야 한다. 필자는 자주 언급하는 용어의 띄어쓰기를 통일시켰다.

예시: 생물다양성, 공익영상, L.I.G.H.Y., 배경지식, 진로·진학, 교수·학습방법, 학습V의욕, 성취기준, 평가기준, 지역사회, 의사소통, 문제V해결력, 가상V현실

또한 강조하는 용어가 드러났는지 확인했고, 바꿀 수 있다면 좀 더 정확한 의미의 동사로 바꿨다.

설명, 해석, 적용, 활용, 관점, 공감, 자기 지식 등의 다양한 동사를 활용하기

4. 처음과 끝이 같다

처음부터 끝까지 하나의 일관된 이야기만을 전달하는 것이 중요하다. 낮은 등급의 입상작 보고서를 읽다 보면 서론에서는 A가 중요하다고 했다가 결론에서는 갑자기 C가 나오는 경우가 종종 있다. 절대 그래서는 안 되는 것을 명심하고, 강조점을 처음부터 끝까지 하나로 두었다. 서론은 단순한 서론이 아닌 것을 염두에 둬야 한다. 즉, 서론은 결론의 이야기와 같으므로 가장 많은 시간을 소요하면서도 중요하고 신중하게 몇 번을 수정해야 한다.

5. AI 및 에듀테크 활용 포인트

중1 학생들을 대상으로 프로젝트를 수행하다 보니 수업에서 활용할 에듀테크 사용법을 상세하게 차근차근 알려 주는 과정이 무엇보다 필요했다. 그 과정을 교사 혼자 하지 않고 학급별 선도 학생을 희망받아 수업 에듀테크 동아리를 꾸려 함께 활동하게 했다. 또한 별도로 운영되는 학년 간 자율동아리 활동에서 미리 AI 기술을 익힐 수 있게 했다. 뿐만이 아니라 교실에 성취감을 얻으며 성장하고 싶은 학생들이 있음을 기억해야 한다. 앞으로 수업 활동에 활용할 에듀테크를 사전에 알려 준다면, 관심 있는 친구들은 미리 익혀 오니 미리 공지하는 것이 필요하다.

전체 학생을 대상으로 학기초(3월)부터 자신의 과제나 활동 결과를 영상 편집으로 남기게 하는 수행 활동을 진행해 영상 편집 프로그램을 자연스럽게 익히게 했다. 프로그램의 기능은 거의 유사하므로 학생들이 기본적인 영상 편집만 간단하게 할 수 있으면 다른 에듀테크 프로그램 활용도 불안감이나 거부감 없이 쉽게 접근할 수 있다.

ChatGPT 같은 경우는 교사 노트북으로 교사의 지도하에서만 검색할 수 있도록 내용을 받았다. 교사가 제작한 챗봇을 활용하게 할 경우, 직접 챗봇을 제작하는 방법을 안내하면 학생들의 흥미를 더욱 높일 수 있다.

가. 학생들에게 유용한 에듀테크

(1) 캔바

처음에 교사가 그룹을 지어 학생들을 초대하는 방법이 쉽지는 않지만, 막상 어려운 것도 아니다. 그러므로 교사는 학급별로 그룹을 지어 학생들을 초대하고, 일괄 과제 배부 혹은 협업 활동을 진행하게 하면 과제물 점검이 편리하다. 또한 교사 인증을 하면 교육용 캔바로 업그레이드할 수 있는데, 그룹 내 초대된 학생들도 덩달아 업그레이드된 캔바의 기능(폰트, 디자인, AI 그리기 등)을 활용할 수 있으니 학생들을 위해서라도 그룹으로 설정해 두길 추천한다. 또한 편집의 과도한 화려함을 뺀 협업 활동을 원한다면 구글 슬라이드를 활용해도 좋다.

(2) 코스페이시스

3D AR/VR을 활용해 전시회 활동을 진행하기는 비교적 쉽다. 코스페이시스의 기능은 학생들이 다루기 쉽게 되어 있다. 또한 코스페이시스 자체적으로 개발한 연습 공간을 통해 기본 기능을 익힐 수도 있다. 다만 교사가 다수의 학생을 그룹 지어 관리할 때는 비용을 지급해 사용하는 것이 편하다. 그러나 코스페이시스 가상현실 제작은 협업 작업이 불가능하다는 것을 염두에 두면 학교 공용 태블릿 6대를 지정해 모둠별로 1대씩 사용하게 한다면 최소한의 비용을 지급하며 효율적으로 사용할 수 있다. 혹은 무료 체험판 코드를 가지고 사용할 경우, 일정 기간 체험해 보면서 작업물을 화면 녹화를 해두는 방법도 있다.

(3) Iorad

학생들이 비교적 생소한 프로그램을 사용하길 바란다면 튜토리얼을 만드는 프로그램인 Iorad을 추천한다. 무료 계정은 한정된 개수의 튜토리얼을 만들어 제공할 수 있다.

나. 교사가 활용하기에 유용한 프로그램/사이트

(1) 원본 자료 송신 : Quick Share

학생 활동 사진은 블루투스를 활용한 Quick Share 프로그램을 활용해 정리했다. 필자는 LG 노트북과 삼성 태블릿, 스마트폰을 사용했는데, 삼성 내 기본 프로그램인 Quick Share와 연동할 수 있도록 노트북 내 프로그램을 설치해 무선으로 사진과 영상을 손쉽게 정리했다.

(2) 텍스트 관련 : 릴리즈 AI, 클로바노트, Vrew

연구 분석 활동에서 논문 사이트가 아닌 유튜브 영상을 통해 최신 자료를 얻고 싶을 경우에는 릴리즈 AI를 활용해도 좋다. 영감을 얻거나 학생들의 피드백을 적어 두고 싶을 경우 클로바노트를 사용한다면 정확도 높게 음성메시지를 텍스트 기록으로 만들 수 있다. 또한 자신이 활동한 수업의 대본을 영상 자막으로 달고 싶다면 Vrew의 AI 기능을 이용해 자동 자막 추출을 할 수 있다.

(3) 에듀테크 관련 : KEIRS, KEDI, AskEdTech, 최재부 에듀테크 연구소

KEIRS, KEDI의 연구보고서에는 효과성에 대한 질 높은 자료가 많다. 에듀테크에 대해 궁금하다면 KEIRS의 지식 정보에서 디렉토리북, 에듀테크 소프트랩 등의 자료집을 참고하면 좋다. 또한 에듀테크의 다양한 종류를 한눈에 보고 싶다면 AskEdTech 사이트를 활용하거나, 에듀테크를 사용하는 방법을 세부적으로 익히고 싶다면 최재부 에듀테크 연구소를 추천한다.

◆ 전국 1등급이 본 1등급 POINT

POINT 1. 최근 사회 트렌드의 가장 핵심적인 내용을 꼬집는 연구

'지속 가능한 지구 M-A-K-E UP 클래스 – 위기를 우리의 L.I.G.H.T로 밝히자!' 에서는 기후위기, 디지털 전환, 인구구조 변화 등 사회 변화의 3가지 키워드를 제시하고 이에 대해 학생의 부정적인 반응을 극복할 수 있는 수업을 구성하였다. 기후위기, 디지털 전환, 인구구조 변화는 여러 사회문제 중에서도 현시점에서 가장 중요하다고 볼 수 있는 핵심 문제라 할 수 있는데, 이를 성공적으로 수업 연구에 녹여냈다는 점에서 수업 설계의 깊이를 느낄 수 있다.

POINT 2. 교육과정-수업-평가-기록의 완벽한 구조화

본 연구를 살펴보면 수업 설계의 과정에서 핵심 아이디어, 개념적 렌즈, 다양한 질문 등 2022 개정 교육과정의 방향을 적극적으로 반영하였음을 알 수 있다. 또한 채점 기준표의 구체적인 루브릭과 평가 결과의 피드백 계획까지 수업 설계 단계에서 아주 상세히 이루어졌음을 확인할 수 있다. 더불어 교사의 피드백과 학생과 학부모의 소감문, 교과 세부능력 특기사항 예시까지 보고서에 빠짐없이 반영되어 수업의 결과를 자세히 들여다볼 수 있다. 이처럼 교육과정–수업–평가–기록이 완벽하게 구조화를 이루어 수업의 흐름을 파악하기 아주 쉬웠다.

POINT 3. 에듀테크와 질문, 토의 활동이 연계되는 깊이 있는 학습의 실현

본 연구에서는 다양한 과학 학습 활동이 깊이 있게 다루어지고 있음을 확인할 수 있었다. 특히나 에듀테크를 활용하면서도 에듀테크 활용이 중점이 되는 것이 아니라, 알게 된 사실에 계속해서 질문을 생성하고, 그 질문을 해결하기 위해 에듀테크를 활용하며 수업 주제와 관련하여 드러나는 문제점을 학생들이 토의할 수 있는 다양한 방식의 활동이 구성되었다. 대상이 중학교 1학년이고 다양한 에듀테크와 소재를 활용하면서도 깊이 있는 수업을 완벽히 실현했다는 점에서 굉장히 놀라웠다.

◆ 연구 소감

1. 연구 수행에 대한 소감

프로젝트 수업에 대한 다양한 활동, 활동 사례를 효율적으로 정리하는 방법, 교육자로서 수업 활동에서 고려해야 할 요소, 공문서로서 보고서를 다루는 방법 등 복합적으로 내용을 습득하며 성장한 나 자신에게 박수를 보낸다.

2. 주변의 도움에 대한 소감

연구대회 보고서는 많은 동료 교사들과 학생들의 도움으로 완성될 수 있는 것 같다. 다양한 모임을 통한 교사들과의 만남은 연구자인 필자에게 영감을 주어 다양한 교과 융합 활동에 대한 아이디어를 떠올리게 하였고, 교육청과 동료 교사들의 컨설팅만으로도 충분히 수준 높은 보고서로 탈바꿈할 수 있었다. 또한 프로젝트 수업의 시작과 끝에서 자부심과 자긍심을 느끼며 교사의 지도에 성실하게 임해 준 학생들에게 무척이나 고맙다.

3. 완성된 보고서에 대한 소감

사실 연구대회 보고서를 완성하는 것 자체만으로도 힘든 과정이다. 그러니 과한 욕심이나 부담을 갖지 말고, 첫해에는 3등급, 두 번째 해에는 2등급, 세 번째 해에는 1등급을 받겠다는 여유로운 마음을 갖자. 그러면 오히려 핵심 활동만 있는 깔끔한 보고서를 기획하게 되어 좋은 결과를 얻을 수 있을 것이다.

4. 새로운 기회에 대한 소감

전국 1등급에 입상하면 해외 연수의 기회가 주어지기도 한다. 필자 역시 해외 연수에 참여하며 다양한 교사들과 깊은 대화를 나눌 수 있었다. 심지어 비행기 안에서도 수업 아이디어를 나누었다. 서로의 꿈과 열정을 진심으로 격려하고, 더 좋은 교육으로의 방향을 함께 모색하는 동료들이 많다는 것이 참 힘이 된다.

8. 'WE ARE NEW CREATOR!' 프로젝트로 지속 가능한 미래를 여는 α역량 키우기

선생님 소개				
	성명(활동명)	김범수(범쌤)		
	학교급	중학교	교과	음악
	수업 철학	깊이 있고 트렌디한 음악 수업 교과 본질에 집중하면서도 변화하는 사회에 적응할 수 있는 미래 역량을 키우는 음악 수업을 실현하기 위해 노력하고 있다. 이러한 깊이 있고 트렌디한 음악 수업을 통해 학생들이 진정으로 음악을 사랑하는 마음을 가지고 풍요로운 삶을 만들어 나갈 수 있도록 연구하고 있다.		

활동 이력

- 에듀테크 교사 연구회 운영진 / 경기도 중등 음악 교육 연구회 운영위원
- 2024 전국 수업혁신사례연구대회 1등급
- 2023 한국교육과정평가원 주최 전국 수업혁신사례연구대회 컨설턴트
- 2022 한국교육과정평가원 주최 수업혁신사례연구대회 사전 워크숍 강연
- blog.naver.com/music_beom
- @beomsu_t

2024 수업혁신사례연구대회 도전 계기

군 휴직 후 복직하며 처음 들어간 음악 수업에서 내내 웃음이 끊이질 않는 학생들을 보았다. 그 웃음이 2021년도에 수상한 이후로 '이 정도면 됐겠지' 싶은 마음으로 수업에 임했던 내 마음에 다시금 열정의 불꽃을 지폈다.

수업혁신사례연구대회를 준비하는 교사들에게 한마디!

시작이 반이다! 결과만 생각하기보다는 연구의 참의미를 새기며 끝까지 완주하셨으면 좋겠다. 수업혁신사례연구대회에 도전하는 모든 선생님들의 건승을 기원한다.

◆ 연구 주제의 선정 이유

1. New Create의 의미

2022 개정 음악과 교육과정에서 음악 교과의 영역은 연주, 감상, 창작으로 구분된다. 이 중 창작 영역은 2015 개정 음악과 교육과정에서 표현 영역의 하위 활동이었으나 2022 개정 음악과 교육과정에서는 신설 영역으로 독립하게 되었다. AI와 함께하는 4차 산업혁명 시대에 접어들며 창작 활동의 중요성이 커진 것이다. 하지만 창작 활동은 음악 수업에서의 접근이 다소 어려운 영역이라 가창, 기악, 감상 등의 영역보다 개발된 수업 자료가 적은 편이다. 또한, 오선에 기보하는 아날로그식의 작곡 활동만으로는 디지털 시대가 요구하는 역량을 키우기 어렵다고 판단했다. 이러한 상황을 반영하여 음악 교과의 창작 영역에서 활용할 수 있는 5가지의 새로운 디지털 협업 프로젝트 수업을 기획하고, 본 수업을 'New Create' 수업 모형이라고 명명하였다.

2. α역량 : 미래 사회에 가장 필요한 역량은?

연구 주제를 선정할 때는 현 시대가 교육에 요구하는 바가 무엇인지 깊이 고민해 보는 시간이 필요하다. 2022 개정 교육과정의 기반이 되는 「OECD 교육 2030」에서 강조한 학습 나침반이 왜 등장하게 되었는가에 초점을 맞추었다. 그 결과 학습자가 주도적으로 미래의 불확실성을 타파하는 길을 찾는 수업이 필요하다고 판단하였다. 이를 연구 주제와 연계하여 미래의 불확실성을 개선하고 지속 가능한 미래를 열 수 있는 역량을 고민하였다. 그 결과, 2015 개정 음악과 교육과정과 2022 개정 음악과 교육과정을 분석하여 New Create 수업의 핵심역량인 α 역량을 설계하였다.

본 연구는 5가지의 디지털 협업 프로젝트 New Create 수업을 통해 α 역량을 함양하고, 미래 사회의 불확실성을 개선하여 지속 가능한 미래로 나아가자는 주제 의식을 담았다. 연구 주제를 선정함에 있어 인과관계를 명확히 설정하는 것이 좋다. 이를 위해 내 수업을 아우를 수 있는 연구 수업 명칭과 이를 통해 학생들에게 나타나는 변화를 키워드로 정의하는 것이 유리하다. 본 연구에서는 연구 내용으로 'WE ARE NEW

CREATOR! 프로젝트'를, 연구 결과로는 'α 역량'이라는 키워드를 활용하여 연구의 인과관계를 보다 명확히 하고자 노력하였다.

◆ 연구 내용 소개

'WE ARE NEW CREATOR!' 프로젝트로 지속 가능한 미래를 여는 α역량 키우기

대상/기간	연구 대상	연구 기간
	OO중학교 3학년 10학급(330명)	2024. 3. 2. ~ 2025. 1. 8.

연구의 필요성	'창조'를 시작한 AI, 우리가 할 수 있는 것은?	끊임없이 생겨날 지속 불가능한 문제들
	어느덧 AI는 인간만의 영역이라 여겨지던 창조를 시작했다. 이제는 기존에 없는 새로운 가치를 만들어낼 수 있는 'New Creator'가 필요하다.	계속해서 생겨나는 지속 불가능한 문제, **지속 가능한 미래를 열 수 있는 핵심인 α역량을 키우는 교육이 필요하다.**

연구의 목적: α역량의 설정 → New Create 음악과 수업 모형 (2015 개정 음악과 교육과정, 2022 개정 음악과 교육과정 / 다양한 하이테크) → α역량 신장 (WE ARE NEW CREATOR 지속 가능한 미래를 여는)

용어의 정의	WE ARE NEW CREATOR!	지속 가능한 미래	α역량
	2022 개정 음악과 교육과정의 신설 내용 체계 영역인 '창작'을 중심으로 한 New Create 실천 과제 5가지를 수행하는 음악 수업 프로젝트	지속 가능한 발전을 위해 다양한 미래 기술들을 연계시킬 방법들을 찾고, 학습자들이 스스로 지속 가능한 미래 사회를 실현할 방법을 모색함	Association(연계) Armonia(조화) Assist(도움)

수업 설계 방향: CREATOR(전통적 예술 결과물) → NEW CREATOR(새로운 가치) → 하이터치 하이테크 WE ARE NEW CREATOR! → 지속 가능한 미래

실천 과제		
01	MBTI PLAYLIST	생성형 AI를 활용해 MBTI 성격 유형을 분석하고 이에 어울리는 자신만의 음악 플레이리스트를 창작하며 음악 향유의 범위를 인공지능과 함께 넓혀가는 새로운 음악 감상의 방식을 찾는다.
02	UN SDGs 음악 앨범	UN에서 발표한 SDGs(지속 가능 발전을 위한 17가지 목표)와 관련된 음악 앨범 커버 이미지와 수록곡을 창작하며 인공지능 음악에 인간만의 가치를 담아내는 새로운 음악 창작의 길을 찾는다.
03	우리 학교 챌린지! 숏품 음악극	음악의 특징을 표현하는 신체 동작을 바탕으로 최근 미디어에 자주 활용되는 숏품 형태의 음악극을 창작하며 모둠원들과 소통하고 아이디어를 함께 즐길 수 있는 음악의 새로운 의미를 찾는다.
04	KPOP에 숨겨진 비밀 - 샘플링	중학생들의 삶과 깊이 연결되어 있는 KPOP 음악에서 활용되는 샘플링 창작에 대해 알아보고, ZEP(메타버스)을 활용한 감상 평가를 통해 학생들의 삶 속에 잊혀져 있던 클래식 음악의 새로운 아름다움을 찾는다.
05	지속 가능한 미래를 위한 음악 콘서트	팀원들과 협력하여 음악 콘서트 이면에 존재하는 지속 불가능한 문제들을 찾고, 다양한 미디어 기술을 활용하여 이를 극복할 수 있는 방법을 담은 제안서를 창작하며 지속 가능한 미래를 실현할 새로운 방법을 찾는다.

연구의 결론
1. 2022 개정 음악과 교육과정의 신설 내용체계 영역인 '창작'을 중심으로 다양한 하이테크를 활용하여 새로운 가치를 만들어내는 'New Create' 음악과 수업 모형을 개발하였다.
2. 'WE ARE NEW CREATOR!' 프로젝트를 통해 New Create 실천 과제를 실행하며 지속 가능한 미래를 실현할 수 있다는 학습자들의 인식이 확장되었다.
3. 'WE ARE NEW CREATOR!' 프로젝트를 통해 지속 가능한 미래를 실현하기 위해 필요한 α역량의 3가지 영역(Association-연계, Armonia-조화, Assist-도움)을 함양하였다.

◆ 전국 1등급 POINT

1. 연구보고서 요소별 포인트

처음 수업혁신사례연구대회에 참가한 것은 2021년이었다. 당시 수업 연구와 관련하여 아무런 경험이 없는 2년 차의 초보 교사라 큰 기대를 하지 않았는데 결과에서 경기도 1위를 확인하고 깜짝 놀랐던 기억이 있다. 하지만 전국대회의 벽은 높았다. 당시 전국대회 수상 인원을 고려했을 때(1등급 1명, 2등급 2명, 3등급 3명으로 총 6명) 3등급도 좋은 결과이긴 했지만 아쉬움이 많이 남았다. 그래서 2024년 수업혁신사례연구대회에 다시 도전하게 되었다. 하지만 1학기 말 정신없는 와중에 제출한 탓인지 결과는 아쉽게도 경기도 2등급이었다. 이후, 보고서의 문제점을 분석하고 다듬어 전국대회에 다시 제출한 결과 전국 1등급을 거머쥐게 되었다. 본 장에서는 2021년과 2024년의 수상 경험과 더불어 2022년 수업혁신사례연구대회 사전 워크숍 강사, 2023년 한국교육과정평가원 주관 수업혁신사례연구대회 컨설턴트로 참여하며 얻은 통찰을 소개하고자 한다.

가. 연구보고서의 첫인상, 요약서

요약서는 한 페이지에 연구의 서론·본론·결론을 압축적으로 담아낼 수 있어야 한다. 이를 위해 연구의 대상/기간, 필요성, 목적, 용어의 정의, 수업 설계 방향, 실천 과제, 결론을 핵심 요소로 요약서에 제시한다. 연구 요약서는 연구의 첫인상과 같다. 따라서 캔바나 미리캔버스 같은 플랫폼에서 수업의 전개 흐름을 한눈에 파악할 수 있는 다양한 도식을 제작하는 것이 필요하다. 또한 수업을 통해 얻은 결론을 수업 과정과 함께 요약적으로 제시하여 연구 전개 과정을 일괄적으로 파악할 수 있도록 하는 것이 필요하다. 무엇보다도 좋은 요약서를 만들기 위해서는 좋은 보고서를 먼저 탄생시켜야 한다. 따라서 보고서의 체계를 잡고 가장 정련된 상태로 마무리한 후에 요약서를 작성하는 것을 추천한다.

• 요약서 도식 예시 •

나. 목차 : 연구 주제 더하기

연구보고서의 목차별 분량을 살펴보면 연구의 시작 2쪽, 연구의 준비 2쪽, 연구의 설계 2쪽, 연구의 실행 10쪽, 연구의 결과 1쪽, 연구의 결론 및 제언 1쪽, 부록 6쪽이다. 보고서를 쓰기 전, 각 분량을 어느 정도 정한 후 시작한다면 조금 더 수월하게 작성할 수 있다. 더불어 심사위원에게 연구 주제가 한 번 더 각인될 수 있도록 목차 측면이나 상단에 위치시키는 것이 좋다.

• 목차의 구성과 분량 •

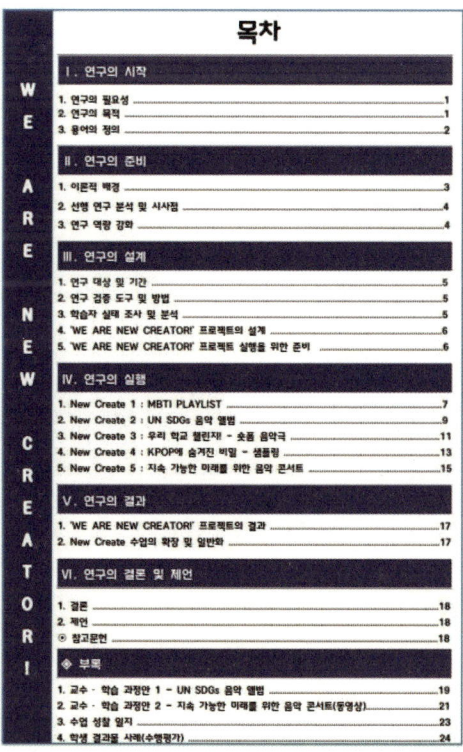

다. 연구의 시작

(1) 연구의 필요성 : 시선 강탈 포인트 만들기

연구자에게 가장 깊게 와닿는 부분이어서 연구의 필요성이 과하게 길어지는 경우가 있다. 심사위원에게는 연구의 필요성보다는 실제적으로 평가할 수 있는 연구의 본론 부분이 더욱 중요하게 느껴질 것이다. 그런데 연구의 필요성에서 진을 빼 버린다면 내 보고서의 진가를 느끼지 못하고 지나쳐 버릴 수도 있다. 따라서 연구의 필요성은 요약적인 문구로 작성하고 도식을 통해 시선을 끌 수 있어야 한다. 이를 위해 키워드를 2가지로 분류하여 표로 제시하고, 연구가 지향하는 바를 도식과 아이콘으로 재차 표현하여 이목을 끌고자 하였다.

• 연구의 필요성에 활용한 표·도식·아이콘 •

'창조'를 시작한 AI, 우리가 할 수 있는 것은?	끊임없이 생겨나는 지속 불가능한 문제들
2024년 6월 20일, 인공지능 기술과 밀접한 관계가 있는 기업인 엔비디아가 전세계 시가 총액 1위를 달성하였다. 또한 ChatGPT를 필두로 많은 생성형 AI가 공개되고 있다. AI의 시대와 함께 인간 고유의 영역이라 여겨져온 예술 분야에서도 많은 변화가 나타나고 있다. 클릭 한 번으로 다양한 스타일의 이미지나 음악을 생성하는 예술 창작 AI가 이제는 인간의 작품과 견주어도 손색없을 만한 수준에 이르렀다.	현재 지구에는 많은 지속 불가능한 문제들이 있다. 특히 기후 위기는 그 여파를 일상생활 속에서 느낄 수 있을 만큼 그 심각성이 커지고 있다. 이러한 배경 속에서 UN이 발표한 SDGs(지속 가능 발전을 위한 목표)는 글로벌 경제·정치·교육의 핫이슈로 떠오르고 있다. 세상이 어떻게 흘러갈 지 아무도 장담할 수 없는 혼돈 속, 미래 사회를 살아갈 아이들은 끊임없는 불확실성에서 벗어나 새로운 길을 찾아야 한다.

지금까지의 예술 교육은 'Creator'로서 하나의 작품을 완성하는 데 중점을 두고 이루어졌다. AI가 Create(창조)의 영역을 침범한 지금, 예술 교육은 'Creator'에서 나아가 기존에 없던 새로운 가치를 찾고 만들어낼 수 있는 'New Creator'를 키워야 한다.

정확한 답이 보이지 않는 세계 속, 지속 가능한 미래를 실현하기 위해 복잡한 문제들을 연계하고 (Association), 서로 도우며(Armonia), 사회에 기여하는(Assist) α역량이 필요한 시점이다.

(2) 연구의 목적 : 위계 설정으로 각인성 높이기

연구의 목적은 연구의 결론을 내포한다는 점에서 아주 중요한 부분이다. 이를 효과적으로 드러내기 위해 연구의 목적 달성 과정을 3단계로 구분하여 도식으로 제작하였다. 'α 역량의 신장'이라는 목적을 달성하기 위해 거치는 과정을 단계별로 설명함으로써 수업 연구의 흐름이 각인될 수 있도록 노력하였다.

• 연구의 목적 3단계 •

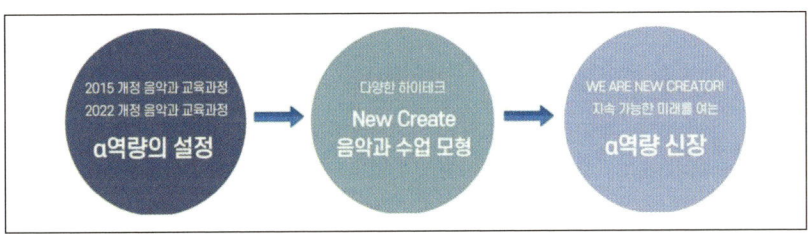

(3) 용어의 정의 : 연구 주제 키워드 강조하기

가지각색의 연구 주제 중 눈에 띄기 위해 연구 주제 키워드의 각 의미를 용어의 정의에서 상세히 풀어냈다. 연구 주제 외에도 특색 있게 네이밍한 수업 활동명이 있다면 함께 제시하는 것도 좋은 방법이다.

• 용어의 정의 •

가 'WE ARE NEW CREATOR!' 프로젝트

'New Create'란, 전통적 예술 결과물을 만들어내는 'Creator'에서 나아가 다양한 하이테크를 활용하여 새로운 가치들을 만들어내는 'New Creator'가 될 수 있도록 하는 음악과 수업 모형이다. New Create 실천 과제를 기반으로 하는 'WE ARE NEW CREATOR!' 프로젝트는 2022 개정 음악과 교육과정의 신설 내용체계 영역인 '창작'을 중심으로 한 5가지 수업으로 구성된다. 교사는 New Create 수업을 하이터치 접근으로 디자인하고, 학습자들은 다양한 하이테크(AI, 협업 도구, 메타버스 등)를 효과적으로 활용한다. 이를 통해 미래 세대인 학습자들이 불확실한 AI시대의 주인으로 성장하여 지속 가능한 미래를 꿈꿀 수 있도록 한다.

• α역량 도식 •

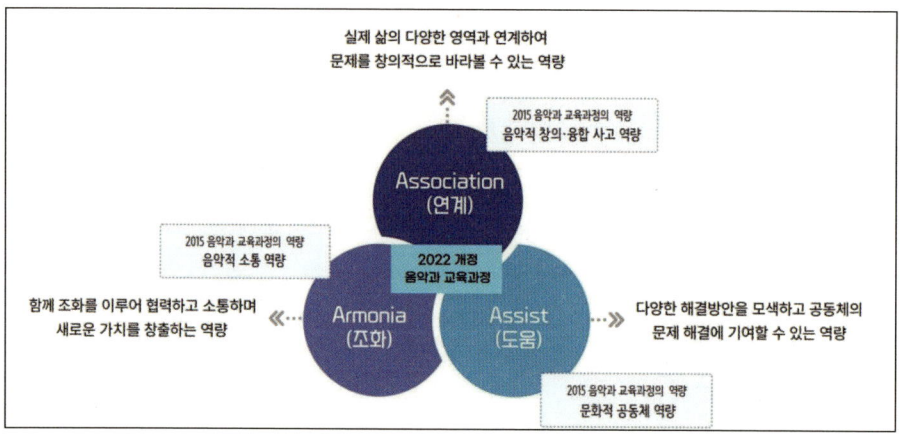

용어의 정의에서 가장 공들인 부분은 2015 개정 교육과정과 2022 개정 교육과정을 분석하여 새로이 개발한 *α* 역량이다. 2022 개정 교육과정이 아직 전체 학년에 적용되기 전이므로 2015 개정 교육과정의 내용을 어느 정도 연구에 반영할 필요가 있다. 다만, 전국 1등급을 받기 위해서 2015 개정 교육과정보다는 새롭게 도입되는 2022 개정 교육과정의 방향성을 강조하는 것이 필수적이라고 판단했다. 이를 위해 2015 개정 교육과정과 2022 개정 교육과정의 내용을 융합하여 New Create 수업 모형의 새로운 역량인 *α* 역량을 개발하였다. *α* 역량의 도식은 2022 개정 교육과정에서 나타나는 다양한 도식 구조에서 아이디어를 얻었다. *α* 역량을 개발하고 도식으로 표현하며 교사가 직접 교육과정을 분석하고 실천하는 모습을 강조할 수 있었다.

라. 연구의 준비

(1) 이론적 배경 : 교육 트렌드 반영하기

연구의 타당성을 확보하기 위해 선행 연구와 이론을 꼼꼼히 분석하는 과정을 반드시 거쳐야 한다. 수업혁신사례연구대회 보고서의 이론적 배경에서는 '혁신'이라는 이름에 걸맞도록 최근 교육 트렌드에서 강조하는 이론을 적용하는 것이 필요하다. 따라서 블룸의 디지털 텍사노미, 2022 개정 음악과 교육과정, AI 디지털교과서 등 최근 뜨

거운 3가지 개념을 수업에 적용하였다.

(2) 선행 연구 분석 및 시사점 : 연구 주제와 연계하기

수업혁신사례연구대회의 심사 기준을 살펴보면 선행 연구 분석과 관련된 내용이 있다. 이를 반영하기 위해 연구를 기획하며 어떤 연구를 참고했고, 어떤 통찰을 얻었는지 구체적으로 정리하여 제시할 필요가 있다. 특히 시사점에서는 해당 선행 연구가 자신의 연구 주제와 어떤 점에서 연계될 수 있는지 분석하여야 한다.

• 선행 연구 분석 •

연구주제	시사점
강민석, 주종우(2022). 4차 산업 혁명 시대에서 인공지능(AI)의 작품 창작에 관한 연구 - 예술인들의 인식을 중심으로	기술과 예술의 결합이 가져올 예술계의 변화에 대해 설명하고, 인공지능이 예술적 가치를 지닌 창작 활동의 매개로 사용되는 만큼 새로운 기술 시대를 맞이할 준비가 필요함을 시사함.
박휴용(2024). 생성형 AI의 등장과 음악 창작 환경의 변화	생성형 AI를 통해 음악 창작의 접근이 수월해졌으나, 쉽게 음악적 결과물을 얻기에 되려 창의성이 저하되지 않도록 창작 과정과 예술 본질을 숙고하는 음악 교육이 필요함을 시사함.

(3) 연구 역량 강화 : 차별화된 노력 드러내기

또한 자신이 수업 혁신을 실천하기 위해 노력하고 개선한 과정을 객관적으로 제시할 수 있는 연수 및 컨설팅 참여 내용을 제시하는 것이 필요하다. 여기서 일반적인 전문적 학습공동체나 연수 내용뿐 아니라 교육 관련 재단이나 기업에서 주최하는 지원 프로그램에도 참여하여 다른 참가자와 차별점을 두고자 하였다. 역량 강화를 위해 적극적으로 배워 나가는 연구자의 열정을 강조하기 위함이다.

• 연구 역량 강화 •

영역	내용	일시
전문적 학습 공동체	교내 전문적 학습 공동체 대표 수업 공개	2024.5.20.
	수업 나눔 및 피드백	2024.5.21.
강의 및 연수	21세기 미래열쇠 인공지능	2023.12.12.
	경기도중등음악교육연구회 총회	2024.4.20.
	화성오산중등음악교육연구회 총회	2024.5.7.
	한국교육과정평가원 컨설팅 - 프로젝트 수업	2024.5.2.
	한국교육과정평가원 컨설팅 - ZEP 활용 수업	2024.5.7.
	한국교육과정평가원 컨설팅 - 질문이 살아있는 수업	2024.5.9.
	한국교육과정평가원 컨설팅 - 수업 동영상 촬영	2024.5.10.
	한국교육과정평가원 컨설팅 - Chat GPT 활용 수업	2024.5.14.
	교실혁명 선도교사 연수 - 연수 과정 안내 및 개회식	2024.5.23.
	교실혁명 선도교사 연수 - 2024 대한민국 글로컬 미래 교육 박람회	2024.6.1.
	교실혁명 선도교사 연수 - 1차 수행기관 연수	2024.6.24.~2024.7.14.
	교실혁명 선도교사 연수 - 2차 수행기관 연수	2024.7.15.~2024.7.31.
교육지원 프로그램	퀴즈앤 활용 연수	2024.5.31.
	구글 워크스페이스 활용 연수	2024.6.10.
	2023 퓨처비 챌린지 교육자 연수	2023.6.24. / 2023.7.2.
	2024 퓨처비 챌린지 교육자 연수	2024.5.29.

마. 연구의 설계

(1) 연구 대상 및 기간 : 오류 없이 정확하게!

• 연구 대상 및 기간 •

과목	연구 대상(인원)	연구 기간
중학교 음악	중학교 3학년 10학급(330명)	2024.3.2.~2025.1.8.

과목, 연구 대상(인원), 연구 기간을 작성한다. 이때 실제 연구와 동일하게 오류 없이 작성할 수 있도록 한다. 특히 연구 기간의 경우 제출 기한 이후에도 연구가 이어질 수 있기에 교육청별 마감 기한에 국한하지 않고 작성해도 괜찮다.

(2) 연구 검증 도구 및 방법 : 사전 검사와 사후 검사의 연계

• 연구 검증 도구 및 방법 •

방법	검증 도구	대상(인원)	시기
양적 검증	자체 설문지	3학년 10학급	사전(3월)
질적 검증	(구글폼 활용)	(330명)	사후(7월)

연구 검증 도구와 방법은 연구의 신뢰도를 결정짓는 아주 중요한 부분이다. 객관도를 위해 양적 검증과 질적 검증을 함께 진행하는 것이 좋으며, 이를 위해 자체 설문지를 제작하였다. 특히 많은 교사들이 놓치는 부분이 사전 검사와 사후 검사의 문항을 동일하게 설계해야 한다는 점이다. 연구 결과의 타당성을 확보하기 위해서는 사전·사후 검사의 질문을 동일하게 하고, 응답 결과를 비교해야 한다. 이를 위해 사전 검사지를 제작할 때 사후 검사와의 연계성을 반드시 고려해야 함을 잊지 말자.

(3) 학습자 실태조사 및 분석 : 학습자 주도성의 실현

보고서 분량을 고려하여 과감히 SWOT 분석을 생략하고 학습자 실대조사 및 분석을 더 구체적으로 제시하였다. 전반적인 음악 수업 실태조사와 더불어 연구 주제와 관련된 하이테크 경험, 지속 가능성 인식도, 예술 분야 AI 인식도 등을 파악할 수 있는 질문을 개발하였다. 더불어 연구 주제의 핵심인 α 역량과 관련된 사전 질문에 힘을 기울였는데, 학습자가 스스로 학습해야 할 내용을 찾아가는 스토리를 강조하고자 하였다. 이를 위해 지속 가능한 미래를 위해 자신이 갖추어야 할 교육과정의 역량이 무엇인지 질문하고, 응답 결과를 바탕으로 α 역량을 설계하였다. 이를 통해 학습자가 스스로 자신에게 필요한 역량을 찾고, 이를 함양할 수 있는 다양한 수업을 실천해 나가는 과정을 학습자 실태조사에서 반영할 수 있었다.

> **Tip** 학습자 실태조사와 연구 주제 연계하기
>
> 연구의 논리성을 확보하기 위해 연구 주제와 연결하여 학습자 실태조사 설문을 제작해야 한다. 이를 위해 수업 실태조사에서는 연구의 필요성에 제시한 문제점이 드러나도록 질문을 만드는 것을 추천한다. 또한 연구를 통해 함양할 수 있는 역량에 대한 학습자의 인식을 확인하는 질문을 설계한다면 연구 주제와 학습자 실태조사를 더욱 긴밀히 연계할 수 있다.

• 학습자 실태조사 •

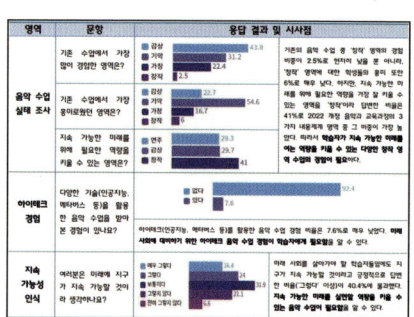

• α역량 인식도 •

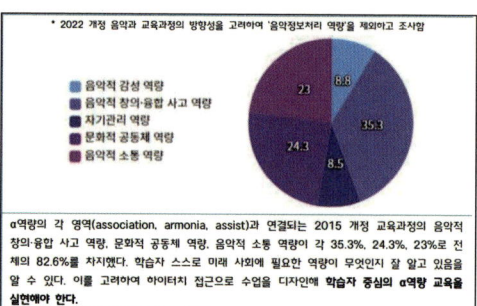

(4) 'WE ARE NEW CREATOR!' 프로젝트의 설계 : 색상으로 도식 강조하기

MBTI PLAYLIST라는 개인 활동에서 지속 가능한 미래를 위한 음악 콘서트의 협력 활동으로 확장되는 학습 단계를 도식으로 표현하였다. 이때 색상의 진하기를 통해 직관적으로 드러날 수 있도록 하였다.

• 프로젝트 흐름 도식 •

01	MBTI PLAYLIST	생성형 AI를 활용해 MBTI 성격 유형을 분석하고 이에 어울리는 자신만의 음악 플레이리스트를 창작하며 음악 향유의 범위를 인공지능과 함께 넓혀가는 새로운 음악 감상의 방식을 찾는다.
02	UN SDGs 음악 앨범	UN에서 발표한 SDGs(지속 가능 발전을 위한 17가지 목표)와 관련된 음악 앨범 커버 이미지와 수록곡을 창작하며 인공지능 음악에 인간만의 가치를 담아내는 새로운 음악 창작의 길을 찾는다.
03	우리 학교 챌린지! 숏폼 음악극	음악의 특징을 표현하는 신체 동작을 바탕으로 최근 미디어에 자주 활용되는 숏폼 형태의 음악극을 창작하며 모둠원들과 소통하고 아이디어를 함께 즐길 수 있는 음악의 새로운 의미를 찾는다.
04	KPOP에 숨겨진 비밀 - 샘플링	중학생들의 삶과 깊이 연결되어 있는 KPOP 음악에서 활용되는 샘플링 창작에 대해 알아보고, ZEP(메타버스)을 활용한 감상 평가를 통해 학생들의 삶 속에 잊혀져 있던 클래식 음악의 새로운 아름다움을 찾는다.
05	지속 가능한 미래를 위한 음악 콘서트	팀원들과 협력하여 음악 콘서트 이면에 존재하는 지속 불가능한 문제들을 찾고, 다양한 미디어 기술을 활용하여 이를 극복할 수 있는 방법을 담은 제안서를 창작하며 지속 가능한 미래를 실현할 새로운 방법을 찾는다.

(5) 'WE ARE NEW CREATOR!' 프로젝트 실행을 위한 준비 : 수업 환경 조성

수업 환경 조성에 해당하는 부분을 ['WE ARE NEW CREATOR!' 프로젝트 실행을 위한 준비]라는 명칭으로 표현하였다. 특히 2025년 시행되는 AIDT의 도입을 고려하여 다양한 생성형 AI를 활용할 수 있는 디지털 음악 수업 콘텐츠를 개발하였음을 강조하였다. 수업혁신사례연구대회의 경우 이름에서 알 수 있듯이 '수업 혁신'과 관련된 다양하고 창의적인 방법을 보고서에 반영하는 것이 높은 등급을 받는 데 유리하다. 2025년의 핵심 교육 트렌드는 무엇일지 고민해 보고, 이를 수업 자료의 개발 방향과 맞추어 보는 것도 좋은 팁이 될 수 있겠다.

• 프로젝트 실행을 위한 준비 •

'WE ARE NEW CREATOR!' 프로젝트의 각 New Create 수업에서 활용한 하이테크의 종류와 AIDT(AI 디지털 교과서) 시대에 대비한 디지털 음악 수업 컨텐츠 개발 방향은 다음과 같다.

하이테크	기자재	크롬북
	AI/메타버스	ChatGPT, Playground, UDIO, SUNO, DeepL, ZEP
	디지털 협업 도구	패들렛, 멘티미터, 퀴즈앤, 구글 시트, 구글 슬라이드, 구글 설문지
디지털 음악 수업 컨텐츠		온라인 수업 사이트를 구축하여 디지털 수업 자료(구글 슬라이드)를 제공하고 아이콘 링크 작업을 통해 수업에서 활용할 하이테크를 학습자가 필요로 할 때 자유로이 활용할 수 있도록 하여 학습자 중심의 완전 학습을 실현함.

바. 연구의 실행

(1) 수업의 개관 : 내 수업을 소개합니다!

수업의 개관에는 수업의 핵심 활동과 목적을 소개하는 서론을 담는다. 또한 2022 개정 음악과 교육과정의 성취기준과 주요 활동, 과정중심평가 방향, 하이테크 활용, 그리고 α 역량에 해당하는 요소를 표에 정리하였다. 이처럼 수업의 개관을 먼저 제시하고 수업의 흐름을 설명한다면 짧은 보고서 분량으로도 명확하게 수업에서 의도한 바를 전달할 수 있다.

• 수업의 개관 예시 •

"MBTI가 어떻게 되세요?" 요즘 MZ세대들이 으레 나누는 인삿말이다. 인간의 성격을 16가지로 구분하여 제시한 MBTI 성격 유형은 자아 정체성을 만들어가는 청소년기 학생들의 주요 관심사 중 하나이다. [New Create 1 : MBTI PLAYLIST]에서는 생성형 AI의 대표격인 ChatGPT를 활용해 자신의 베스트 MBTI를 조사하고, 이를 표현하는 플레이리스트를 창작한다. 이를 통해 자신의 음악 취향과 향유의 범위를 인공지능과 함께 넓혀가며 새로운 음악 감상의 방식을 발견할 수 있다.

2022 개정 음악과 교육과정 성취 기준

[9음02-04] 생활 속에서 음악을 들으며 다양한 감성과 가치를 인식하고 존중한다.
[9음03-01] 음악적 의도나 아이디어를 여러 매체나 방법에 적용하여 자기 주도적으로 창작한다.

주요 활동	과정중심평가	α역량	
- 베스트 MBTI 선택 및 분석하기 - 음악 선정하기 - 음악 분석하기 - MBTI PLAYLIST 만들기 - MBTI PLAYLIST 공유하기	- 자기평가: 질문 설계 및 오류 분석 - 동료평가: 베스트 창작자 투표 - 수행평가: MBTI PLAYLIST 창작	Association (연계)	MBTI 성격 유형
		Armonia (조화)	플레이리스트 공유
	하이테크 활용 ChatGPT, Padlet	Assist (도움)	다양한 개성 이해

(2) 수업의 과정 : 활동 사진, 소제목 달기, 평가 연계

수업의 과정에서는 수업의 흐름을 입체감 있게 파악할 수 있도록 상세한 교수·학습 활동 내용과 사진을 함께 첨부하였다. 이때, 교수·학습 활동의 각 단계마다 소제목을 제시하여 가독성을 높이고자 하였다. 더불어, 앞서 수업의 개관에서 제시한 과정중심평가의 방향이 구체적으로 드러날 수 있도록 평가 내용도 함께 작성하였다.

• 수업의 과정 예시 •

6	◆ 팀별 제안서 만들기 - 팀별로 구글 슬라이드 제안서에 팀 슬로건, 베스트 아이디어 이미지, 아이디어 설명을 입력한다. - 디지털 협업 도구(구글 슬라이드) 활용 시 주의사항을 안내하고 순회 지도하며 피드백한다. - 팀장은 갤러리 워크 검토회에서 발표할 멘트를 준비한다.	
7	◆ 갤러리 워크 검토회 - 메타버스(ZEP) 전시공간에 입장한다. 동료평가 - 팀별 발표를 들으며 각 팀의 지속 가능 콘서트 제안서를 살펴본다. - 베스트 제안서를 작성한 팀에 투표한다. - 오늘의 수업 소감을 제출한다. - 기념 스크린샷을 찍으며 수업을 마무리한다.	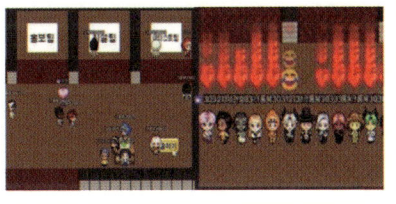

(3) 수업의 결과 : 교-수-평-기 일체화 드러내기

수업 결과물을 비롯한 학생 소감, 교사의 성찰을 제시하여 교육과정-수업-평가-기록의 일체화를 강조하고자 했다. 특히 수업 기록으로 과목별 세부능력 및 특기사항 예시를 제시하였는데, 이를 통해 교-수-평-기 일체화를 실현하였음을 드러내고자 하였다. 또한 New Create 실천 과제 하나당 분량을 2쪽으로 설정하여 보고서를 넘겨 보았을 때 각 수업의 개관, 과정, 결과가 한눈에 들어올 수 있도록 조정하였다.

• 수업의 결과 예시 •　　　　　• 보고서 제본 모습 •

 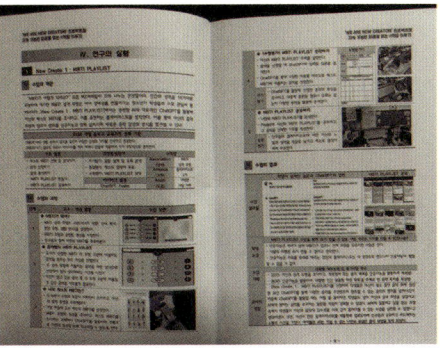

사. 연구의 결과 : 연구 의도 담아내기

연구 결과 부분에서는 사후 검사 결과 내용과 수업의 확장 및 일반화 방향을 제시하였다. 특히 사후 검사 결과를 제시할 때는 어느 맥락에서 유의미한 결과를 얻었는지 분석하여 제시하는 것이 좋다. 연구 주제에서 수업 결과에 해당하는 'α 역량'과 '지속 가능성'을 키워드로 잡아 추가 설문을 제작하였다.

• 추가 설문 및 분석 내용 •

α역량	'New Create' 수업 후, Association(연계) 역량이 향상되었나요?	그렇다 86.5 / 보통이다 11.4 / 그렇지 않다 2.1	α역량의 3가지 영역인 Association (연계), Armonia(조화), Assist(도움) 역량이 향상되었다고 답한 비율이 각각 86.5%, 86.8%, 84.6%로 대다수를 차지했다. New Create 수업을 통해 지속 가능한 미래를 여는 α역량이 향상되었음을 확인할 수 있다. 다만, AI (인공지능)를 활용하는 것에 거부감을 느끼는 학생도 있었다. **지속적인 New Create 수업 혁신을 통해 이를 해결할 방법을 찾아내는 것이 필요하다.**
	'New Create' 수업 후, Armonia(조화) 역량이 향상되었나요?	그렇다 86.8 / 보통이다 12.1 / 그렇지 않다 1.1	
	'New Create' 수업 후, Assist(도움) 역량이 향상되었나요?	그렇다 84.6 / 보통이다 13.2 / 그렇지 않다 2.2	
지속 가능성 인식	'New Create' 수업 후, 우리의 힘으로 지속 가능한 미래를 실현할 수 있다는 생각이 들었나요?	'그렇다' 이상 비율 변화 / 사전 40.4 / 사후 80.7	지속 가능한 미래를 실현할 수 있다고 생각하게 된 비율이 사전 40.4%에서 사후 80.7%로 40.3%가 향상되었다. **New Create 수업을 통해 지속 가능성에 대한 미래 세대들의 인식 변화를 이끌어 냈음을 확인할 수 있다.**

더불어 수업의 결과가 연구에서 의도한 바와 일치할 수 있도록 지속적으로 고민하고 실천해야 한다. 이를 위해 학생들이 스스로 지속 가능성에 대한 문제점을 반복해서 생각해 볼 수 있도록 다양한 질문을 던졌다. 또한, 지속 가능성에 대해 부정적으로 인식하는 학생들에게는 자신의 생각에서 벗어나 다양한 해결 방안을 직접 찾아보고 만들도록 피드백하였다. 그 결과 지속 가능성에 대한 긍정적인 응답 비율을 사전 40%에서 사후 80%까지 끌어올릴 수 있었다.

아. 연구의 결론 및 제언/참고문헌 : 무조건 핵심만!

연구의 결론과 제언에서도 가독성을 높이기 위해 최대한 요약적으로 핵심을 전달하기 위해 노력하였다. 결론은 연구의 결과를 바탕으로 사실적으로 작성하고, 제언에서는 현시대 교육의 어려움과 나아갈 방향에 대한 고민을 담아 작성하였다. 더불어 보고서 분량 조절을 위해 참고문헌의 글자 크기를 조정하여 1쪽 이내에 결론, 제언, 참고문헌을 함께 담아냈다.

자. 부록

(1) 교수·학습 과정안 : 실제로 수업을 보는 느낌이 들도록!

교수·학습 과정안에서 가장 중요한 것은 과정안만 보고도 심사위원이 수업을 입체적으로 실제감 있게 느낄 수 있도록 하는 것이라 생각했다. 이를 위해 교수·학습 활동의 분량 비중을 높이고 다른 영역은 되도록 간략하게 작성하였다. 또한, 2022 개정 교육과정에서 강조되는 핵심 아이디어를 수업에 반영하였음을 드러내기 위해 3가지 유형의 질문(사실적 질문, 개념적 질문, 논쟁적 질문)을 제시하였다. 더불어 수업의 흐름을 다양하게 살펴볼 수 있도록 수업 활동 모습뿐만 아니라 수업 결과물의 사진도 함께 제시하였다.

• 교수·학습 과정안의 구성 •

학습주제	UN SDGs 음악 앨범 만들기				
단원	1. 표현하며 소통하기	지도대상	중학교 3학년	차시	2
주요 활동	인공지능 창작 도구를 활용하여 지속가능발전을 위한 음악 앨범 만들기	교수 · 학습 방법	프로젝트 학습		
학습 목표	1. UN SDGs(지속 가능 발전을 위한 목표)를 이해하고, 이를 실천하기 위한 가사를 창작할 수 있다. 2. 인공지능 작곡 프로그램을 활용하여 음악을 창작할 수 있다. 3. 다양한 인공지능 창작 도구를 활용하여 SDGs 캠페인 송 앨범을 제작할 수 있다.				
핵심 아이디어	[사실적 질문] UN SDGs 목표가 실생활에서 잘 실천되고 있을까? [개념적 질문] 대중가요의 가사 구성은 어떤 구조로 이루어져 있을까? [논쟁적 질문] AI 창작 도구로 만든 음악을 인간이 만든 음악과 동일한 관점에서 평가할 수 있을까?				

• 사진 수록 예시 •

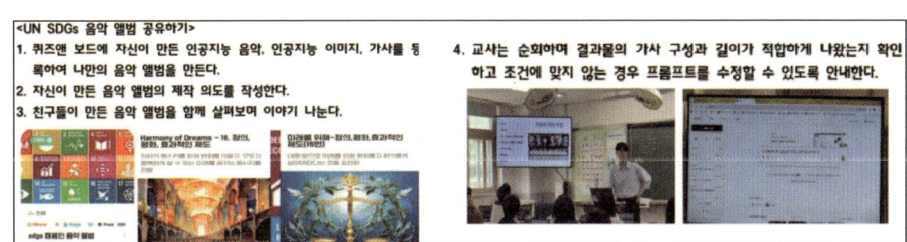

• 수업 자료 및 도구 예시 •

　　2023년도에 비해 보고서의 분량이 줄어들며 수업 자료를 부록에 제시해야 할지 고민이 많이 되었다. 특히나 본 연구에서는 AIDT의 방향성을 반영하기 위해 각고의 노력을 들여 학생들이 교과서처럼 활용할 수 있는 디지털 수업 콘텐츠를 제작하였기에 그 구체적인 내용을 보고서에 꼭 담고 싶었다. 그러나 25쪽에 불과한 분량에 디지털 수업 자료로 많은 부분을 할애할 수는 없었다. 이를 극복하기 위해 교수·학습 과정안의 말미에 '디지털 수업 자료' 부분을 따로 만들었다. 이를 통해 학생들이 직접 크롬북 기기를 활용하여 활용한 수업 자료와 AI 창작 도구의 구체적인 모습을 보고서에 담아낼 수 있었다.

(2) 수업 성찰 일지 : 솔직 담백하게 나의 이야기를 담기

　　부록에 교수·학습 과정안과 함께 필수적으로 들어가야 하는 요소가 바로 수업 일지이다. 수업혁신사례연구대회 수상과 컨설팅 경험이 있지만 수업 연구 역량에 대한 자신감은 언제나 부족했다. 아직 저경력일 뿐더러 대학원에서 연구해 본 경험도 없고, 훌륭한 교사들이 너무 많이 계시기 때문이다. 그럼에도 불구하고 필자가 강점을 가진 부분은 '성찰'이라고 생각했다. 수업 연구를 하며 한계가 느껴질 때는 포기하는 것이 아니라 어떻게든 극복하기 위해 방법을 찾고 학생들과 소통하였다. 이를 보고서에 담아내기 위해 '수업 일지'의 이름을 변형하여 '수업 성찰 일지'로 제시하였다.

• 수업 성찰 일지의 예시 •

주제	New Create 1 <MBTI PLAYLIST>	시기	4월 1주~3주	구성	4차시
수업 의도	• 프롬프트(질문) 설계 역량 키우기 • AI를 활용하여 자신의 음악 향유 범위 확장하기				
수업 고민	1. 자신이 원하는 음악을 찾기 위해 ChatGPT를 어떻게 활용하도록 지도해야 할까? 2. 오류가 나타났을 때, 학생들에게 어떤 피드백을 제공해야 할까?				
잘된 점	- 아이들의 주요 관심사인 MBTI를 수업에 접목하니 학생들이 예상보다 더 큰 관심과 흥미를 보임. - 대부분의 학생들이 자신이 평소에 듣던 음악 외에 다양한 음악을 AI를 활용하여 찾고 감상할 수 있었음.				
문제점	- 아이들이 예상보다 ChatGPT 활용에 능숙하지 않아 단순한 검색 용도로만 사용하는 경우가 잦았음. - ChatGPT가 실제로 존재하지 않는 음악을 추천하는 등의 오류가 나타나는 경우가 있었음.				
보완점	- AI에 의존하는 것이 아니라, 더욱 깊이 있는 질문을 설계할 수 있도록 다양한 피드백을 제공해야 함. - 오류를 점검할 수 있는 신뢰성 있는 문헌 자료를 준비하는 것이 필요함.				
돌아보기	MBTI PLAYLIST 수업을 진행하기 전, 지금까지의 수업 중 어느 때보다 가장 설레었다. 수업 준비하면서 학생들이 즐거워할 것이라는 확신이 들었던 수업이기 때문이다. 특히나 프롬프트 설계와 관련하여 학생들을 피드백하며 교사인 나의 AI 활용 능력 또한 크게 성장하는 경험이 되었다. 그동안 꿈꿔왔던 '교사와 학생이 함께 성장하는 교실'에 가까워진 것 같아 뿌듯한 수업이었다.				

수업혁신사례연구대회에서 두 번이나 좋은 결과로 입상할 수 있었던 이유는 교사의 성찰 과정을 솔직하게 작성했기 때문이라고 판단한다. 수업에서 원활하게 진행된 부분뿐만 아니라 실제로 고민했던 점, 문제점, 보완점 등을 수업 성찰 일지에 함께 작성하였다.

> **Tip** 수업혁신사례연구대회에서 정말로 중요한 것은 '연구'!
> 처음 연구대회에 참가하게 되었을 때 수상작을 살펴보며 느낀 점은 '아, 내가 이런 보고서를 만들 수 있을까?'였다. 보고서 편집이나 활용된 도식을 보면 도저히 만들 수 없는 것처럼 보였기 때문이다. 이후 다양한 보고서 디자인 노하우를 알게 되면서 이전보다 발전하긴 했지만, 여전히 보고서 디자인과 편집은 나의 가장 큰 약점이다. 그럼에도 불구하고 올해 전국

> 1등급을 수상할 수 있었던 가장 큰 이유는 '연구'를 우선순위에 두었기 때문이라 생각한다. 수업혁신사례연구대회 세미나에 매년 참가해 오고 있지만 담당 연구사께 항상 듣는 말이 있다. 디자인보다 '연구 내용'에 초점이 맞춰진다는 말이다. 물론 보고서 디자인이 중요하지 않다는 것은 아니다. 자신의 연구가 더욱 돋보일 수 있도록 보고서를 디자인하는 것은 매우 중요하다. 그러나 그것이 연구 자체보다 우선되어서는 안 된다. 연구의 깊이를 더할 수 있는 방법을 먼저 충분히 고민한 후에, 이것을 드러낼 수 있는 방향을 고민해 보자.

2. AI 및 에듀테크 활용 포인트

AI와 에듀테크는 수업혁신사례연구대회에서 이제 빠질 수 없는 필수 요소가 되었다. 수상을 위해서는 AI와 에듀테크를 활용하며 깊이 있는 학습을 끌어낼 수 있어야 한다. 본 연구에서 특징적으로 AI·에듀테크를 활용한 콘셉트를 소개해 보고자 한다.

가. 디지털 수업 자료를 교과서처럼 활용하기 (구글 슬라이드, 구글 사이트)

AIDT 개발 과목에 해당하지 않는 음악 교과의 교사이지만 AIDT의 방향성에 매우 크게 공감하였고, 이러한 방향을 음악 교과 콘텐츠에 적용해 보고자 노력하였다. 이를 위해 구글 사이트를 활용하여 수업 자료를 제공하는 'Beom ssam Music class' 사이트를 만들었다.

• 구글 사이트 •

해당 사이트에서 각 수업 아이콘을 클릭하면 수업 자료로 이동할 수 있도록 링크를 설정하여 디지털교과서의 느낌을 최대한 구현해 보고자 하였다.

• 구글 슬라이드 첫 화면 •

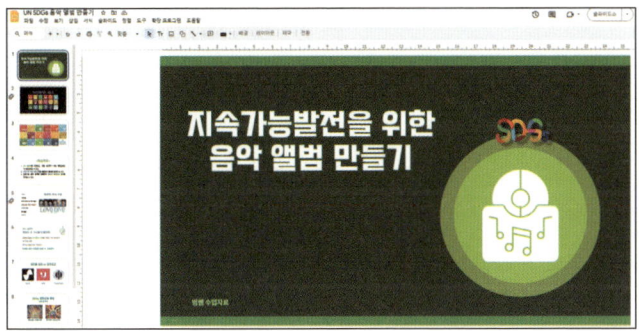

아이콘을 클릭하여 수업 자료로 이동하면 학생들이 슬라이드쇼를 활용하여 구글 슬라이드에 링크로 연결된 다양한 수업 자료와 AI를 직접 살펴볼 수 있다.

• AI 창작 도구 링크 작업 •

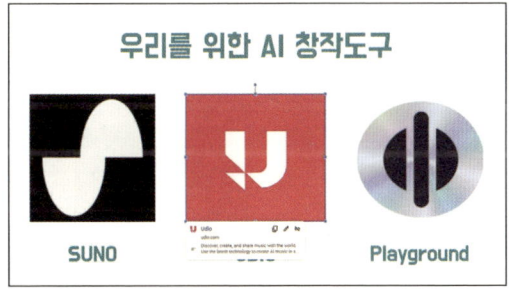

이를 위해 구글 사이트에서 활용한 것과 같이 각 아이콘에 링크 작업을 해두었다. 이러한 링크 작업을 AI 창작 도구뿐 아니라 디지털 협업 활동에 필요한 다양한 서식(구글 시트, 구글 폼 등)에도 연결하여 교과서 없이 디지털 수업 자료만으로 전체 수업 활동이 가능하도록 구성하였다.

• 디지털 협업 도구와의 연결(구글 시트, 퀴즈앤) •

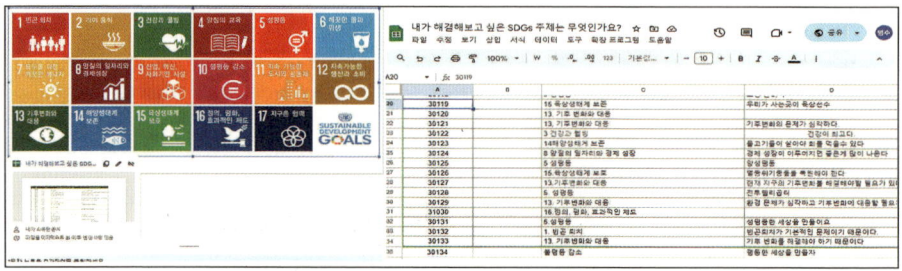

나. 메타버스 ZEP을 활용한 실음 듣기 평가

ZEP은 게이미피케이션 활동에 굉장히 많이 활용되는 메타버스 플랫폼이다. 이러한 ZEP을 실제 음악 수행평가에 적용해 보고자 하였다. 이를 위해 각 맵의 배경음악으로 제재곡을 삽입하고 해당 맵에서 배경음악과 관련된 퀴즈를 푸는 실기 평가를 진행하였다. ZEP 듣기평가도 구글 슬라이드와 연계하여 디지털 수업 자료만 있으면 평가 사이트에 바로 접속할 수 있도록 작업하였다.

• ZEP 듣기평가 플레이 장면 •

다. 생성형 AI

최근에는 워낙 많은 에듀테크가 쏟아져 나오고 있기에 좋은 도구를 찾아내는 것보다 교사가 잘 다룰 수 있는 도구를 바탕으로 교과 내용과 관련하여 효율적이고 깊이 있는 수업을 만들어 내는 것이 필요하다. 따라서 수업을 계획할 때 단순한 AI 결과물을 만드는 것에 그치기보다 해당 결과물을 토대로 다양한 학습활동을 진행하는 것을 추천한다. 필자의 경우 'New Create'라는 주제에 맞추어 '인간만의 가치'를 AI 예술 작품에 담는 것을 주안점으로 삼았다. 이를 위해 AI 창작에 앞서 해당 가치에 대해 깊이 생각해 볼 수 있는 다양한 협력 활동을 진행한 후 마지막에 AI 도구를 활용하여 결과물을 생성하는 식으로 수업을 진행하였다. 또한 학생들이 생성형 AI를 활용함에 있어 낯설어 하는 경우가 많기에, 이전 차시의 수업 종료 10분 정도 전에는 다음에 다룰 생성형 AI를 미리 살펴볼 수 있도록 하였다. 조작법이 다소 어려운 생성형 AI 도구의 경우에는 1차시 정도를 할애하여 미리 활용법을 안내했다.

3. 수업의 일반화 및 확장 포인트

수업혁신사례연구대회의 목적은 결국 연구대회를 통해 훌륭한 수업이 보급되어 많은 학생들이 좋은 수업을 받을 수 있게 하는 것이다. 따라서 자신이 연구한 수업이 실제 학교 현장에서 일반화 및 확장될 수 있는지 보고서에서 드러내는 것 또한 좋은 점수를 받는 데 중요하다.

• 수업의 확장 •

이를 위해 연구를 설계하는 단계에서부터 자신의 수업을 어떻게 확장시킬 수 있을지 미리 고민하는 것이 필요하다. 이와 관련하여 교내 전문적 학습공동체, 연구회 및 학회, 기업의 교육 지원 프로그램, 자료집 및 도서 집필의 4가지 방식을 추천한다.

• 수업의 일반화 및 확장 유형 •

유형	내용
전문적 학습공동체	• 교내 전문적 학습공동체 수업 공개 및 나눔
연구회 및 학회	• 경기도중등음악교육연구회 수업 사례 나눔 페스티벌 • 한국음악교육공학회 추계 학술대회 주제 발표
교육 지원 프로그램	• 퓨처랩 '2024 퓨처비 챌린지' 참여
자료집 및 도서 집필	• 뮤직T랜드(음악교육잡지) 기사 투고 • [프로젝트형 음악·교수 학습 방법(가제)] 집필

교내 전문적 학습공동체와 연구회 및 학회의 행사에서 수업을 공개하고 나누는 것은 가장 대표적인 일반화 방법이다. 여기서 더 나아가 기업의 교육 지원 프로그램은 교육청·연구회 사업의 범위보다 더 포괄적인 범위에서 학교 수업을 확장시킬 수 있다는 점에서 매우 유용하다. 이를 위해 수업 설계 단계에서 자신이 선택한 연구 주제와 관련하여 지원하는 기업의 교육사업이 있는지 조사해 보는 것을 추천한다. 마지막으로 자료집 및 도서 집필을 통해 자신의 수업을 확장시킬 수 있다. 음악교육잡지에 수업과 관련된 내용으로 기사를 작성하여 투고하고, 숏폼 음악극 프로젝트를 주제로 출간 작업을 진행하였다. 수입의 일반화 및 확장을 고려할 때 교내의 범위에 머무르기보다 교육청 사업, 연구회, 기업, 출간 등 다양한 유형의 방식에 도전해 보도록 하자. 2025년 심사 기준에서 새로 언급된 '함께학교 수업의 숲'을 적극 활용하는 것도 좋은 방법이다.

◆ 전국 1등급이 본 1등급 POINT

POINT 1. 사회적 변화와 2022 개정 교육과정에 기민하게 반응한 보고서

인간의 고유한 영역으로 여겨졌던 '창작'을 인공지능이 뛰어나게 구현하고 있는 현실에서, 음악 교육이 나아가야 할 방향을 심도 있게 다룬 보고서이다. 단순히 음악 교육에서 인공지능을 활용할 방법에만 초점을 맞춘 것이 아니라, '지속 가능한 미래'라는 목표를 달성하기 위해 학생들이 갖춰야 할 a 역량을 탐구했다는 점에서 신선하다. 또한 2022 개정 음악과 교육과정에 '창작' 영역이 신설된 교육적 변화를 효과적으로 조명했다는 점에서도 돋보인다.

POINT 2. 중학생들의 흥미를 끌어내는 창의적이고 미래 지향적인 수업

연구 대상인 중학교 3학년 학생들의 흥미를 끌어내기 위한 교사의 창의적인 노력이 돋보인다. MBTI, 숏폼, K-POP 등 학생들의 관심사를 반영하면서도 계이름, 8마디 한도막 형식, 서양음악사 등 음악 교과의 지식·이해 내용 체계를 놓치지 않은 점이 인상적이다. 특히 '나만의 MBTI PLAYLIST'를 완성하는 개인 활동에서 시작해 팀별로 음악 콘서트 제안서를 작성하는 활동으로 이어지는 과정에서 학생들의 주도성은 점진적으로 확대되고, 프로젝트의 깊이와 파급력은 한층 강화된다.

POINT 3. '가치'의 강조를 통한 사회정서학습(SEL)의 구현

보고서 전반에 걸쳐 강조되는 '가치'를 통해, 단순히 인공지능을 활용해 음악을 창작하는 것을 넘어 음악에 가치를 담고자 하는 교사의 교육철학이 잘 드러난다. 이는 최근 교육계에서 중요성이 부각되고 있는 사회정서학습(SEL)과도 밀접하게 연관된다. 'MBTI PLAYLIST'를 통해 자기인식 역량을, 'UN SDGs 음악 앨범'을 통해 공동체 가치의 인식과 관리 역량을 함양할 수 있다는 점에서 음악 교과가 사회정서학습과 유기적으로 연계될 수 있음을 보여 준다.

◆ 연구 소감

그렇게 고생을 해놓고도! 결국 행복한 기억만 남은 수업혁신사례연구대회

2024년 수업혁신사례연구대회를 시작하기 전에는 막연한 자신감이 있었다. 이전에 좋은 결과를 얻은 경험이 있었기 때문이다. 그럼에도 연구를 진행하면서 좌절한 순간들이 참 많았다. 2022년에 필자는 군 휴직으로 잠깐 학교를 떠나 있었다. 돌아와 보니 분명 2021년에는 참신했던 에듀테크와 AI가 더 이상 참신한 소재가 아니었다. 더불어 2023년 ChatGPT의 등장과 급속도로 성장한 생성형 AI를 바탕으로 뛰어난 수업들이 이미 많이 개발되어 있었다.

연구 주제를 잡았다가도 너무 일반적인 내용 같아서 수정하고 다듬느라 4월 초가 되어서야 수업 전체 구성을 확정 지을 수 있었다. 이후에 세부 수업을 구상하고 실행하는 것도 좌절의 연속이었다. 사실 필자는 기계치다. AI와 에듀테크의 사용법을 익히는 것만 해도 굉장히 오랜 시간이 걸렸고, 디지털 수업 콘텐츠와 ZEP 듣기평가 맵을 제작하느라 날밤을 새기도 했다. 더군다나 경기도교육청의 경우 보고서 마감일이 7월 초였다. 교직에 들어와 2024년에 처음으로 담임을 맡았고, 담임 업무와 보고서 작업을 겸하느라 2주간 쪽잠을 자가며 겨우 완성시켰던 기억이 난다.

그렇게 고생했음에도 지금은 행복한 기억만 남아 있다. 연구대회에 참가한다는 소식을 듣고 많은 선생님들이 응원해 주셨고, 일부러 시간을 내어 수업을 참관해 주시기도 하였다. 교내 전문적 학습공동체에서 처음으로 연구 수업 사례를 나누며 발표하기도 했고, 출간 제의를 받아 New Create 프로젝트 중 숏폼 음악극 수업으로 출판에 참여하게 되었다. UN SDGs 음악 앨범 프로젝트와 연계하여 참여한 퓨처비 첼린지에서는 배스킨라빈스 아이스크림을 지원받아 전교생이 즐겁게 나누어 먹기도 했다. 덕분에 아이스크림 박스가 학교에 들어올 때 학생들의 열띤 환호성을 받아 보는 즐거운 경험도 할 수 있었다. 무엇보다도 수상이 확정된 이후 참여한 해외 연수에서 너무나도 훌륭한 선생님들을 만나 Learn&Done 연구회를 꾸리게 되었다. 그리고 지금, 성장할 수 있는 다양한 일들에 참여하며 그 어느 때보다 바쁘지만 행복하게 지내고 있다.

2024년 수업혁신사례연구대회 참가는 필자의 교직 인생에 있어 큰 전환점이 되었다. 수업 연구에 대한 자신과 확신이 생겼고, 이제는 연구한 수업 내용을 나 혼자만 간직하는 것이 아니라 많은 교사들에게 소개하고, 또 피드백을 받으며 교육계에 긍정적인 영향을 끼쳐 나가는 것이 목표가 되었다. 이 책과 함께하는 교사들에게도 수업 연구를 실천하는 과정이 행복한 기억으로 가득하기를 바라며 글을 마친다.

9. 학습에 깊이를 더하는 R.I.P. 프로젝트로 영어과 R.I.P. 영역 Deep하게 Rip하기

선생님 소개				
	성명(활동명)	이수진(앨리스쌤)		
	학교급	고등학교	교과	영어
	수업 철학	본질적인 영어 실력을 키워 주면서도 입시라는 현실적 요구를 충족시켜 줄 수 있는 영어 수업을 지향한다. 깊이 있는 이해와 자기 주도적 학습을 바탕으로 학생들의 영어 의사소통 역량을 효과적으로 키울 수 있는 방법을 연구하고 있다.		

활동 이력

- 2024 경상남도교육청 중등영어 1급정교사 자격연수 등 연수 강사 활동
- 2024 전국 수업혁신사례연구대회 1등급
- 2024 경기도교육청 미래형 영어교육지원단
- 2023 미래교육운영 유공 교육감 표창

2024 수업혁신사례연구대회 도전 계기

2024년에는 고1과 고3 보통과 학생 전원을 전담하게 되어, 모든 학년에 적용할 수 있는 나만의 영어 수업 모듈을 개발해 앞으로의 영어 수업을 더 체계적이고 효율적으로 만들고 싶었다. 또한, 수업혁신사례연구대회에 참가하면 막연히 생각만 하던 국제 교류를 실현할 수 있을 것이라는 확신이 들어, 국제 교류를 반드시 실시하겠다는 스스로와의 다짐을 지키기 위해 도전했다.

수업혁신사례연구대회를 준비하는 교사들에게 한마디!

수업혁신사례연구대회에 도전하고 입상함으로써 영어 교사로서 자기 효능감이 크게 향상되었습니다. 쉽지 않은 과정이기는 하지만, 연구대회를 준비하는 과정에서 자기 효능감과 뿌듯함은 물론, 입상의 기쁨을 누리시기를 바랍니다.

◈ 연구 주제의 선정 이유

1. 연구대회 도전 계기

　2024년, 면 지역 소규모 고등학교에서 1학년, 3학년 보통과 학생 전원을 전담하게 되었다. 2023년까지만 해도 영어 교사 3명이 한 학년씩 맡았는데, 2024년에는 한 명 줄어들며 교사 2명이 3개의 학년을 맡게 된 것이다. 혼자 2개 학년의 수업과 평가를 모두 전담하려다 보니 막막함이 앞섰다. 일 년 동안 혼자 맡아야 하는 지필고사 출제가 7개, 수행평가 출제는 9개였다. 그래서 나만의 영어 수업 '모듈'이 절실했다. 한 학년에만 적용하고 끝인 수업이 아니라, 2개 학년에 동시에 적용할 수 있는, 그러면서도 학생들의 영어 실력을 근본적으로 향상시킬 수 있는 수업 모듈이 필요했다.

　한편, 국제 교류를 한 교사들의 연수를 수강하며 우리 학교 학생들에게도 국제 교류 경험을 주고 싶었다. 그런데 누군가에게 국제 교류를 하겠다고 공언하고 약속하지 않으면 우선순위에서 계속 밀릴 것 같다는 생각이 들었다. 그도 그럴 것이, 필자는 고3 담임이었고, 1학년 수업도 전담하고 있었으며, 3학년부가 2명밖에 되지 않는 작은 학교에서 야간 방과후학교와 교과 보충수업을 진행하고 있었기 때문이다.

　그래서 수업혁신사례연구대회에 참가하게 되었다. 수업혁신사례연구대회 계획서를 제출하기 위해서는 교감 선생님과 교장선생님의 결재가 필요하므로 연구대회에 참가한다는 공언을 통해 나 스스로와의 약속과 다짐을 실현하고 싶었다.

2. 연구 주제

　영어 구문 배움노트 프로젝트, 국제 교류 프로젝트, 제시하기와 보기 프로젝트를 실시했다. 이 3가지 주제를 선정하게 된 계기는 다음과 같다.

　첫째, 영어 구문 배움노트 프로젝트. 고등학교에서 영어 수업을 하다 보면 자신이 알고 있는 영어 단어 뜻을 대충 조합하여 문장을 마음대로 해석해 문제를 푸는 학생들을 발견하곤 한다. 감에 의존해 영어를 공부하는 학생들을 위해 영어 구문을 제대로 익힐 수 있는 수업 모듈을 개발하고 싶었다.

둘째, 국제 교류 프로젝트. 면 지역 소규모 고등학교에 재직하다 보니 학생들이 조금 더 넓은 세상에서 영어 사용자와 영어로 의사소통해 볼 수 있는 기회를 제공해 주고 싶었다. 실시간 국제 교류를 통해 영어로 의사소통하며 영어 의사소통 역량을 함양시키는 것은 물론, 영어 공부의 필요성을 몸으로 경험해 보도록 하고 싶었다.

셋째, 제시하기와 보기 프로젝트. 고등학교 학생들에게 무엇보다 중요한 것은 입시다. 학생들에게 입시에 필요한 매력적인 교과 세부능력 및 특기사항을 만들어 주면서도 영어 글쓰기, 말하기 능력을 키워 주기 위해 논술형 평가와 연계한 수업을 개발하고 싶었다.

◆ 연구 내용 소개

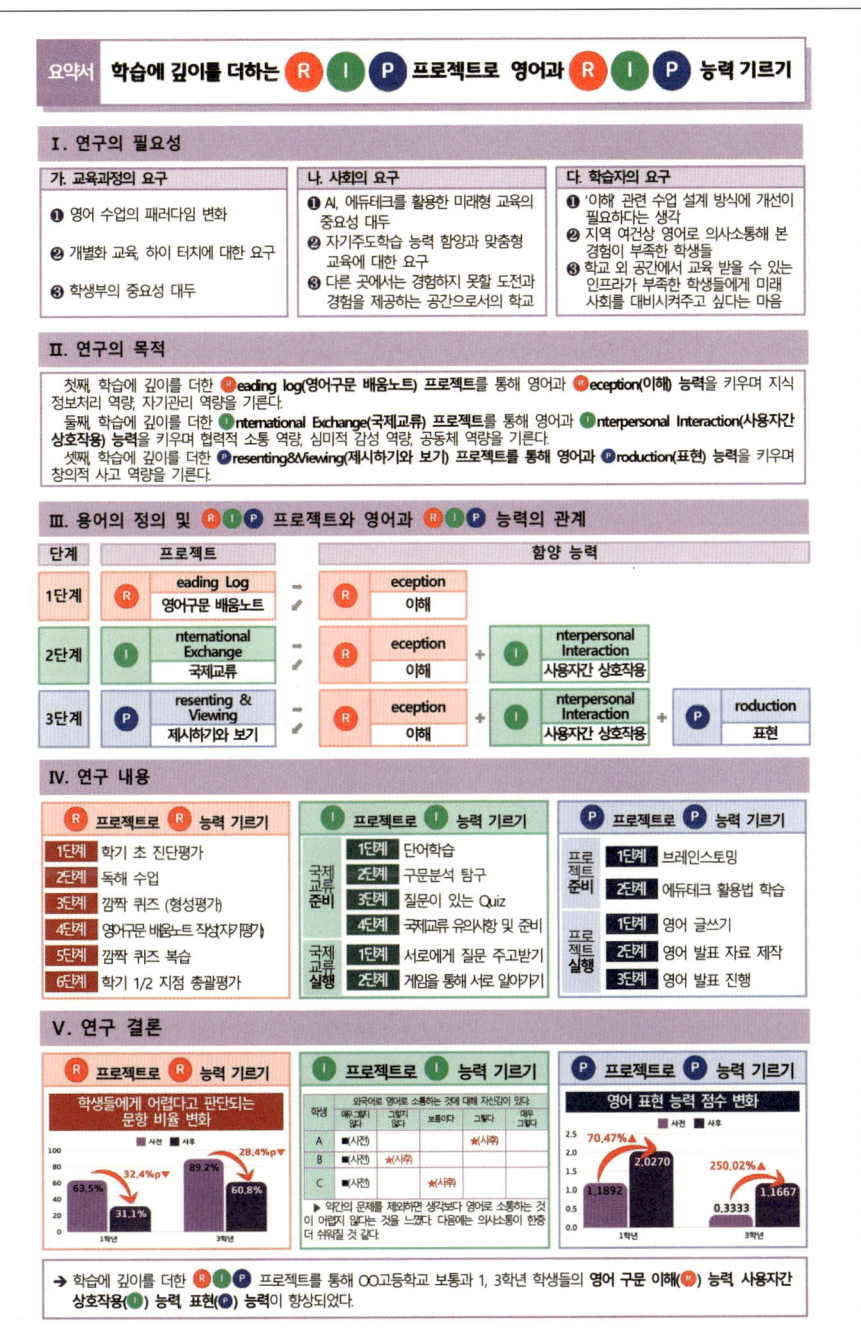

◈ 전국 1등급 POINT

경기도 수업혁신사례연구대회에서 '학습에 깊이를 더하는 R.I.P. 프로젝트로 영어과 R.I.P. 능력 기르기'라는 제목으로 2등급을 수상했고, 보고서의 내용과 형식을 여러 차례 수정한 후 전국대회에서는 '학습에 깊이를 더하는 R.I.P. 프로젝트로 영어과 R.I.P. 영역 Deep하게 Rip하기'라는 제목으로 1등급을 수상했다. 예선 대회 보고서와 전국대회 보고서의 차이점을 중점으로 전국 1등급을 만든 포인트를 소개하고자 한다.

1. 2022 개정 교육과정 변화 내용의 핵심을 담으면서도 리듬감 있는 보고서 제목

2022 개정 영어과 교육과정은 2015 개정 영어과 교육과정과 비교했을 때 변화가 많다. 기존 영어과 영역이 듣기, 말하기, 읽기, 쓰기의 4가지 기능으로 나뉘었다면, 2022 개정 영어과 교육과정에서는 이해, 사용자 간 상호작용, 표현으로 나뉘었기 때문이다. 이러한 교육과정의 변화에 기민하게 대응한 보고서라는 점을 강조하고자 했다. 마침, 이해는 Reception, 사용자 간 상호작용은 Interpersonal Interaction, 표현은 Production으로 번역되기에 Reception을 기르기 위해서 Reading log(영어 구문 배움노트) 프로젝트를, Interpersonal Interaction을 기르기 위해서 International Exchange(국제 교류) 프로젝트를, Production을 기르기 위해서 Presenting&Viewing(제시하기와 보기) 프로젝트를 진행했다. 각 알파벳의 조응을 통해 2022 개정 교육과정과 본 프로젝트가 통일성 있게 연계되었음을 강조했다.

예선 대회 때와는 달리 전국대회 보고서에서는 'Deep하게 Rip하기'라는 문구를 추가했다. 예선 대회 수상작 보고서의 제목을 살펴보며, 예선 대회에 출품한 보고서 제목이 평범하다는 생각이 들었기 때문이다. '깊이 있는 학습'은 2022 개정 교육과정의 교육과정 개발 방향 중 하나이다. 따라서 제목에서 '깊이'를 두 차례 언급함으로써 보고서가 2022 개정 교육과정을 잘 반영하고 있음을 드러내고 싶었다. 그래서 전국대회에서는 '깊이'를 Deep으로 번역하여 'Deep하게'라는 문구를 추가했다. 또한, '찢다'라는 뜻을 가진 Rip의 의미를 설명한다면 R.I.P. 프로젝트의 효과와 의미가 더욱 강조될 수 있겠다는 생각이 들었다. '찢다'라는 표현이 '사람들이 깜짝 놀라거나 열광할 정도로 어떤 일을 훌륭하게 해내다'라는 의미로도 사용되기 때문이다. 따라서 제목에 'Rip하기'라는 표현을 더하고, '용어의 정의'에서 국립국어원 우리말샘의 정의를 인용하여 이러한 프로젝트의 강조점을 표현했다.

마침 Deep과 Rip의 라임(rhyme) 덕분에 보고서에 리듬감이 더해졌으며, 이를 통해 보고서의 제목을 더욱 매력적으로 만들 수 있었다.

• Rip의 의미 •

Rip은 '찢다'라는 뜻을 가진 영어 동사이다. 한편, '찢다'는 최근 '사람들이 깜짝 놀라거나 열광할 정도로, 어떤 일을 매우 훌륭하게 해 내다'2)라는 의미도 지닌다. 본 연구는 학생들이 R I P 프로젝트를 통해 영어과 R I P 영역을 효과적으로 '찢기(Rip)'를 의도하며 학습에 깊이를 더하는 R I P 프로젝트로 영어과 R I P 영역 Deep하게 Rip하기 라는 제목으로 진행되었다.

> **Tip**
>
> 보고서의 제목을 정할 때 교과별 개정 교육과정뿐만 아니라 최신 트렌드를 반영하는 것도 좋다. 제목에 리듬감이 있거나 재미 요소가 더해지면 더욱 효과적이다. 본 보고서에서는 'R.I.P. 프로젝트', 'R.I.P. 영역', 'Rip하기' 등의 용어를 통해 프로젝트를 여러 번 강조하고자 했다. 최근 수업혁신사례연구대회 입상작 보고서를 분석해 어떤 표현이 자신의 프로젝트를 강조하는 데 효과적일지 고민하자. 어렵다면 ChatGPT 같은 인공지능을 활용하는 것도 좋다.

2. 2022 개정 교육과정과 R.I.P. 프로젝트의 유기적인 연계, 연계, 또 연계

수업혁신사례연구대회에 참가하기로 했다면 최신 교육 트렌드와 관련된 연수를 최대한 많이 수강하며 보고서 방향성 설정과 수정에 도움받는 것을 추천한다. 필자는 2022 개정 교육과정을 최대한 반영하여 R.I.P. 프로젝트를 연계시켰으며, 이러한 연계가 1등급을 결정지은 핵심 포인트라고 생각한다.

깊이 있는 학습의 3가지 요건은 학습 과정에 대한 성찰, 삶과 연계한 학습, 교과 간 연계와 통합이다. 이 3가지 요건을 각각 Reading log(영어 구문 배움노트) 프로젝트,

International Exchange(국제 교류) 프로젝트, Presenting&Viewing(제시하기와 보기) 프로젝트와 연계시켰다. 그리고 R.I.P. 프로젝트를 2022 개정 영어과 교육과정의 3가지 영역인 이해(Reception) 영역, 사용자 간 상호작용(Interpersonal Interaction) 영역, 표현(Production) 영역과 연계시켰다. 마지막으로 R.I.P. 프로젝트를 교과 내용 체계인 지식·이해, 가치·태도, 과정·기능과 6가지 교과 역량인 지식정보처리 역량, 심미적 감성 역량, 자기 관리 역량, 공동체 역량, 심미적 감성 역량, 협력적 의사소통 역량과도 연계시켰다.

이 모든 연계를 한눈에 볼 수 있도록 정리하여 '문헌연구 분석' 표를 제작했다. 2022 개정 교육과정의 개발 방향과 영어과 교육과정에서 강조하는 모든 것을 R.I.P. 프로젝트에 하나도 빠짐없이 연관시켰으며, 이 프로젝트를 통해 영어 의사소통 역량이라는 영어과의 궁극적 목표를 달성할 수 있었음을 강조했다.

> **Tip**
>
> 항상 '왜(Why)'에 집중하는 것이 중요하다. 그리고 연구의 필요성을 설득력 있게 전달하기 위해서는 교육과정을 면밀히 분석하고 다양한 문헌을 폭넓게 탐독하는 과정이 필요하다. 이후, 도표를 활용하여 수업의 체계성과 논리적 흐름을 시각적으로 제시하자.

• 문헌연구 분석 •

1. 문헌연구 분석

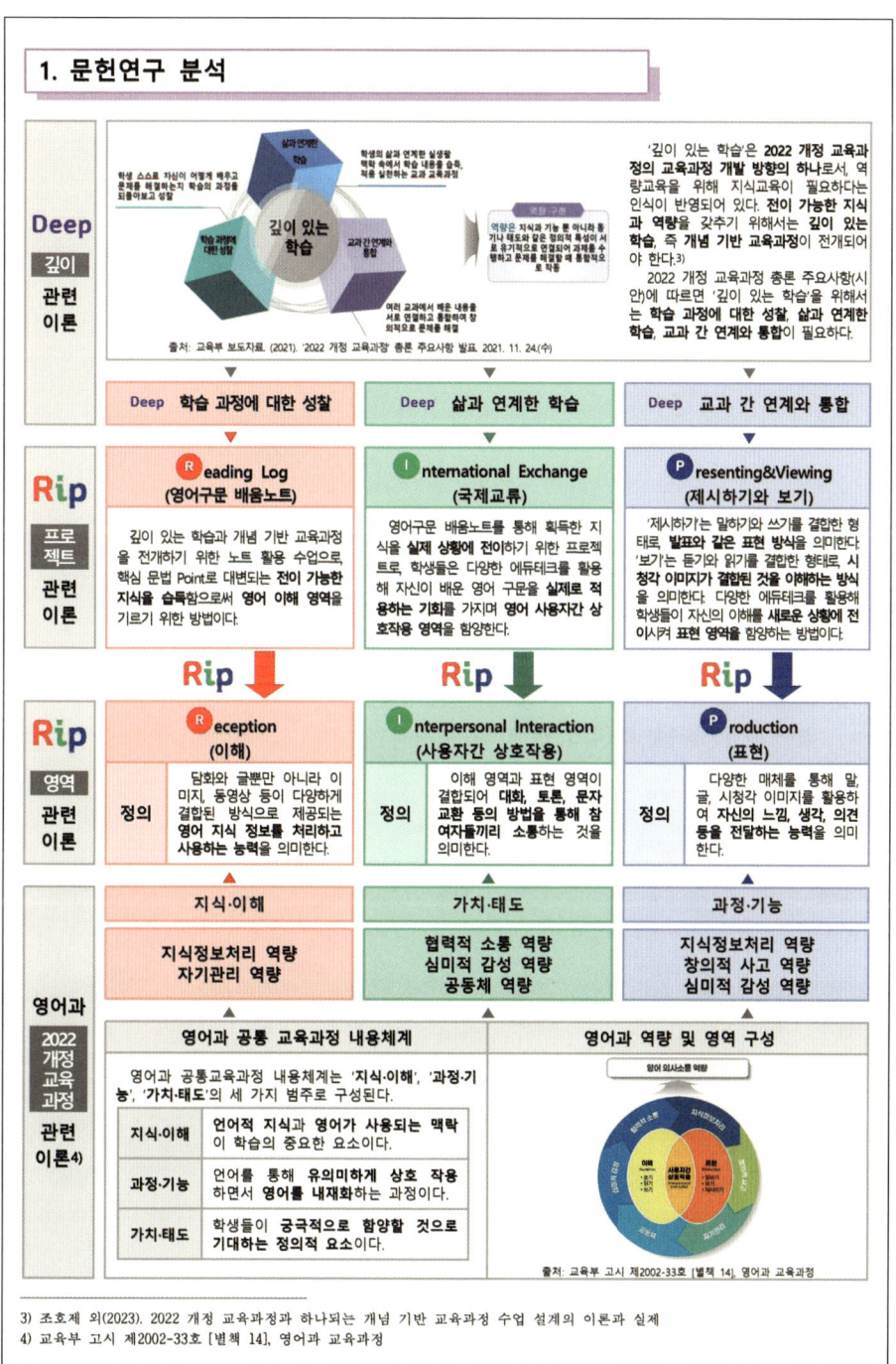

3) 조호제 외(2023). 2022 개정 교육과정과 하나되는 개념 기반 교육과정 수업 설계의 이론과 실제
4) 교육부 고시 제2002-33호 [별책 14], 영어과 교육과정

3. 각 프로젝트 간 유기적인 연계성

수업의 유기성을 보여 주고 보고서의 일관성과 통일성을 강조하기 위해 각 프로젝트를 유기적으로 연계하는 것이 매우 중요하다고 판단했다. 따라서 이러한 유기적인 연계성을 이론적 배경과 각 연구과제 안에서 드러냈다.

각 R, I, P라는 프로젝트가 독립적인 프로젝트가 아님을 강조했다. R 프로젝트를 통해 R 영역을 함양하고, 향상된 R 영역을 바탕으로 I 프로젝트에서 R 영역과 I 영역을 함양하고, 향상된 R 영역과 I 영역을 바탕으로 P 프로젝트에서 R 영역, I 영역, P 영역을 함양하는 모든 과정을 하나의 표로 표현했다. 또한 단계가 진행될수록 학습의 깊이와 학생의 역량이 강화됨을 화살표를 통해 표현했다. 이뿐만 아니라 연구과제 내에서도 'R단계와의 연결', 'I단계와의 연결', 'P단계와의 연결' 지점을 명확히 명시함으로써 각 프로젝트 간 연결성을 드러냈다.

• 프로젝트 간 유기적인 연계성 1 •

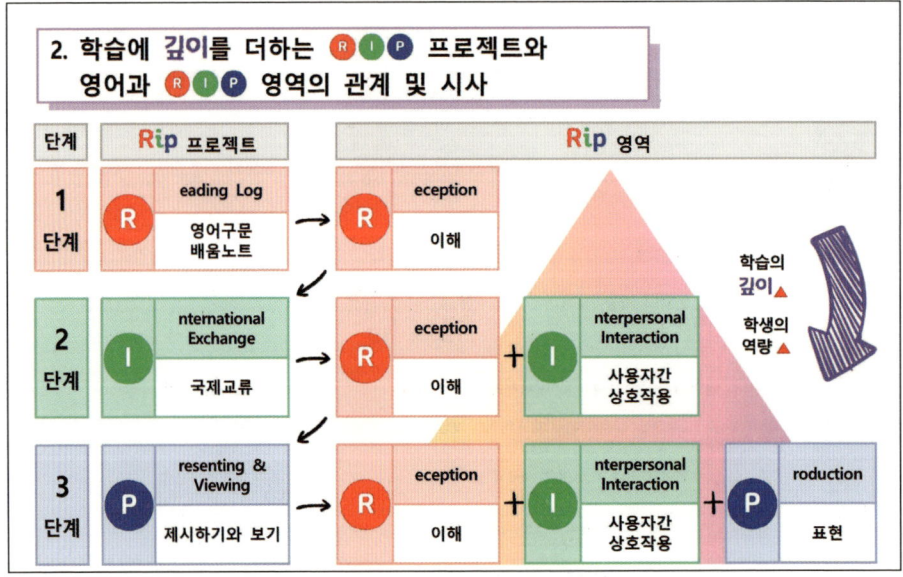

• 프로젝트 간 유기적인 연계성 2 •

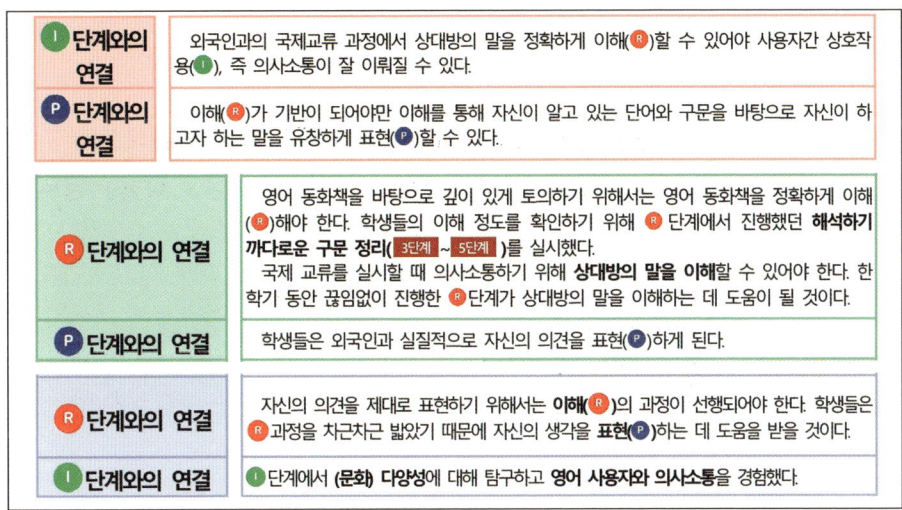

4. 심사 기준을 하나하나 반영한 연구과제 양식 표

평소 학생들의 글을 채점하다 보면 이런 고민에 빠질 때가 있다. '엄밀히 보면 아쉬운 점이 많은 글인데, 채점 기준에 따라 평가하면 만점을 줄 수밖에 없네.' 감점해야 할 것 같다가도 채점 기준표에 맞춰 평가해야 하니 쉽게 감점할 수 없는 상황인 것이다.

연구대회 보고서도 마찬가지라고 생각한다. 심사위원들은 심사 기준을 바탕으로 모든 연구보고서를 평가할 것이므로, 보고서에서 심사 기준을 충실히 반영하고 있음을 명확하게 드러내는 것이 전략이 될 수 있다. 따라서 심사 기준을 꼼꼼하게 분석한 뒤, 연구과제를 소개하는 표를 개발할 때 심사위원이 심사 기준을 쉽게 확인할 수 있도록 설계했다.

각 연구과제별로 사용한 양식 표는 동일하며, 각 연구과제 안에 담긴 내용은 다음과 같다.

가. 연구과제 도입

• I 단계 연구과제 도입 •

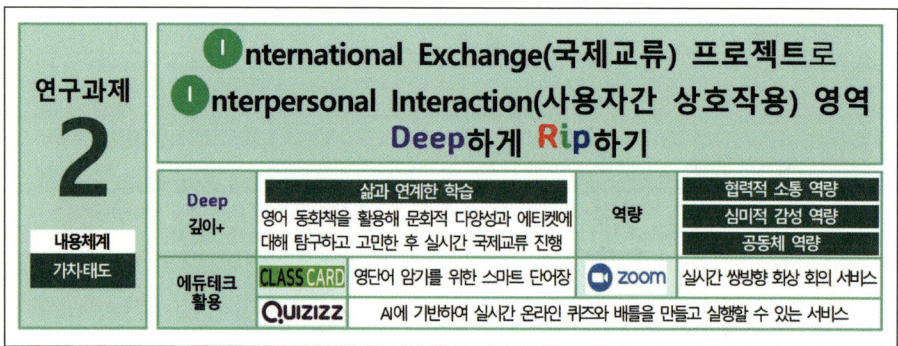

연구과제를 도입할 때 연구과제 명칭과 연구과제의 핵심 포인트를 표 안에 간단하게 정리했다. 본문에서 자세하게 다룰 것이기는 하지만, 심사위원이 한눈에 심사 기준을 확인할 수 있기를 바랐기 때문이다. 이러한 도입 부분은 '2015(또는 2022) 개정 교육과정의 방향 및 미래형 수업 혁신에 대한 노력 반영'이라는 심사 기준을 충족시키기 위함이다. 'Deep 깊이+'와 '역량'은 '연구 내용이 2015(또는 2022*) 개정 교육과정의 관련 핵심역량과 연계되어 있는가?'라는 심사 기준과 연관된다. 또한 '에듀테크 활용'은 'AI·에듀테크 활용 등 미래형 교육 환경의 변화 반영, 교-수-평-기 일체화 노력 등 수업 혁신 노력이 드러나는가?'라는 심사 기준과 연관된다.

> **Tip**
> 본문에서 다뤄질 내용이더라도 중점을 두고 싶거나 핵심이라고 생각하는 부분은 도표로 다시 한번 간략하게 강조해도 좋다.

나. 설계 의도

• R 단계 설계 의도 •

1. 설계 의도

❶ 학습자 맞춤 코칭의 필요성

수업 시간에 대답을 정말 잘하는데, 지필고사에서는 기대한 만큼의 성취를 보이지 않는 학생들. **학생들은 정말로 수업을 이해했던 것일까?** 학생들이 이해하지 못한 부분을 미리 파악해 **학습자 맞춤형 코칭**을 해주고 싶다.

❷ 자기주도적 학습 역량 향상의 필요성

디지털 교육환경 속 넘쳐나는 강의와 자료 사이에서 강의를 듣기만 할 뿐 스스로 학습을 계획하고 부족한 점을 채우는 것을 어려워하는 학생들. 학생들의 **자기주도적 학습 역량**을 키우면서도 **영어 이해 정도**를 도울 수 있는 방법이 무엇일까?

❸ 교수 학습 개선에 도움 되는 평가의 필요성

지필평가 결과를 확인하면 학생들이 수업을 잘 따라왔는지 파악할 수 있다. 그러나 지필평가 결과를 받았을 때는 이미 한 학기의 절반이 지나간 상황. 지필고사 이전에, **학생들의 성취수준 정도를 바탕으로 교수 학습을 즉각적으로 개선할 방안**을 찾고 싶다.

연구자가 해당 수업과 연구를 진행하게 된 의도를 드러내는 것이 매우 중요하다. 그것이 수업과 연구의 필요성 및 정당성과 연관되기 때문이다. 따라서 모든 연구과제마다 설계 의도를 작성했으며, 설계 의도에는 연구대회 추진 목적을 충분히 담아내고자 했다. R 연구과제에서는 연구대회 추진 목적 중 '자기 주도적 학습 역량'과 '학습자 맞춤 코칭'을 담아내고자 했으며, 이를 명확하게 드러내기 위해 수업혁신사례연구대회 공문에 기재된 용어를 그대로 사용할 뿐만 아니라 굵은 글씨를 사용하고 밑줄을 그었다.

> **Tip**
> 심사 기준뿐만 아니라 연구대회 추진 목적도 꼼꼼하게 읽어 보고 연구보고서에 반영하는 것이 좋다.

다. 학습 기반 조성

• R 단계 학습 기반 조성 •

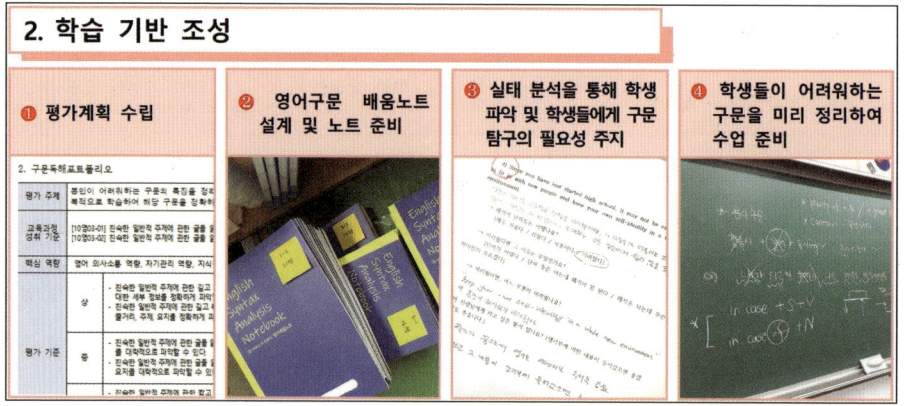

모든 프로젝트마다 4가지의 학습 기반 조성 노력을 담았으며, 각 프로젝트를 실제로 실행하기 위해 실시한 것을 최대한 구체적으로 담아내고자 했다. 많은 보고서에서 '학습 기반 조성' 부분에 교사의 전문성 함양 노력, 에듀테크 활용을 위한 1인 1기기 보급 등을 언급하곤 한다. 이것도 나쁘지 않지만, 해당 프로젝트에 맞춰 어떤 노력을 기울였는지 구체적으로 언급하면 더욱 강력한 무기가 될 수 있다.

고등학교에서 평가는 매우 중요하다. 따라서 '학습 기반 조성' 부분에 '평가 계획 수립'을 추가함으로써 수업이 평가와 밀접하게 연관될 수 있도록 기반을 마련했음을 강조했다. 이는 '학생의 융합적 사고를 촉진하고 학습의 과정을 중시하는 평가가 이루어질 수 있도록 구성하였는가?' '학생 중심 교수·학습 방법 및 과정중심평가의 방법이 현장에 적용 가능한가?' 라는 심사 기준과 연관된다.

라. 수업 설계 및 학습 전개

교육과정-수업-평가-기록의 일체화는 매우 중요하다. 그렇기에 'AI·에듀테크 활용 등 미래형 교육 환경의 변화 반영, 교-수-평-기 일체화 노력 등 수업 혁신 노력이 드러나는가?' 라는 심사 기준이 있는 것이다. 교-수-평-기 일체화를 명확하게 드러내기 위해 '수업 설계 및 학습 전개' 표의 왼쪽에 '교-수-평-기'를 아이콘을 활용해 명확하고 눈에 띄게 배치하였으며, 이 순서에 따라 보고서의 표를 구성했다.

(1) 교육과정

• Ⅰ단계 교육과정 •

교육과정	❶ 과목별 교육과정 및 성취기준 분석			❷ 프로젝트 관련 영어과에서 요구하는 핵심 역량 파악	
		1학년 영어 성취기준	3학년 영어 독해와 작문 성취기준	협력적 소통 역량	국제교류 준비 단계와 실행 단계에서 또래 친구들과 의견을 주고 받는 과정을 통해 **협력을 통한 결과물**을 만들어 보자.
	2015 개정 교육 과정	[10영01-02] 친숙한 일반적 주제에 관한 **말이나 대화를** 듣고 주제 및 요지를 **파악할** 수 있다. [10영02-04] 일상생활이나 친숙한 일반적 주제에 관한 정보를 묻고 답할 수 있다.	해당하는 성취기준 없음	심미적 감성 역량	이번 ❶단계 국제교류의 포인트는 '문화 교류'이다. **서로의 문화를 이해하고 공감**하는 과정에서 타 문화에 대한 포용도를 높여보자.
	2022 개정 교육 과정	[10공영1-02-03] **경험이나 계획** 등을 말하거나 기술한다. [10공영1-02-08] **상대방의 생각이나 관점을 존중**하고 언어 예절을 갖추어 표현한다.	[12영독02-03] 포용적 태도로 자신의 의견이나 감정을 제시한다. [12영독02-07] 다양한 매체를 활용하여 형식 및 목적에 맞게 정보를 전달한다.	공동체 역량	학급 친구들뿐만 아니라 외국 친구들의 의견에 경청하고 원만한 관계를 유지하며 '서로의 문화 이해'라는 공동의 목표를 달성해보자.
교육과정	❸ 학습에 깊이를 더하고 학생의 사유를 촉진할 수 있는 방법 고민 및 수업 설계에 적용			❹ 에듀테크 활용 지점 고민 및 적용	
	단순히 학생들에게 국제교류에 참여하도록 하는 것이 아니라 국제교류를 하기 전에 문화 다양성과 에티켓에 대해 고민해볼 수 있는 영어 동화책 수업을 진행함으로써 학생들이 외국인과 소통할 때 갖춰야 하는 마음가짐과 태도에 대해 고민하고 성찰할 수 있도록 했다.			국제교류 실시 전 영어 동화책 수업을 진행할 때 학생들의 단어 이해 정도를 확인하기 위해 CLASSCARD를 활용했으며, 실시간 온라인 국제교류에서 본교 학생과 베트남 학교 학생이 한국과 베트남에 문화에 대한 이해 정도를 확인할 수 있도록 QUIZIZZ를 활용하여 **실시간 퀴즈 배틀**을 진행했다.	

본 보고서의 수업과 평가는 2015 개정 교육과정에 기반하고 있지만, 곧 도입될 2022 개정 교육과정과도 밀접하게 연관됨을 나타내고 싶었다. 따라서 2015 개정 교육과정과 2022 개정 교육과정의 성취기준을 모두 언급했다. 또한 영어과의 핵심역량이 프로젝트와 구체적으로 어떤 측면에서 연관되는지를 자세하게 설명함으로써 프로젝트에 대한 심사위원의 이해 정도를 높이고자 했다. 마지막으로 학습에 깊이를 더한 부분과 에듀테크 활용 지점을 언급함으로써 수업과 에듀테크 활용에 대한 교사의 성찰을 드러냈다.

(2) 수업

• R 단계 수업 •

수업의 특징 및 주안점

❶ 영어구문 배움노트를 작성하기 위해 **진단평가**와 **형성평가**를 실시하고 영어구문 배움노트 작성 후 학습 정도를 확인하기 위해 **총괄평가**를 진행하는 과정에서 학생들의 **자기주도적 학습능력**이 향상될 수 있다.

❷ 같은 구문을 수업 시간(2단계), 깜짝 퀴즈(3단계), 영어구문 배움노트 작성(4단계), 깜짝 퀴즈 복습(5단계), 학기 1/2 지점 총괄평가(6단계)에서 반복하여 다룸으로써 **자동적인 복습 효과**를 누린다.

❸ 1단계는 학기 초, 6단계는 학기 1/2 지점에 실시하며, **2단계에서 5단계는 2~3주의 간격으로 반복하여 진행**한다. 연구 기간 동안 1학년은 2~5단계를 8번, 3학년은 6번 실시하였다.

❹ 영어구문 배움노트 작성을 **포트폴리오 수행평가의 일환**으로 활용하고, 영어구문 배움노트에 다뤄진 지문을 지필고사에 출제함으로써 **수업을 평가와 연결**하고 학생들의 내재적 동기와 더불어 외재적 동기를 신장시킨다.

수업의 실제

핵심 목표		영어로 된 글을 읽고 정확하게 이해하여 영어로 상호작용(Ⅰ)하고 표현(P)하기 위한 기본적인 토대를 갖춘다.
Ⅰ 단계와의 연결		외국인과의 국제교류 과정에서 상대방의 말을 정확하게 이해(R)할 수 있어야 사용자간 상호작용(Ⅰ), 즉 의사소통이 잘 이뤄질 수 있다.
P 단계와의 연결		이해(R)가 기반이 되어야만 이해를 통해 자신이 알고 있는 단어와 구문을 바탕으로 자신이 하고자 하는 말을 유창하게 표현(P)할 수 있다.
1단계 **학기 초** **진단평가** 진단평가 QR	의도	학기 초에 학생들의 영어 학습에 대한 정의적 특성과 기초 학력 수준을 정확하게 파악하는 것이 학습자의 수준에 맞는 **학습자 맞춤 코칭**을 진행하기 위해 매우 중요하다. 따라서 학생들의 영어 과목에 대한 **자신감 정도**와 학생들의 **실제 영어 문장 해석 능력**을 파악하기 위해 진단평가를 기획했다.
	내용	영어 과목에 대한 자신감을 **자기보고식**으로 체크하도록 했다. 이후, 영어 수업 시간 **첫 시간에 다뤄질 지문**에서 난이도별로 4개의 문장을 선정하여(1학년-교과서 1단원 문장, 3학년-수능특강 영어 교재 문장 활용), 학생들이 **직접** 해석해보고 해석이 어려웠다면 **그 이유**를 작성하도록 했다.
	성찰	통계처리를 하며 학생들이 **어려워하는 구문의 유형, 잘못 해석하는 지점, 해석을 방해하는 요소**를 파악했다. 또한, 학생들이 잘못 해석하는 부분에서 **공통점을 다수 발견**하여, 2단계 에서는 **전치사, 접속사의 해석** 등 학생들이 어려워하는 부분을 수업에 반영하여 학습자 맞춤형으로 수업을 진행하기로 했다. **(하이터치의 지점)**

수업혁신사례연구대회의 추진 목적 중 하나는 우수 수업 사례를 공유하고 확산하는 것이다. 수업 사례가 더 많은 교사에게 효과적으로 전달되고 확산되기 위해서는 수업의 장점과 우수성을 명확하게 보여 주는 것이 중요하다고 판단했다. 이를 위해 '수업의 특징 및 주안점' 부분을 마련했다. 각 프로젝트별 수업의 흐름을 이해하고 강점을

발견하는 데 도움이 될 수 있도록 4가지 핵심 포인트를 작성했다.

'수업의 실제' 부분에는 수업의 구체적인 모듈을 단계별로 제시했다. 이는 '교수·학습 개선 방법 및 방향이 학교 교육과정과 밀접하게 연계되어 학교 교육활동 활성화에 기여하는가?' '교수·학습 개선안이 체계적이고 구체적으로 제시되어 있어 교육 현장에 적용하기 용이한가?' 라는 심사 기준을 충족시키기 위함이었다. 모든 프로젝트의 흐름을 단계별로 구조화하여 연구보고서를 읽는 교사가 손쉽게 수업을 적용할 수 있도록 했다. R 프로젝트는 6단계, I 프로젝트는 4단계-2단계, P 프로젝트는 2단계-3단계로 구성했다.

> **Tip**
>
> 프로젝트의 강점을 어떻게 하면 더 매력적으로 전달할 수 있을지 고민하는 시간이 필요하다. 1등급 보고서의 도표와 표를 분석하여, 내 보고서의 강점을 최대화할 수 있는 표와 시각적 자료를 개발하자.

(3) 평가

• P 단계 평가 •

평가	학생	자기평가 +동료평가	자신이 **제시(Presenting)**했던 것과 학급 친구들의 발표를 **본(Viewing)** 것을 바탕으로 자신의 발표와 친구들의 발표를 평가하며 **성찰**과 **성장중심평가**가 이루어진다.
	교사	과정 중심평가 + 수행평가 ※ 2024학년도 1학기 본교 평가계획이며, 따라서 학교정보공시에도 그대로 수록됨	(아래 평가 개요 및 채점기준표 참조)

평가 개요

<1학년 비교문화탐구 프로젝트>

평가 주제	자신이 선정한 주제에 대해 우리나라 문화와 타 문화의 유사점과 차이점을 분석하고, 이를 바탕으로 영어 발표문을 작성하고 영어로 발표하기
평가 요소	- 두 문화의 유사점·차이점 명확하게 비교분석하기 (글의 세부 정보 기록하기) - 두 문화에서 차이가 나타나는 역사적·사회적 배경을 충분히 작성하기 (자신의 의견이나 감정 쓰기) - 창의적이고 깊이 있는 내용으로 영어 발표문 작성하기 - 논리적이고 자연스럽게 글의 흐름 구성하기 - 적절한 어휘와 어법 사용하기 - 글의 핵심 구를 정확하게 사용하여 PPT 슬라이드 제작하기 - 유창하게 말하기 (자신의 의견이나 감정 설명하기, 글의 세부 정보 설명하기)

<3학년 주제심화작문과발표 프로젝트>

평가 주제	진로 관련 주제에 대한 글을 읽고 정확하게 요약하여 구조화한 후, 해당 주제를 확장 적용하여 영어 발표문을 작성하고 영어로 발표하기
평가 요소	- 글의 핵심내용을 정확하게 파악하여 1-2문장으로 요약하기 (글을 간단하게 요약하기) - 글의 내용을 독자가 이해하기 쉽도록 시각적으로 구조화하기 (글의 세부 정보 기록하기) - 창의적이고 깊이 있는 내용으로 영어 발표문 작성하기 (자신의 의견이나 감정 쓰기, 미래 계획이나 진로 등에 대해 글쓰기) - 논리적이고 자연스럽게 글의 흐름 구성하기 - 적절한 어휘와 어법 사용하기 - 글의 핵심 구를 정확하게 사용하여 PPT 슬라이드 제작하기 - 유창하게 말하기 [① 정확한 발음과 억양, ② 의미 단위 끊어읽기, ③ 적절한 발화 속도, ④ 적절한 목소리, ⑤ 자신감 있는 자세]

채점기준표 (25점 수행평가)

<1, 3학년 프로젝트별 채점 기준> (총 6점)

(1) 1학년 비교문화탐구 프로젝트

평가요소		수행수준	배점
비교 분석 하기	A	두 문화의 유사점과 차이점을 분석하여 명확하게 작성하고, 적절한 예시나 근거를 제시한 경우	3
	B	두 문화의 유사점과 차이점 분석에 일부 부족한 점이 있거나 예시나 근거가 부족한 경우	2
	C	두 문화의 유사점과 차이점 분석이 표면적이거나, 예시나 근거를 제시하지 않은 경우	1
배경 작성 하기	A	두 문화 차이를 발생시킨 역사적 사건이나 사회적 변화를 명확하게 제시한 경우	3
	B	두 문화 차이를 발생시킨 역사적 사건이나 사회적 변화 정보가 부족한 경우	2
	C	두 문화 차이를 발생시킨 역사적 사건이나 사회적 변화 정보가 부족하거나 출처가 불분명한 경우	1

(2) 3학년 주제심화작문과발표 프로젝트

평가요소		수행수준	배점
요약 하기	A	요약문이 원본 내용을 충분히 반영하며, 불필요한 세부 사항을 제거하여 명확하고 간결하게 요약한 경우	3
	B	요약문이 원본의 중요한 부분을 놓치지 않고 담고 있으나, 요약이 조금 부족하거나 표현이 장황하거나 부정확한 경우	2
	C	요약문이 원본 내용을 충분히 대표하지 못하고, 중요한 세부 사항을 누락하거나 오해할 소지가 많은 경우	1
구조 화하 기	A	글의 내용과 관계를 명확하게 시각적으로 구조화하여 글의 내용이 명확하게 전달되는 경우	3
	B	글의 내용과 관계가 시각적으로 구조화되었으나 글의 내용이 부분적으로 부정확하여 전달되지 않는 경우	2
	C	글의 내용과 관계가 시각적으로 구조화되지 않았거나, 구조화된 시각 자료를 통해 글의 내용을 이해하는 데 어려움이 있는 경우	1

고등학교에서 평가는 매우 중요하다. 고등학교에서 평가가 갖는 위상만큼 연구보고서에서도 중요하게 다뤄야 한다고 생각했다. 따라서 평가를 학생에 의한 평가와 교사에 의한 평가로 구분하여 명확히 제시했으며, 교사가 실제로 활용한 평가 루브릭을 제

시했다. 성취평가 선도교원과 논술형 평가 핵심교원으로 활동하며 배운 논술형 평가의 원리를 적용하여 평가 루브릭을 구성했으며, 학교정보공시에 수록된 평가 계획을 그대로 실었다는 문구를 통해 표절이 아니라는 점을 강조하면서도 '학생 참여 및 실질적인 자기 주도적 학습이 이루어질 수 있도록 설계되었는가?' '학생 중심 교수·학습 방법 및 과정중심평가의 방법이 현장에 적용 가능한가?' 라는 심사 기준을 충족시키고자 했다.

> **Tip**
> 창의적인 수업을 개발하는 것 못지않게 제대로 된 평가 기준을 마련하는 것도 매우 중요하다. 특히 고등학교 교사라면 평가의 중요성을 잊지 않고 연구보고서에 평가 루브릭을 첨부하는 것을 추천한다.

(4) 기록

• R 단계 기록 •

기록 | **교과 세부능력 및 특기사항 예시**
한 학기 동안 영어 문장의 **요지와 세부 정보를 정확하게 파악**하기 위해 영어 구문 학습에 최선을 다함. 각 문장의 해석을 어렵게 만드는 **핵심 문법 포인트를 정확하게 파악**한 후, 핵심 문법 포인트를 바탕으로 **문장을 정확하게 분석**하여 영어구문 배움노트를 작성했으며, 이를 바탕으로 **영어 구문 해석 능력을 평가하기 위한 영어구문 평가에서 학습한 문장을 정확하게 해석**하는 모습을 보임. 특히 관계대명사의 해석 부분에 있어서는 학기 초에 비해 엄청난 해석 능력 향상을 보인 점에서, 앞으로의 영어 문장 이해 능력 향상이 기대됨.

평가에서와 마찬가지로 고등학교에서 수업 사례가 더 널리 공유되고 확산되기 위해서는 프로젝트를 통해 기재된 교과 세부능력 및 특기사항의 내용이 매력적이어야 한다고 생각했다. 따라서 그동안 고등학교에서 학교생활기록부를 작성한 노하우와 기재 요령을 활용해 교육과정-수업-평가 등 일련의 과정을 일목요연하게 정리하면서도 학생의 역량 함양 과정을 보여 줄 수 있도록 기록 부분을 작성했다.

특히 성취기준과 관련되었거나 해당 프로젝트에서 강조하고 싶은 부분을 굵은 글씨로 강조함으로써 프로젝트의 핵심을 다시 한번 강조하고 교-수-평-기가 일체화되었다는 것을 보여 주었다. 연구대회 보고서를 위해 교과 세부능력 및 특기사항 예시를 작성하니, 학교생활기록부를 쓸 때 부담이 줄어든 것은 또 다른 장점이라고 할 수 있다.

> **Tip**
> 평소에 학교생활기록부 기재 요령을 잘 숙지하려 노력하고 매력적인 학교생활기록부를 작성할 방법을 고민한다면, '기록' 부분이 더욱 풍성해질 것이다. 교육청에서 진행하는 다양한 연수에 참여하고 교육청 자료집에 수록된 '기록' 영역을 꼼꼼하게 살펴보며 학교생활기록부 기재에 대한 아이디어를 얻는 것을 추천한다.

(5) 프로젝트 성찰 및 효과

• R 단계 프로젝트 성찰 및 효과 •

4. 프로젝트 성찰 및 효과

학생 성찰	교사 성찰
✓ **(2단계) 관련)** 선생님께서 구문별로 해석해주신 것이 도움이 되었다. 수업 시간에 배운 것을 기억해서 <u>스스로 해석했다</u>. 중학교 때는 문법이나 단어, 문장 성분, 품사에 대해서 잘 알지 못했는데 수업을 통해서 알게 되었다. ✓ **(3단계) 관련)** 영어구문깜짝퀴즈 풀기가 도움이 많이 되었는데, <u>깜짝 퀴즈를 준비하면서 여러 번 해석해보고 준비했다</u>. 그 결과, 해석하는 데에 있어 자신감이 생긴 것 같다. ✓ **(4단계) 관련)** 영어배움노트 작성하기가 가장 도움이 되었다. 영어배움노트를 작성하면서 모르던 문법을 다시금 알 수 있었다. 내가 모르는 문장을 다시 분석하게 해주어서 그 문장의 단어와 문법에 대해 알 수 있게 도움을 주었다. ✓ **(5단계) 관련)** 영어구문 깜짝퀴즈 복습 해설을 들으면서 특정 문장 안에 쓰인 문법이 무엇인지 알게 되었고 모르는 문법이 있으면 그 문법을 다시 공부했다. ✓ **(6단계) 관련)** 수행평가여서 그런지 더 열심히 준비하게 되는데, 준비하는 과정에서 본문의 구문과 리스닝 구문을 해석하고 외우는 과정에서 더 <u>복습할 수 있어서 학습에 있어 복습 테스트 개념으로 활용하였고 더 오래 기억에 남았다.</u>	✓ 1학년의 경우, 3월에 기초학력진단검사를 실시했다. 결과는 4월에 나왔는데, 영어구문 배움노트 검사를 통해 <u>학습을 어려워할 것으로 예상한 학생 명단과 기초학력미달 학생의 명단이 거의 일치함을 확인했다.</u> ®단계가 <u>학생들의 수준을 파악하는 데 상당히 도움이 됨</u>을 느꼈다. ✓ 1학년 학생들의 입학 성적이 예년과 비슷하며, 문항의 범위나 난이도가 예년과 크게 달라지지 않았음에도 불구하고, 학생들의 성적이 소폭 상승했다. 예년엔 평균 37.8점, 올해엔 평균 57.4점이다. <u>논술형 평가에 성실하게 답한 학생의 비율도 매우 높았다</u>는 점에서 ®단계가 이해 능력 향상에 객관적으로 도움이 됨을 느꼈다. ✓ 3학년 A학생의 경우, 2학년 때까지 모의고사 성적이 항상 3~4등급이었는데, 3월 전국연합학력평가에서 1등급, 4월 전국연합학력평가에서 88점으로 2등급을 받았다고 했다. A학생은 1단계~6단계 수업 과정에서 <u>해석 능력이 향상되었다</u>고 말했는데, ®단계가 이해 능력 향상에 도움이 됨을 느꼈다.

학생 개개인의 성장을 명확하게 보여 주기 위해 각 프로젝트 진행 과정에서 작성된 학생들의 성찰 일지를 첨부했다. 이는 '수업 혁신 및 학생 개개인의 교육적 성장에 기여하였는가?' 라는 심사 기준을 충족시키기 위함이었다. 특히, 모든 프로젝트를 단계별로 진행했기 때문에, 각 단계별로 학생들이 성찰한 점을 기록함으로써 학생들이 해당 프로젝트를 통해 어떤 부분에서 얼마나 성장했는지 구체적으로 보여 주었다.

또한 각 프로젝트별로 교사의 성찰과 느낀 점을 기록하여 어떤 방식으로 수업 혁신을 하고자 했으며, 이를 어떻게 더 발전시켰는지 보여 주었다. 이는 '연구과제의 수행 과정 등을 감안할 때, 수업 방식 등의 변화를 통한 수업 혁신 노력이 드러나는가?' '실천상의 문제점 발견 및 환류를 통해 연구과제 해결을 위한 방법을 지속적으로 보완해 가며 수행하였는가?'라는 심사 기준을 충족시키기 위함이었다. 특히 R단계에서는 객관적인 수치를 통해 프로젝트의 효과성을 체감할 수 있었기에, 그 과정에서 느낀 기쁨과 뿌듯함을 강조했다.

> **Tip**
> 학생 성찰과 교사 성찰을 모두 제시하는 것이 좋다. 또한, 강조하고자 하는 부분을 굵게 표시하거나 밑줄 치는 것도 좋은 방법이다.

(6) 일반화 노력

• R 단계 일반화 노력 •

'교수·학습 개선 방법 및 방향이 학교 교육과정과 밀접하게 연계되어 학교 교육활동 활성화에 기여하는가?' '교수·학습 개선안이 체계적이고 구체적으로 제시되어 있어 교육 현장에 적용하기 용이한가?' 라는 심사 기준을 충족하기 위해 각 프로젝트를 일반화하기 위한 노력을 구체적으로 작성했다. 특히 장학 활동을 실시하거나 학교 내 전문적 학습공동체에서 수업 사례를 발표한 후 동료 교사의 피드백을 수렴하고, 이를 첨부하여 프로젝트의 확산 가능성에 대한 심사 기준을 충족시키고자 했다. 또한 연구 보고서를 읽는 교사들이 실제 교육 현장에 참고할 수 있도록, 프로젝트와 관련된 학습지와 학생 결과물을 QR코드를 활용해 제시하여 프로젝트에 생동감을 더하고 접근성을 높였다.

5. AI 및 에듀테크 활용

• AI 및 에듀테크 활용 •

❹ 에듀테크 활용 지점 고민 및 적용

①학생들의 프로젝트 진행 과정을 실시간으로 검토하고 피드백을 효과적으로 제공하기 위해 ②AI를 활용해 자신의 영어 글을 점검하고 발음하는 방법을 습득하도록 하기 위해. ③자신의 발표를 효과적으로 전달하도록 하기 위해 다양한 에듀테크를 활용했다.

❹ 에듀테크 활용 지점 고민 및 적용

국제교류 실시 전 영어 동화책 수업을 진행할 때 학생들의 단어 이해 정도를 확인하기 위해 CLASS CARD를 활용했으며, 실시간 온라인 국제교류에서 본교 학생과 베트남 학교 학생이 한국과 베트남에 문화에 대한 이해 정도를 확인할 수 있도록 QUIZIZZ를 활용하여 실시간 퀴즈 배틀을 진행했다.

에듀테크 활용	CLASS CARD	영단어 암기를 위한 스마트 단어장	zoom	실시간 쌍방향 화상 회의 서비스
	QUIZIZZ	AI에 기반하여 실시간 온라인 퀴즈와 배틀을 만들고 실행할 수 있는 서비스		
에듀테크 활용	QuillBot	영어 Paraphrase(다른 표현으로 바꾸기)가 가능한 인공지능 서비스	Google Classroom	학습 관리 시스템(LMS)
	Google Docs	문서 작성 툴	Google Slides	발표 자료 제작 툴
	Google Forms	설문지 작성 툴	Canva	발표 자료 제작 툴

AI와 에듀테크 활용은 최근 수업혁신사례연구대회의 핵심 포인트 중 하나이다. 수업혁신사례연구대회 추진 목적에서 AI와 에듀테크에 대한 언급이 가장 먼저 등장하는 만큼, 이제 연구보고서에서 AI와 에듀테크는 필수적인 요소가 되었다. 그러나 AI와 에듀테크는 수업이나 프로젝트의 목적이 아니라 수단이 되어야 한다.

본 보고서는 다른 연구보고서에 비해 많은 AI와 에듀테크를 사용하지 않았다. 고등학교 수업은 입시와 밀접하게 연관되어 있기 때문에 AI와 에듀테크를 많이 사용하는 것이 현실적으로 부담되었기 때문이다. 이에 따라 AI와 에듀테크를 적재적소에 사용하는 것이 중요하다고 판단했고, 이를 실천하고자 했다. 또한, 에듀테크를 활용한 지점과 이유를 '에듀테크 활용 지점 고민 및 적용'에 상세히 작성함으로써 수업에서의 AI와 에듀테크 활용에 대한 고민과 성찰을 드러냈다. 다만 R, I, P 프로젝트 중 R 프로젝트에서는 의도적으로 AI와 에듀테크를 사용하지 않았다. 이에 대한 이유와 소신을 언급한 것도 중요한 포인트라고 생각한다.

6. 수업의 일반화 및 확장
가. 두 학년을 대상으로 한 수업을 통해 일반화 가능성 확장

2024학년도 수업혁신사례연구대회 심사 기준 중 '교수·학습 개선안이 체계적이고 구체적으로 제시되어 있어 교육 현장에 적용하기 용이한가?'라는 평가 기준이 있다. 일반적인 연구보고서에서는 교사 대상 연수나 발표를 통해 프로젝트의 '현장 적용 용이성'을 강조하는 경우가 많다.

하지만 본 프로젝트는 고등학교 1학년과 3학년 학생들을 대상으로 진행되었기에 이 사실만으로도 프로젝트가 다양한 교육 현장에 적용하기 용이하다는 점을 보여 줄 수 있다. 서로 다른 학년의 학습 수준과 교육적 요구를 반영하여 프로젝트를 운영한 경험 자체가 일반화 가능성을 입증하는 것이다. 이를 더욱 명확하게 부각하기 위해, '연구 대상 선정 이유'를 언급하여 프로젝트 및 연구의 진행 의도를 강조했다. 이를 통해 연구의 타당성과 확장성을 동시에 확보했다.

• 일반화 가능성 확장 포인트 •

1. 대상	○○고등학교 보통과 1학년 41명, 3학년 30명(총 71명) ※ 연구 대상 선정 이유: ®①® 프로젝트를 모든 학년 모든 영어 수업에 적용할 수 있는 범용성 높은 프로젝트로 확장하고자 **형식은 동일하게 유지하되** 다루는 **주제와 영어 난이도만 다르게 하여** 두 학년 보통과 **학생 전원**을 대상으로 연구를 동시에 진행함.

나. 단계별 모듈 제시를 통해 일반화 가능성 확장

수업을 일반화하기 위해서는 누구나 읽고 따라 할 수 있을 정도로 체계적이고 구체적으로 수업 과정을 단계별로 제시하는 것이 중요하다. 이에 따라 모든 프로젝트를 단계별로 제시하여, 연구보고서를 읽는 모든 교사가 수업의 흐름을 쉽게 따라갈 수 있도록 구성했다. 각 단계는 '1단계', '2단계', '3단계'로 시각적으로 눈에 띄게 디자인했으며, 단계별로 제목, 의도, 내용 그리고 (R 단계의 경우) 성찰을 작성하여 일반화 가능성을 높였다. 또한 수업 자료가 중요한 단계에서는 수업 자료 QR코드를 첨부하여 수업 자료에 대한 접근성을 높이고 적용 가능성을 확장했다.

또한 '학습에 깊이를 더하는 R.I.P. 프로젝트'는 내용 중심의 프로젝트라기보다는 모듈 중심의 프로젝트이다. 따라서 교사별로, 학교 상황별로, 사용 교과서별로 모듈 안의 내용만 수정하면 누구나 쉽게 적용할 수 있다. 이러한 점이 수업의 일반화 및 확장 가능성을 높이는 데 있어 긍정적으로 평가된 부분이라고 생각한다.

• I 단계 단계별 모듈 •

국제교류 준비 수업자료 QR	1단계 단어학습		의도	동화책 <Mixed>를 읽기 전에 동화책에 등장하는 어려운 단어를 학습하고 암기 정도를 확인한다.
			내용	학습지에 있는 단어를 암기한 후, CLASS CARD를 활용해 영단어 뜻을 확인한다.
	2단계 구문분석 탐구		의도	동화책 <Mixed>를 읽고 동화책 이해를 어렵게 만드는 문장을 밑줄친 핵심 문법 Point에 유의하여 해석한다. (R과 연계)
			내용	짝꿍과 함께 too... to 구문, 부분 부정, 접속사 등의 핵심 문법 Point에 집중하여 해석한다.
	3단계 질문이 있는 Quiz		의도	사고력을 촉진시킬 수 있는 탐구 질문에 대해 답함으로써 영어 동화책을 깊이 이해하도록 한다.
			내용	조(group)와 함께 이해점검 퀴즈, 교훈 관련 퀴즈, 토의 주제 등에 대해 토의한다.

◆ 전국 1등급이 본 1등급 POINT

POINT 1. 한눈에 쏙~ 들어오는 연구 설계

연구의 흐름과 전문성이 한눈에 쏙 들어올 수 있도록 시각화된 5단계 설계가 탁월하다. 5단계는 '1. 설계 의도 – 2. 학습 기반 조성 – 3. 수업 설계 및 학습 전개 – 4. 프로젝트 성찰 및 효과 – 5. 일반화 노력'으로 구성되었다.

1단계 설계 의도에서 각 프로젝트의 필요성을 제시하여 자기주도학습 역량, 영어로 의사소통하는 자신감과 유창성을 함양시키고자 하는 교사의 의도가 잘 드러난다. 2단계 학습 기반 조성에서는 수업 환경을 조성하기 위한 교사의 노력이 돋보인다. 특히, 도시 학생들에 비해 원어민과 영어로 의사소통할 기회가 부족한 학생들을 위해 베트남 학교 교사와 실시간 화상 미팅을 통해 국제 교류 프로젝트 수업을 준비한 과정에서 교사의 정성이 느껴진다. 3단계 수업 설계 및 학습 전개 부분은 이 프로젝트의 하이라이트다. 3단계는 교육과정–수업–평가–기록의 체계를 따라 '교–수–평–기' 과정이 자연스럽게 부각되어 누구나 수업을 쉽게 따라 할 수 있게끔 일반화한 노력이 돋보인다. 4단계 프로젝트 성찰 및 효과 부분에서는 학생 성찰과 교사 성찰을 구분하여 수업에 대한 다각적인 피드백을 제시했다. 마지막 5단계에서 돋보이는 점은 일반화 노력 부분이다. 이 부분은 부각하기 힘든데, 이 부분을 꼭 집어 프로젝트 5단계 구성에 추가한 것은 신의 한 수처럼 보인다. 동료 장학과 학교 내 전문적 학습공동체의 피드백 언급, 영어 수업 원고 기고, 온라인 실시간 국제 교류 영어 수업 학교 홈페이지 업로드, 중등 영어 교사 역량 강화 연수 진행 등 다양한 방법으로 수업을 혁신하고 일반화하려는 교사의 의지와 노력이 돋보인다.

POINT 2. 단계별 수업 모델과 체계적인 평가 설계를 통한 높은 확장 가능성

수업이 단계별로 세심하게 설계되었으며, 이를 한눈에 파악할 수 있도록 구성한 점이 돋보인다. 수업 진행 과정은 활동의 특성에 따라 4단계 또는 6단계로 세분되었으며, 단계별 수업 절차는 '의도'와 '내용'으로 명확히 구분하여 진술되었다. 이를 통해 R(이해), I(사용자 간 상호작용), P(표현)라는 핵심 목표를 효과적으로 달성할 수 있었음이 잘 드러난다.

또한, 평가 부분에서 평가 개요와 평가 요소를 명확하게 제시하여, 누구나 따라 할 수 있는 친절하면서도 탄탄한 채점 기준표를 제시했다는 점이 돋보인다. 평가는 2단계로 거쳐 진행됐는데, 1단계에서는 자기평가 또는 동료평가, 2단계에서는 과정중심평가와 수행평가가 이루어졌다.

특히, 수업과 평가가 일목요연하게 정리되어 있어 영어 교과뿐만 아니라 다른 교과에서도 이 시스템을 활용하여 수업이나 평가를 디자인할 수 있으며, 이 부분이 탁월하다.

POINT 3. 단계별로 점차 극대화되는 영어 의사소통 역량

R.I.P. 프로젝트와 R.I.P. 영역이 서로 조응하면서도, 단계별로 프로젝트가 점차 확장되며 학생들의 영어 의사소통 역량이 극대화되는 과정이 돋보인다.

1단계에서는 Reading log(영어 구문 배움노트) 프로젝트를 통해 Reception(이해) 영역의 역량을 키운다. 2단계에서는 International Exchange(국제 교류) 프로젝트를 통해 Reception(이해) 영역의 역량과 Interpersonal Interaction(사용자 간 상호작용) 영역의 역량을 키운다. 3단계에서는 Presenting&Viewing(제시하기와 보기) 프로젝트를 통해 Reception(이해) 영역+Interpersonal Interaction(사용자 간 상호작용) 영역+Production(표현) 영역의 역량을 키운다.

영어과 교육과정에서 중시되는 역량이 3단계에서 정점에 도달하며 깊이 있는 수업으로 연결된다. 1단계에서 이해, 2단계에서 이해와 사용자 간 상호작용, 3단계에서 이해, 사용자 간 상호작용, 표현이 순차적으로 결합되는 이 구조를 통해 궁극적으로 '이해+사용자 간 상호작용+표현'이라는 영어 의사소통 역량을 점진적으로 극대화하는 우수한 수업 사례를 제시하고 있다.

◆ 연구 소감

지면상의 제한으로 인해 '전국 1등급 Point'에서는 언급하지 못했지만, P단계에서 학생들의 영어 문장 해석 및 표현 능력 향상 정도를 확인하기 위해 사전 검사와 사후 검사를 하고 대응 표본 t-검정을 진행했다. 수업 중 학생들의 대답을 통해 프로젝트가 효과가 있을 것이라고 막연히 기대했지만, 실제 결과는 더 놀라웠다. 1학년은 70.47%, 3학년은 무려 250.02%의 점수 상승을 보였다. 게다가 통계적으로도 유의미한 차이가 확인되었다. 연구대회에서 받은 등급을 떠나, 필자의 수업이 학생들의 실제 영어 실력 향상에 기여했다는 사실을 두 눈으로 확인하니 자부심과 성취감이 밀려왔다. 교사로서 자기효능감이 높아진 순간이었다. 여기에 멈추지 않고, I단계에서 국제 교류 프로젝트를 성공적으로 진행한 경험을 바탕으로 2024년 2학기에는 새로운 형태의 국제 교류에 도전했다. 또한, 본교의 동료 영어 교사에게도 국제 교류를 추천해 2학년 학생들 또한 국제 교류에 참여했다. 그 결과 한 해 동안 본교 1~3학년 학생 전원이 국제 교류 경험을 갖게 되었다.

이처럼, 수업혁신사례연구대회는 수업에 대한 자신감을 심어 주고 교사로서의 효능감을 높여 주는 동시에, 새로운 수업에 도전하는 데 용기를 불어넣어 준 소중한 계기가 되었다. 경기도 수업혁신사례연구대회에서 2등급을 받았을 때, 전국대회에서 1등급을 받았을 때, 우수 입상자로 선정되어 해외 연수 대상자가 되었다는 문자 메시지를 받았을 때, 멋진 공간에서 1등급 상장을 받았을 때, 영국에서 만난 멋진 선생님들과 잊지 못할 소중한 시간을 보냈을 때. 그 모든 순간은 뿌듯하고 짜릿했으며, 필자를 한층 더 성장시켰다.

물론 그 과정이 때로는 너무나도 고통스러웠다. 학생들에게 나눠 줄 학습지를 만들기 위해 잠을 설치는 날들이 이어졌고, 교무실 프린터기는 매시간 쉴 틈 없이 돌아갔으며(나중에는 수천 장이 되는 프린트물을 파쇄하는 데만 몇 시간이 소요되기도 했다), 국제 교류를 함께할 신뢰할 만한 파트너 선생님을 찾을 수가 없어 발을 동동 구르기도 하고, 보고서 제출 날 컬러로 인쇄된 보고서와 용량이 부족한 USB 때문에 정신적으로 무너지기도 했다.

하지만 수업 동영상을 편집하기 위해 영상을 돌려보며 '와, 이 학생은 이 순간에 이렇게 훌륭한 질문을 했었구나! 내가 그동안 이 학생을 과소평가했었네.'라며 학생 한 명 한 명의 성장과 가능성을 다시 바라보게 되었다. 매주 금요일, 학교 근처 카페에서 보고서를 작성하던 시간도 잊을 수 없다. 이제는 카페 사장님과 수다 떠는 사이가 되었고, 카페에서 머리를 싸매며 기획하던 국제 교류는 우리 학교의 자랑스러운 프로그램으로 자리 잡았다.

무엇보다 감사한 것은 Learn&Done 선생님들을 만나게 되었다는 것이다. 아직은 꼬꼬마 막내 교사인 필자에게 런던이라는 낯선 공간에서 주신 따스한 조언과 용기 덕분에 교사로서 꿈이 더 커졌다. 앞으로도 Learn&Done 연구회에서 멋진 선생님들과 교류하고 소통하며, 교사로서의 전문성을 공고히 다지고 싶다.

에필로그

전국 1등급, 그 이후

살면서 몇 번의 기회가 온다고 하는데 내게 런던 해외 연수가 그랬다. 좋은 선생님들을 만나 실컷 웃고, 에너지를 많이 받았다. 충전된 에너지로 올 한 해 열심히 살 것 같다. 도전해 보면 언젠간 좋은 일이 생긴다. Learn&Done은 행운입니다.♡

✦김만옥 선생님

BETT 참관과 옥스퍼드 방문, 무엇보다 8조 선생님들과의 만남은 내게 꿈같은 일이었다. 영국에서의 새로운 경험은 학교에서의 수고에 대한 충분한 보상으로 느껴졌다. 특히 Mutlu Cukurova 교수님의 강의를 통해 교육 전반에 걸친 AI에 대한 과도한 의존이 불러올 위험성을 인지하고, AI를 학교 현장에서 어디까지 어떻게 활용해야 하는가에 대한 고민을 선생님들과 나눌 수 있어서 좋았다.

✦김인주 선생님

수업혁신사례연구대회에 참여하며 준비하는 과정은 쉽지 않았지만, 교사와 학생 모두가 배우고 성장하는 가치 있는 시간이었다. 그 경험을 책에 담아 연구대회를 준비하는 선생님들과 공유할 수 있어서 뿌듯하며, 조금이나마 도움이 되길 바란다. Learn&Done 연구회 선생님들이 계셔서 첫 프로젝트를 성공적으로 마친 것 같다. '함께 가면 더 멀리 갈 수 있다.'는 말의 의미를 다시금 깊이 새기게 되었으며, 함께 해 주신 선생님들께 진심으로 감사의 마음을 전한다.

✦김광현 선생님

"Teachers are experts. You know your classrooms the best!"
(교사들은 전문가입니다. 당신은 당신의 교실을 가장 잘 알고 있습니다.)

해외 선진 사례 연수를 기회로 이틀 간 관람한 세계 최대 에듀테크 박람회인 BETT SHOW에서 많은 인풋이 있었지만 가장 강렬한 통찰은 University College London의 Mutlu Cukurova 교수의 강연에서였다. 그렇다. 우리는 교실의 전문가이다. 계속해서 연구하고 실천해야 하는 특권이자 사명을 가졌다. 그리고 그 길을 묵묵히 함께 걸어가고 있는 동료들이 있다. 이렇게 무언가를 함께 해내고 앞으로 또 함께 이뤄낼 것을 기대할 수 있음에 존경의 박수를 보낸다.

✨김효성 선생님

아직도 꿈만 같았던 시간이다. 해외 연수 기간 동안 훌륭한 선생님들과 함께 새로운 경험을 마음껏 누리고 즐길 수 있었다. 이제 막 연구대회라는 큰 도전을 경험하고 만난 터라 식사 시간에도, 쉬는 시간에도, 이동하는 버스 안에서도 틈만 나면 서로의 경험과 생각을 나누고, 그동안의 노력과 성장을 격려하며 쉴 새 없이 웃고 떠들었다. 그 왁자지껄한 시간은 서로에게 격려가 되고, 위로가 되고, 응원이 되어, 결국 새로운 도전을 다시 시작하게 만드는 원동력이 되었다. 새로운 도전과 성장을 멈추지 않고 다시 해 나가게 해 준다니…. 모든 교사가 경험해 보았으면 한다. 소중한 사람들과의 Learn&Done!

✨이기현 선생님

이 책을 집필하며 교실 수업 혁신을 위한 다양한 시도와 고민을 기록으로 남길 수 있었다는 점에서 큰 의미가 있었다. 특히, Learn&Done 연구회의 우수한 선생님들과 함께했기에 이러한 경험을 체계적으로 정리하고 공유할 수 있었으며, 그 과정에서 연구가 단순한 개인의 노력이 아니라 함께 성장하는 길이라는 것을 다시금 깨닫게 되었다.

수업 연구는 혼자만의 길이 아니라, 더 많은 교사들과 고민을 나누고 경험을 공유할 때 더욱 깊어지고 확장될 수 있다. 이 책을 통해 연구 과정에서 얻은 지식과 노하우가 한 사람의 경험에 그치지 않고, 많은 선생님들에게 작은 영감이 되어 교실 수업의 변화로 이어지기를 바란다. 집필 과정이 쉽지는 않았지만, 연구의 의미를 되새기며 한 걸음씩 나아가는 시간이 즐겁고 보람되었다. 이 책이 연구대회를 준비하는 선생님들께 실질적인 도움이 되어 교사로서의 자부심과 성장의 기쁨을 느낄 수 있는 계기가 되기를 바라며, 함께해 주신 모든 선생님들께 깊은 감사의 마음을 전한다.

✨**오유득 선생님**

수업혁신사례연구대회를 시작하기로 마음을 먹고, 잘 완성하기까지 동료들의 도움이 절실히 필요하다는 것을 깨달았다. 이 책에 우수한 입상 결과를 얻은 비결을 모두 담아내고자 노력했다. 용기를 내서 도전하는 모든 분들이 좋은 성과를 얻기를 기원합니다!

✨**임대옥 선생님**

Learn&Done 선생님들과 해외 연수에 함께했던 순간부터 집필을 마치기까지의 시간이 주마등처럼 지나간다. 여전히 내 마음속에는 따뜻한 눈빛으로 누구보다 서로 공감했던 수업과 성장에 대한 이야기들이 살아 숨 쉬고 있다. 그리고 이제는 혼자 연구하는 것이 아니라 더 많은 선생님들과 함께 배우고 실천하기 위해 노력해야겠다는 비전을 향해 나아가게 되었다. 2024년 수업혁신사례연구대회 참가는 앞으로의 교직 인생에서 어느 때보다 빛나는 기억으로 남을 것이다. 그 반짝이는 기억이 이 책을 읽는 선생님들의 연구에 함께하며 우리 아이들의 더 큰 웃음으로 남아질 것을 기대한다. 힘들더라도 포기하지 마세요! 더욱 반짝일 선생님들의 수업 혁신 연구를 응원합니다!

✨**김범수 선생님**

출국 전 어색하게 사진을 찍고 서로의 이름과 소속을 익히던 시간이 엊그제 같은데, 어느새 Learn&Done 선생님들과 놀라울 정도로 가까운 사이가 되었다. 함께 식사하고 이동하며, 밤늦도록 호텔 로비에서 나눈 수업, 연구, 연구회에 관한 대화는 너무나도 즐겁고 소중했고, 내게 깊은 영감이 되었다. 교사로서의 길에 대한 고민과 혼란으로 가득했던 4년 차 저경력 교사에게 수업혁신사례연구대회 해외 연수는 그야말로 인생의 전환점이 되었다. 경력이 쌓였음에도 여전히 배우고 성장하기를 멈추지 않으며, 학생들을 위한 더 나은 수업을 고민하는 선생님들의 열정에 감동도 받았다. 앞으로 어떤 어려움이나 시련이 찾아와도 Learn&Done 선생님들과 함께라면 잘 헤쳐 나갈 수 있을 것이라는 생각이 든다. 꼬꼬마 막내 교사를 따뜻하게 챙겨 주시고 조언을 아끼지 않으신 Learn&Done 선생님들께 진심으로 감사드린다. 선생님들이 주신 아낌없는 조언을 발판 삼아, 학생들에게 긍정적인 영향을 주는 교사가 되도록 노력해 나갈 것이다.

✦이수진 선생님

참고문헌

- 최현철(2021), 사회과학 통계분석, 나남
- 박진아·임준원(2024), 일잘러의 엑셀 데이터 분석, 제이펍
- 이학식·임지훈(2023), SPSS 28 매뉴얼, 집현재
- 이주일(2009), SPSS 활용한 심리연구 분석, 시그마프세스
- 권희경 외(2020), 2020 KEDI 학생역량 조사 연구, 한국교육개발원
- 교육부(2022), 초·중등학교 교육과정 총론, 교육부 고시 제2022-33호 [별책 1]
- 송지언(2014), 학습자 질문 중심의 문학 감상 수업 연구, 문학교육학 43, 한국문학교육학회
- 양미경(2007), 질문 창출 노력의 교육적 의의와 한계, 열린교육연구 제15집 제2호, 열린교육학회
- 파울로 프레이리(1970), 페다고지, 남경태 역(2018), 그린비
- 황예인(2022), 문학교육에서 질문의 재개념화와 질문교육의 체계화, 새국어교육 130호
- 김용규(2020), 생각의 시대, 김영사
- 김난도 외(2023), 트렌드 코리아 2024, 미래의창
- 론 리치하트 외(2023), 생각이 보이는 교실, 사회평론아카데미
- 김우철 외(2023), 문화교류와 다문화 교육, 제12권 제3호, 한국국제문화교육학회
- 이형빈(2023), 성장중심평가의 취지에 따른 평가 루브릭 개발 가능성 탐구, 한국교육과정평가원
- 교육부(2025), 2025학년도 수업혁신사례연구대회(전국대회) 운영 계획
- 경기도교육청(2024), 2024학년도 경기도 수업혁신사례연구대회 운영 변경 계획

• 교육과실천이 펴낸 교-수-평-기 일체화 도서 •

주도성
김덕년, 정윤리, 양세미, 최선경, 정윤자, 위현진, 김재희, 신윤기, 강민서 지음

주도성이란 무엇인가? 학교 안에서 주도성이 일어나게 하려면 어떻게 해야 하는가? 고민에 대한 해답을 초중고 현장 사례를 통해 살펴보고 주도성이 일어나기 위한 조건을 제시한다.

학생 주도성을 키우는 수업 평가
권영부 지음

2022 개정 교육과정에 새롭게 등장한 개념인 핵심 아이디어는 해당 교과의 얼개를 드러낸 것으로, 교사가 가르치는 것이 아니다. 학생들의 주도성과 역량을 키웠을 때 이해하고 발견할 수 있는 것이다. 이런 깊이 있는 학습을 위해 무엇을 어떻게 해야 할지 막막할 때 펼쳐 보는 안내서.

교육과정-수업-평가-기록 일체화
이명섭 지음

'어떻게 가르치느냐?' 보다 더 중요한 것은 '누구에게 무엇을 가르치느냐?' 더 나아가 '누가 무엇을 어떻게 배우느냐?' 에 대한 고민이 더 필요하다는 것을 깨달은 저자가 동료들과 함께 일구어낸 몇 번이나 실패하고, 간혹 작은 성공을 이룬 현장의 기록.

과정중심평가
김덕년, 강민서, 박병두, 김진영, 최우성, 연현정, 전소영 지음

'4차 산업혁명' 과 인공지능(AI) 등 시대적 흐름에 맞춰 교육 역시 학습의 성취 정도를 확인하고, 지식 보다 역량을 평가하는 등 학생의 성장과 발달에 중 점을 두는 방향으로 변화하고 있다. 이 책은 현장의 고민을 연구하고 실천한 과정중심평가의 사례를 담았다.

교사 교육과정
김덕년, 정윤리, 최미현, 김지연, 이하영, 최윤정 지음

일선의 '교사가 교육과정 운영의 주체' 라는 사실을 깨닫고, 그 고민을 함께 나눈 동료들과 공감하고 좌절하고 다시 일어선 이야기, 그리고 그 과정을 다듬고 고치면서 완성해 나간 이야기를 담았다.

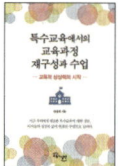
특수교육에서의 교육과정 재구성과 수업
한재희 지음

특수교육에서 교육과정 재구성이 왜 중요하며, 교실에서 어떻게 실현되어야 하는지를 성공과 실패 사례를 통해 보여준다. 이를 통해 '삶을 담은 정교한 수업' 이 필요한 아이들에게 진짜 배움을 펼치기 위한 노력들을 담았다.

· 교육과실천이 펴낸 수업 도서 ·

영어 그림책 수업 77
그림책사랑교사모임 지음

학년별, 교과별 영어 수업을 그림책과 연계하는 154가지 시크릿 공개! 초등학교 교사들이 공개한 영어 그림책 읽기 백 배 활용법과 아이와 어른이 함께 커 가고, 생활교육에도 도움이 되는 영어 그림책 읽기의 구체적인 방법과 생생한 성장기를 아낌없이 나눈다.

나는 교사다 그러므로 생각한다
그림책사랑교사모임 지음

이 책은 교사로 살아가며 마주치는 물음표들에 대한 사유와 성찰을 담았다. 교육의 본질, 교사라는 직업, 교육 현장으로서의 교실과 학교에서 일어나는 43개 물음을 앞에 두고, 55개의 철학 사상과 그림책을 소환해 해답을 향해 한 걸음씩 다가간다.

중등 그림책 수업
그림책사랑교사모임 지음

자유학기부터 국어, 영어, 수학, 과학, 도덕, 가정, 한문까지 8개 과목에서 학생들과 그림책으로 수업한 사례를 소개한다. 과목별 단원과 주제에게 꼭 맞는 그림책 선정부터 그림책 수업 과정을 구체적으로 알려주며 수업에서 겪은 성공과 실패의 경험들, 학생들의 반응과 변화의 모습 등을 생생하게 담았다.

그림책 성교육
김경란, 신석희 지음

어떻게 하면 아이들과 자연스럽게 성에 대해 이야기 할 수 있을까? 성교육의 중요성과 필요성은 누구나 공감하지만, 다양한 가치관 앞에서 무엇을 어떻게 가르쳐야 할지 고민이 생긴다. '성교육'을 그림책을 통해 편안하고 친근하게 접근할 수 있게 안내한다.

14가지 빛깔의 그림책 수업
그림책사랑교사모임 지음

교실에서 시도한 14가지의 활동 수업을 차시에 따라 자세히 소개한다. 창작 수업부터 온라인 협력 수업까지 다양한 활동 속에서 즐겁고 자연스럽게 배움이 일어나는, 새롭고 도전적인 수업 방법들을 담았다.

초등 그림책 문해력 수업
그림책사랑교사모임 지음

문해력 수업의 적기는 바로 초등학교 시기다. 흥미로운 그림책을 읽고 재미있는 활동을 하며 한글을 깨치고 어휘를 확장하는 등 문해력의 뿌리를 단단히 내리게 하는 35편의 수업을 소개한다.

• 교육과실천이 펴낸 교사 성장 도서 •

교사의 시선
김태현 지음

'교사의 시선'으로 교사가 매일 경험하는 일상, 그 보통의 하루가 가지는 가치를 깊이 들여다본다. 시선, 심미안, 메시지, 커뮤니티, 콘텐츠, 디자인으로 교사의 삶을 만나보자. 그리고 교사이기 이전에 한 인간으로서 겪어야 하는 보편적인 고통에 대해서도 생각해본다.

교사, 삶에서 나를 만나다
김태현 지음

내 곁에 많은 사람이 있는 것 같지만, 결국에는 나 혼자 쓸쓸히 교사의 삶을 버텨가고 있다. 그렇게 혼자 외롭게 있을 때, 이 책이 교사의 고단한 일상에 같이 있으면서 작은 위로가 되었으면 한다. 힘들 때 다시 꺼내보면서 삶에서 나를 다시 만나고, 서로 위로하게 하는 그런 책이었으면 좋겠다.

부자샘 가난한샘
원재연 지음

우리 곁에서 흔하게 볼 수 있는 부자샘과 가난한샘의 삶의 자취를 따라가며, 어떻게 하면 월급쟁이 교사가 부자로서 경제적 자유를 누릴 수 있는지 알려주는 내비게이션으로, 실제 교직에 몸담은 교사들의 다양하고 생생한 사례를 중심으로 재테크 방법을 알려준다.

위기를 기회로 바꾸는 미래 교육 시나리오
김성천, 임재일, 홍섭근, 신창기, 교육자치, 김인엽, 서용선, 금나래, 정영현 지음

초저출산 시대, 학령인구 감소와 과원교사라는 키워드로 압축될 수 있는 지금 우리 교육이 무엇을 고민해야 하는지, 다시 성찰해야 할 것은 무엇인지 우리 교육의 관행과 관습에 대해 질문을 던지고, 문제의식을 발전시켜 미래 사회에 맞는 대안을 제시를 생각하며 저자들은 현장성과 전문성, 정책성을 겸비한 교육 전문가로, 그들의 고민과 해법을 담았다.

학교 외부자들
박순걸 지음

자신의 이익을 위해 학교와 학생을 도구로 이용한 이들에게 휘둘린 학교와 교육의 문제점을 날카롭게 살피지만, 그럼에도 불구하고 우리에게는 여전히 변화를 꿈꾸는 희망이 있음을 보여준다.

교사 상담소
송승훈, 고성한 지음

수업, 학급운영, 행정업무, 관계, 민원, 무기력, 육아, 퇴직… 오늘도 닫힌 교실에서 혼자 괴롭고 외로운 선생님께 드리는 맞춤 상담과 동행 그리고 교사 상담 노트.